台湾の半世紀

民主化と台湾化の現場

若林正丈
Wakabayashi Masahiro

筑摩選書

台湾の半世紀——民主化と台湾化の現場　目次

台湾の半世紀

民主化と台湾化の現場

プロローグ
台湾現代史における一九四九年と一九七二年

一九四九年と一九七二年

私は一九四九年一一月の生まれである。そして一九七二年に大学院に合格して学問研究の道に入った。

一九四九年は言わずと知れた中華人民共和国が建国の年であり、また蔣介石《しょうかいせき》・中国国民党の中華民国が共産党との内戦に敗れ台湾に逃げ込んだ年でもある。一〇月一日毛沢東《もうたくとう》が北京天安門で中華人民共和国の樹立を宣言し、一方一二月初旬中華民国中央政府が台北に移転した。この間、日本は長野県北部の小さな町の片隅に私が生まれた。

時に、国民党政権の命運は尽きようとしていた。翌一九五〇年一月、時の米トルーマン政権は中国内戦に介入しないスタンスをとり、国務長官ディーン・アチソンは、ソ連の脅威に対抗する際の米国の東アジアにおける「不後退防衛線」は、アリューシャン列島から日本列島の北側、朝鮮半島の南、台湾島の東側を通りフィリピン諸島に引かれると表明した。つまり、そこでは韓国と台湾はその外側になるものと想定されていた。

中国海洋戦略における第1列島線と第2列島線。前者は重要な部分がアチソン・ラインと重なる（出所：nikkei4946.com、「経済ナレッジバンク　きょうのことばセレクション」をもとに作成）

しかし、よく知られているように、翌一九五〇年六月朝鮮戦争が勃発すると米第七艦隊が台湾海峡に介入し、まもなく朝鮮半島にも出兵した。「アチソン・ライン」はいわば「前進」したのである。そして以後結果的に正統中国を名乗る二つの政治体、中華人民共和国と中華民国とが台湾海峡両岸に対峙することになった。以後、日本も台湾も、また朝鮮戦争休戦後の韓国も、台湾海峡と朝鮮半島三八度線まで前進した米国の防衛ラインの枠内での曲がりなりの平和を享受して今日に至っている。

一九四九年生まれの私は、台湾海峡を隔てて二つの中国が対峙し、そして米の「不後退防衛線」が台湾海峡と朝鮮半島三八度戦に前進してしまった世界が当然であるような時代とすっぽりと重なる人生を過ごしてきている。いわゆる「団塊の世代」の人たちも含め、東アジアの同世代の人の人生は、東西冷戦のライン＝前進してしまった「不後退防衛線」の東と西とで大きく異なる人生が待っていた。

一九七二年もまた「米中接近」の開始の年として東アジア国際政治史の切れ目の年である。この年の春、米国のニクソン米大統領が訪中してかの「上海コミュニケ」が発出され、その強烈なあおり（外交的「ニクソン・ショック」）を受けて、日本の当時の田中角栄首相と大平正芳外相が訪中、日中の国交樹立が行われ、日本は台湾の中華民国と断交した。その前年に中華民国はすでに国連から追われている。米中国交、つまり台湾の中華民国とアメリカとの断交は七九年にずれ込んだものの、台湾は、創立時国連安保理常任理事国であった特異な非承認国家という国際身分に落ち込まざるをえなかった。

だが、その一方、米国との同盟は解消された（一九七九年末に米華相互防衛援助条約破棄）ものの、米議会が制定した「台湾関係法」に基づき米から一定の安保コミットメントを受けながら今日に至っている。米国は中国との関係を改善しても台湾をその戦略的防衛圏の外に放り出したわけではなかった、つまり「不後退防衛線」は台湾海峡の西側に前進したままだったのである。

「大陸反攻」の勧めがあった頃

さて、私が博士課程に進学してまもない頃だったのではないかと記憶する。ゼミの帰りに同道していた大学院の先輩に「何時頃「大陸反攻」する（中国研究に乗り換える）つもりか」と尋ねられた。台湾研究という、まだ海のものとも山のものともつかぬ分野に手をつけてしまった後輩の前途を気遣っての言である。そう問われて特にショックを受けたわけではない。ただ、聞いてなるほどそう考えるのが世間の相場というものかと今更ながらに感じて、長く記憶に残っている。その後も「大陸反攻」はできなかったし、しなかった。どういうわけか何年も経ってからこのことをふと思い出して、そういえば蔣介石だって台湾に逃げこんでから終生疾呼していた「大陸反攻」はできなかったではないかと思ったりもした。結果として、私の研究人生は台湾研究の人生となってしまったのである。

私の人生の時間は「アチソン・ライン」が前進してしまってから後の東アジア国際政治史と二つの中国(大陸を制覇した中華人民共和国と台湾に立てこもった中華民国)の対峙の歴史とに重なり、私の研究人生は、一九七二年以後の台湾の中華民国が日本とも米国とも国交を絶たれつつも、米国の戦略的周縁につなぎ止められ続けるという曖昧な存在を続けてきた半世紀に重なっている。もちろん、それは日本が台湾と断交して「非政府間実務関係」を維持した半世紀でもあった。

私自身の人生の時間と台湾の現代史とはこんな時間的因縁を持つ。研究人生に入ってから、最初の一〇年は日本植民地統治期の歴史の研究をした。その後は動き始めた台湾政治の観察にのめり込んで約四半世紀の時を過ごし、その後はまた歴史の勉強を再開している。

民主化と中華民国台湾化の現場

本書では、このような何の因縁か私の研究人生と重なることになった台湾のこの半世紀の政治史の歩みを、私自身の研究上の体験を重ね合わせながら振り返ってみたい。私の研究人生半世紀の間に目睹した最大の事象は、台湾政治の民主化とその結果成立した民主体制が直面した試練だった。

どの地域でも民主化は民主化に止まらない。台湾の現代史でも例外ではなかった。そのことを私は台湾政治研究経歴の後半になってから、政治構造変動の側面で把握して「中華民国台湾化」と概括した。だから、私の述懐と観察は民主化の現場を歩いた一研究者のそれである(主として

第Ⅰ部）とともに、この半世紀の「中華民国台湾化」という政治構造変動の脈動に触れた一研究者のそれ（主として第Ⅱ部）でもある。

第Ⅰ部

民主化の現場を歩く——オポジションから入る

第一章
日台断交の頃——台湾研究事始めと初めての台湾訪問

1　台湾研究事始めの頃——希薄な関心と軽視の中で

「台湾」にスイッチが入った頃

そもそも私は何があって台湾研究などを始めたのか。自身の「無知」を知るのが学問の始まりだとするなら、私の台湾研究もそうだった。

東大教養学部教養学科学部生だった頃、当時アジア経済研究所の研究員だった（のちに立教大学教授）故戴國煇《たいこつき》先生（一九三一—二〇〇一）から台湾の作家・呉濁流《ごだくりゅう》（一九〇〇—七六）の作品『アジアの孤児』を紹介されて読んで衝撃を受けた。内容は、作者の分身とおぼしき地主の息子で植民地教育を受けたインテリである主人公・胡太明の苦悩に満ちた生涯を描いている。主人公は、日本統治下の台湾にあっては日本人への同化を迫られながら日本人からは差別され、出口を求めて中国に渡っても、台湾人と知れると「日本の走狗」と後ろ指を指される。そうした台湾人の身の上を象徴するようなその表題が、作者が物故した後の一九八〇年代に入って、台湾人の国際的身分を象徴する言葉として盛んに取り沙汰されたものであった。

　だが、それは後のことである。当時の私にとっては、この作品の衝撃はその内容よりは、これを読んで「台湾」について「無知」に気付いたことの方が大きかった。また、戴國煇さんという生身の台湾人――中壢出身の客家人で、次に触れる台湾からの戦後日本留学の第一世代で、日本の研究機関に職を得て、自在に日本語を操るひと――が目の前に現れたこと自体も大きかったのかもしれない。確かに「戴さん」も私にとっては、呉濁流とともに台湾を知る「原体験」のひとつだった。

　当時ちょうど卒業論文を考え始める時期だったこともあり、急に目に映る文字の中で「台湾」の二文字に敏感となった。七〇年代前半は日本の新聞には「台湾」の二文字はめったに出ない時代だった。それで新聞紙面の「台所」という文字にまで反応している自分に気付いて何度も苦笑いした。「台湾」への関心にスイッチが入ってしまったのだった。

　こうした状況の中で、著者や同じ頃に台湾研究に入った同世代の友人達の渇を癒やしてくれたのは、在日台湾人の学者が挙げた成果だった。一九五〇年代末からの戦後第一世代の留学生の学業が成って、その博士論文が続々と東京大学出版会から刊行されたのであった。劉進慶《りゅうしんけい》『戦後台湾経済分析』、涂照彦《としょうげん》『日本帝国主義下の台湾』、黄昭堂《こうしょうどう》『台湾民主国の研究』、許世楷《きょせいかい》『日本統治下の台湾――抵抗と弾圧』などである。この背景には矢内原忠雄（一八九三―一九六一）のレガシーもあったかもしれない。矢内原は、「台湾研究の古典」、「社会科学研究の古典」と評される『帝国主義下の台湾』（一九二九年刊）の著者であり、戦後やや長く東大総長を務めた（一九五一—五七）。わたしたちは矢内原著を含むこれらの著作をむさぼり読んで学術的台湾研究とは何かをいくらかは体得できたのである。

希薄な関心と軽視

では、なぜ当時の日本では新聞に滅多に「台湾」の二文字が現れないほどに台湾については関心が希薄だったのか。これはなかなか根深い問題で、正面から取り組むとしたら著者の手に負える問題ではない。それはやや大げさに言えば、日本近現代思想史の問題かもしれないのだ。そこで、ここでは二点だけ著者の推論を述べておきたい。

ひとつは、前記米ニクソン大統領の訪中、中華民国の国連追放、日中国交と対台湾断交という国際政治の大転換がもたらしていた、日本も含む当時の国際政治上の雰囲気である。この時の転換が国際政治上で明確に「解決」したのは中国代表権問題だけであり、それゆえ各国の外交当局は実際問題としての各種台湾関係事務への対応に苦慮したのであったが、にもかかわらず、その一方で、国際社会には「台湾問題」も基本的に解決した、もう台湾のことはそれほど気にしなくてもよいというに近いムードがあった。

米の外交史家のJ・T・ドレイヤーの論文[*1]が指摘するところによれば、一九七二年の米中上海コミュニケの発出にあたって、立役者のキッシンジャー大統領補佐官（当時）が顧慮したのは、台湾が何らかの形で中華人民共和国に吸収されていくまでの、それまで台湾の中華民国を支えてきた米国にとっての「見苦しくないインターヴァル」をおくことであった。ゆえに、ニクソン訪中時に直ちに米中国交には進まず、中国の台湾に関する主張についても、交渉時にはそれを受け入れる発言をニクソン大統領がしてしまっていても、発表された共同声明では「承認する（recognize）」とは言わず、「認識する（acknowledge）」とすることを中国側に求めたのであった、という。

日本に関しても、一九八〇年代に入ってからのことであるが、当時まだ東京の神谷町にあった交流協会（現日本台湾交流協会）の本部オフィスがもはや手狭になっている、設立当初は同協会がそれほど時をおかず不要になる組織だという暗黙の見通しがあったからあんな狭いところを借りたのだ、という声を耳にしたことがある。もちろんこの噂の真偽のほどは不明であるが、一九七〇年代初めの米中接近、日中国交樹立という時代のムードの中にいたことのある者の感触としては、設立当初の雰囲気としてさもありなんという気もした。

しかし、こうした雰囲気の中でも、その後「非政府間実務関係」が縮小に向かうことはなく、「日中共同声明」の枠組の拘束の中で、年々増大する台湾との各方面における「交流」をマネッジすることに、日本側の交流協会、台湾側の亜東関係協会を始めとする日台関係実務者達の辛苦するところがあったのだと思う。

共鳴する「インターヴァル」論と「反動的残余」論の論理

もうひとつは、一九五〇年代から七〇年代くらいまでの、左派の影響の強かった日本のインテりの世界での台湾認識である。それを象徴するようなエピソードがある。前記戴國煇さんが著者に話してくれたもので、彼が東大農業経済学の大学院に留学していた頃、日本人院生と、台湾についてちょっとした言い合いになった。両者の会話の中で、日本人学生があからさまに台湾は語るに値しないという態度を示した。当時はまだまだ社会主義の理念が知的世界でも高い威信があった時代で、中国共産党が率いた中国革命に対する評価は、左派のみならずいわゆる「進歩的文化人」やその予備軍の学生達のなかでも高いものがあった。そうすると反射的に、蔣介石・中国国民党は、中国革命に敗れ、アメリカ帝国主義の庇護の下にある反革命派、反動派であり、台湾はそんな反動派が逃げこみ立てこもる島であるにすぎない、という台湾観が支配的になる。これに対して当時戴さんは次のように述べて反発したという、「君たちは口を開けば人民、人民というが、では蔣介石反動派の支配する台湾には、君たちが言うところの人民はいないというのか」。

台湾からやってきた一留学生の反発を、その時日本人進歩派学生がどう受け止めたのかはわからない。この話を耳にしたとき、著者自身もすでに台湾研究を始めていた身ながらも、自分の中にそのような無意識のダブルスタンダード——中国の人民は讃えるが未だ反動派の支配下のまさに苦難の中にあるはずの台湾の人民の存在は視野には入れなくてもかまわない——がまだあったような気がして内心ドキッとしたものである。

これを狭い知識人の世界のことと過小評価はできないと思う。七〇年代まで左派や進歩的文化人は、学界、文化界、出版界などに一定の影響力を持っていた。こうした台湾についての暗黙の予見・先入主が浸透していたのが、当時の日本の知的風土でもあった。前述の日中国交・対台湾断交がもたらした雰囲気は、改めてこうした知的社会の台湾認識を増幅させたとも言えるだろう。

戦略家キッシンジャーが地政学的パワーバランスの観点から発想したであろう「見苦しくないインターヴァル」の認識における台湾と、いずれは社会主義勢力によって淘汰されることになる反動派の立てこもる島という日本の左派のロジックとは、似通っている。うがち過ぎた見方かもしれないが、この両者は、台湾の外側にいる政治主体ないし言説主体がそれぞれのロジックにおいて期待する歴史行程の中の残余的存在として台湾をみる点で共通点があり、一九七〇年代初頭の日中国交樹立達成の外交的ユーフォリア（「日中友好」）の中で共鳴しあっていたとも言える。一方、七〇年代前半次々に世に問われた戦後日本第一代台湾留学生の上記著作は、静かにこれらの傾向に抗っていたのだともいえるだろう。

「ご主人、大丈夫なの？」

ところで、一九七二年春東大教養学科に提出した卒業論文では、一九二〇年代中頃の台湾文化協会（一九二〇年代に台湾漢人知識人が組織した民族啓蒙運動団体）の「左右分裂」を背景に展開した「中国改造論争」（中国は民族資本に依拠する資本主義の道を歩むべきか、あるいはただちに社会主義の道に進むべきかの論争）をトピックにして書いた。そして、それを審査に提出して大学院は東大の社会学研究科の国際関係論専門コースに進んだ。国際関係論専門コースと言っても、当時はまだ地域研究と同居のような感じで、ソ連・東欧研究や中国研究、そして現代国際政治史研究を目指す人もここに進んだ。台湾研究もやりたければ先生はいないが勝手にやってよろしいというわけであった。

大学院で台湾研究を始めるのだから、まずは台湾を見ておこうというので、修士課程一年目の終わりに一カ月ほど台湾に旅行した。戴さんに紹介状を書いてもらったり、一足先に台湾の土地勘を養っていた河原功さん（現台湾協会理事）に引き回してもらったりして、人に会ったり、台北、台中、台南、高雄をはじめ、鵝鑾鼻、台東、花蓮、そして太魯閣から中央山脈横貫公路をバスで台中へと、台湾島を一回りした。

その時の見聞や会っていただいた方々の思い出などは、後述する。ただひとつここで述べておきたいことがある。当時は、日本経済の高度成長もピークを終える頃であったが、日本人男性の台湾や韓国旅行が「売春」ならぬ「買春観光」などという言葉で取り沙汰されていた頃であった。案の定、台湾の各都市でホテルの部屋に落ち着くやドアにノックがあって、開けるとホテルのボーイが今夜寂しくないかといった類いのことを言う。一九九〇年に廈門《アモイ》に行った時も同様なことがあった。一九八三年「改革・開放」間もない頃に行った時には想像もできなかったことだった。

帰国後に聞いたことだが、この訪台は新婚間もない頃だったこともあり、妻は知り合いの女性から「ご主人大丈夫なの」という類いのことを言われたそうである。その後、当時を知る商社マンに「北投温泉の夜」の「武勇談」を得々と聞かされて閉口した記憶もある。思い出して愉快な記憶ではないが、当時の日台関係の一端を示す事柄として記しておきたい。確か九〇年代に入って、日本のテレビコマーシャルに若い女性向けの台湾ツアーの宣伝が出るようになったのを見て、時代は変わったものだと感心した。

修士論文で「台湾共産党」を書く

その後、もちろん修士論文を書いた。論文では日本植民地統治期の台湾共産党を取り上げた。修論の口述試験では、審査委員だった故衛藤瀋吉《えとうしんきち》先生に「謝雪紅《しゃせっこう》は戦後どうしたのか」と質問された。謝は一九二五年に上海からモスクワに行って訓練を受け、再度上海に戻って台湾共産党の創立（一九二八年）に参加した女性リーダーである。戦後二・二八事件（一九四七年）の後、香港に密航し中国解放区に入り、台湾民主自治同盟を組織して中華人民共和国の建国に参加したこと、しかしその後の反右派闘争、文革で批判を受け迫害されたが、その後名誉回復しているらしいことなどを答えた。これくらいのことは当時でも知ることができたのである。さらに突っ込まれるかとビクビクものだったが、それ以上の質問はなく、無事合格となった。先生は、台湾共産党関係直接の資料だけではなく、周辺の知識を踏まえた上でモノを書いているのか確認しようとされたのではないかと後で思った。

ところが、私はその時粗忽《そこつ》にも博士課程進学の手続に必要な健康診断を受けるのをど忘れしていた。大慌てで受診して事なきを得たのであるが、後で聞けば指導教授だった故上原淳道《うえはらただみち》先生が大学院の委員会で私のために頭を下げて下さったのだという。今でも思い出すと恥ずかしくて仕方がない。

そんなこんなで博士課程に進んだのであるが、さて博論にはどんなテーマで取り組んだらよいのか迷いに迷って、一時、自律神経失調症になってしまった。大学三年の中国旅行の時に知り合った友人が何と鍼灸師《しんきゅうし》の勉強をしていて、格安で治療してくれたので、それで何とか乗り切り、結果的に博士論文につながる台湾議会設置請願運動（後述）の研究に取り組むようになったのだが、それはしばらく後のことである。

2 「蔣介石は良いところに逃げ込んだ」——崩れはじめた「思い込み」

台北で呉濁流さんと再会

古いパスポートをひっくり返すと、初めて台湾を旅行したのは、一九七三年二月二七日から三月二三日となっている。まだインターネットもスマホも無かった時代である。海外に行くには旅行社を通してビザを取り、航空券を購入して出かけた。海外航空券を買うと航空会社のロゴの入ったバッグがもらえて、それとなく見せびらかすのが、まだそれなりに様になっていた頃である。

この時は、羽田空港からたって台北の松山空港から台湾に入った。空港には、旧知の河原功さんと彼の「台湾のお父さん」が中古のダットサンで迎えに来てくれていた。そのダットサンはかなりの年代ものに見えたが、購入時に高い税金がかかるので中古でも当時の日本での新車くらいの価格だと聞いた。街で走っているタクシーでも年季の入ったものが多かった。台湾にマイカー時代が来るのはまだ先のことになる。

河原さんは当時成蹊大学の院生だったが、台湾の日本植民地統治期の文学活動に関心をもって資料集めや人脈作りを学部生の時から始めていた。かれはその後日本植民地統治期漢人知識人による「台湾新文学運動」について修士論文をまとめ、同分野の日本での研究に先鞭をつけた。かれはまた植民地期の雑誌や文学書の収集・発掘に熱心で、かれの手を経て複刻された史料により後の日台の学界は裨益することとなった。

こうして始まった初めての台湾の旅は、台北ではまず戴さんから頼まれた届け物の用事を済まして、河原さんの案内で、台北の古亭にあった古本屋めぐりなどをした後、西部平原を南下して台中、台南、高雄、屏東と泊まり歩き、東部は台東を回って花蓮で一泊、それから観光バスで太魯閣から「中部横貫公路」経由で中央山脈を越え再度台中に出て、台北へと戻った。東北部の宜蘭を除いて、台湾島をまずはひと回りしたことになる。台北と台中では河原さんに引き回してもらい、その余は戴さんのつてを頼った。

河原さんには何人かの日本植民地統治を経験した本省人知識人に引き合わせてもらった。台北では、前述の呉濁流さんと再会した。じつは、呉濁流さんとはそれ以前に彼が東京に来た時にお会いしている。当時呉濁流さんは、戦後の二・二八事件をも書き込んだ新たな自伝的小説『無花果』を発表した後、後難を避ける意味もあって海外旅行に出ていて、東京にも寄ったのである。彼の小説の再刊に尽力していた戴國煇さんが知り合いの中国研究者や記者などを集めた宴席に河原さんもわたしも顔を出させていただいていたのである。

台北ではご自宅をお訪ねした。当時呉さんは奥さんを亡くされたばかりだということで、河原さんが台北駅前で花を買って、新生南路の御宅にうかがった。当時の新生南路はまだ工事中で、バスを降りてからほこりっぽい道をしばし歩いた記憶がある。呉先生は漢詩作家でもあって、その後私に自作の七言絶句を自書して贈ってくれた。わたしは家人と相談して表装して掛け軸にして、今も大事に保管している。いずれはどこか台湾の研究機関に寄贈して記念しなければなるまい。次にその詩を記しておく。わたしにこの詩を解釈するだけの素養はないのだが、この掛け軸を見る度に、呉先生の人格が醸し出す風韻が偲ばれる。

神州板蕩幾多年　又在東京會後賢
常伴美人休笑我　放懐天地聳吟肩
莫笑多情好伴花　人生何時足堪誇
壯懷自傲詩和酒　放浪形骸到處家

呉濁流氏（1973年3月、同行した河原功氏撮影）

台北ではこの他、当時国語日報社社長だった洪炎秋《こうえんしゅう》氏（一八九九―一九八〇）も河原さんと訪ねた経験がある。ここで「国語」とは中華民国の国語、すなわち中国普通語のことで、戦後国民党政府は台湾社会から植民地時期の国語、つまり日本標準語の影響を除去するため強力に国語普及運動を進めた。主たるルートは学校教育だったが、その他の普及ツールのひとつとして作ったのがこの国語日報で、中華民国式の発音符号である注音符号がすべての漢字に付されている紙面構成だった。洪炎秋氏は、台湾は鹿港出身、父は日本統治を嫌い、弁髪を切らず「棄生」という字で通した文人だったので、公学校へは通えず、父に隠れて東京専門学校（早稲田大学の前身）の通信講義録で学んでいたという。一九二〇年代に中国大陸に渡り北京大学で教育学を修めた。国語日報社社長の職はこうした背景によるものであろう。

成田空港も桃園空港もなかった頃

ところで、羽田空港も松山空港も、それぞれ当時は日本と台湾の「表玄関」と言われた。成田国際空港や桃園国際空港（当初は蔣介石国際空港）はまだなかった。成田空港は「三里塚闘争」でもめにもめて開港は一九七八年、桃園空港は蔣経國行政院長推進の「十大建設」の重要項目であったが、開港は七九年の事であった。

一九七二年の日台断交後、それぞれのフラッグキャリアは一時日台間を飛ばなくなったが、外交面でひともめした後、日航は日本アジア航空という別会社を作り、全日空が台湾路線に進出した時には、前からある子会社のエアーニッポンの名前で、就航することになった。この間私は台湾には行かなかった。一九八〇年の私の第二回目の訪台の時は、成田―桃園間の往復となった。

その後、私が出入りする空港は、羽田―桃園間を使う期間がしばし続いた。もっぱら中華航空（九〇年代にはエバー航空も）を使うようになったからである。当時、日台航路が復活しても、中国との関係で中華航空は成田に就航することができず、羽田に離着陸することになった。羽田は成田より利便性が格段に高い。このため、羽田—桃園便は中華航空の思わぬドル箱になった。ただ、広い空港の片隅にポツンと置かれた国際線ターミナルを出入りするのは、その度に台湾の国際的孤立を実感させられるので嫌だという声も台湾では聞かされたものである。

そして、二〇一〇年羽田空港の再国際空港化が実現し、同じ頃台湾側で松山空港も再度国際化され、日本の航空会社も松山に飛ぶようになり、その後は私ももっぱら羽田—松山間を往復するようになった。

三〇年以上の年月を経て初回と同じ航路を往復する様になったわけである。長く日台を往復していると、どの空港をたち、どの空港に降りるかの変遷にも春秋を感じざるを得ない。

「豊穣の島」という感触

初めて台湾に来てすぐ感じたのは、やはりこの島は豊穣の島であるなということであった。後でいろいろ反芻《はんすう》してみてもこの感触は消せない。街が活気に溢れていたのは予期以上だったし、野山は緑に溢れていた。そして何よりも食べ物が豊富で多彩でおいしかった。台湾好きだが鶏のアレルギーで鶏肉や卵料理がダメという友人もいたが、生来食いしん坊の私にとっては天国だった。

レストランでごちそうになる料理はもちろんだが、街中ではいろいろな果物やそのジュースを出すスタンドがたくさんある。今は大きな都市では見なくなったが、サトウキビも路傍で売っていた。店主が鋭い鎌でサササッと皮を剝いでくれるので、その白いシンをかじって甘みを味わい、かすをペッと吐き出すのである。私にとって極めつきは、焼餅《シャオビン》、油条《ヨウテイアオ》、豆漿《トウジアン》の三点セットの朝飯であった。カラッと揚がったばかりの油条をまだ温かさが残る焼餅で包んだのを豆漿に浸けるなどして食べるのである。これでたった三元、台北で宿舎にした昆明街のＹＭＣＡ（一泊なんと一〇〇元くらい。八〇年に行った時はもう英語教室になっていた）の食堂のトーストとコーヒーのセットが確か二〇元はした。しかも、コーヒーはインスタント、トーストは黒焦げさせたパンの表面にマーガリンを塗っただけのものだった。高級ホテルは知らず、台北の街中のコーヒーとパンは当時まだまだだった。

「蔣介石は良いところに逃げ込んだ」

そんなある日、王崧興《おうしようこう》先生（一九三五―九五）が食事に誘ってくれた。王先生は東大で博士号をとった文化人類学者でこの時は中央研究院民族学研究所の研究員であった。実は奥さんが日本人で台湾に来る前は、河原さんの高校の先生をしていたという縁であった。王先生はその後香港の中文大学に移られたが、一九八五年香港総領事館の調査研究員として滞在中に再度お会いしたことがある。また、さらにその後日本の千葉大学に移られて、同大の研究休暇で古巣の民族学研究所に来られた時、私もたまたまそこに研究滞在していた。これはチャンスだ、いろいろ教えていただこうと勇んでいた矢先に、先生は急の病で亡くなられてしまった。先生の早すぎる死は、台湾の民族学にとって損失だったろうが、私にとってもそうだったという気がする。あの時先生と一、二度でもよいから話し込む機会が得られていたら、私のその後の台湾研究展開もひょっとしたら違ったものになっていたかもしれないからだ。
一九七三年春、その王先生が、台北駅近くのレストランの二階席から街路を見下ろしながら、ふと日本語で突然「蔣介石は本当に良いところに逃げこんだものだ」と述懐された。もちろん、当時公の場で中国語では決して言わない言葉である。台湾の豊かさをすでに実感していた私は、なるほどそういう見方もあるかと内心納得したのであった。

「落選する為に立候補しているぞ」

一九七三年春の私は自分が何年かして同時代台湾政治の観察・研究に主力をおくことになるとは想像だにしていなかった。だから、半年前の七二年九月に日本が台湾と断交したことはもちろん意識していても、訪台のほんの二カ月前の一二月に、後の台湾政治の民主化の一里塚とも言える「叛乱鎮定動員時期中華民国自由地区中央民意代表増加定員選挙」という長い名前の国会選挙が初めて行われていたことをまったく知らないでいた。中華民国中央政府の台湾移転以来、時は共産党の叛乱鎮定のため総動員する非常時である、との理由で蔣介石と一緒に大陸から台湾に逃げてきた国会議員の議席は非改選のまま維持されていたが、この時期になって、その中国大陸籍の非改選議員の議席には手をつけないで、台湾のみの定員を増加してその枠の議員のみ定期改選するという奇妙な国会選挙が始まっていたのであった。
台湾現代史の最大の悲劇、一九四七年の二・二八事件についても、一応のことは知っていた。戴國煇さんが資料を紹介してくれていたし、日本では亡命台湾独立派の本も出ていたからでもある。この時、台北に着いた翌日が二月二八日だった。もちろん、何も起こらなかったが、すでに本省人インテリと付きあいのあった河原さんは、この日になると警察が静かに警戒を強めたりして、密やかな緊張が走るようなのだといった話をしてくれた。

私の同時代の台湾政治についての認識はそんな程度ではあったのだが、旅の途上で気が付いて今も覚えていることがある。確か台中の街中だったか、奇妙な光景に出くわした。何か選挙が行われていて、「落選する為に立候補しているぞ（為落選而競選）」と大書した看板を載せた選挙カーを目にしたのである。

今、年表を繰ってみると、この年三月一七日には、台湾省県市議会議員と郷鎮長選挙の投票が行われている。私はこの時の選挙キャンペーンのどれかに出くわしたのである。後知恵だが、前年の「増加定員選挙」において、まもなく「党外」と呼ばれるようになる、明確な主張のオポジションの人物がすでに少数ではあるが政治舞台に登場していた。比較政治学者で台湾政治史研究者でもある岸川毅教授（上智大学）によれば、地方政治レベルではもっと前から根強い動きがあったというのだから、この時私がこのような明らかに国民党の政治独占をやゆするようなキャンペーンを展開する候補の選挙カーに出くわしても何の不思議も無かったといえるだろう。

「思い込み」が崩壊し始めた

先に台北の街中に入った時の第一印象として「予期以上」の活気を挙げたが、この時の「予期以上」という台湾社会との初対面の感触を、私は以後ずっと反芻し続けてきた気がする。「予期」とは私の台湾に対する先入観ないしは思い込みであったわけである。経済史的に振り返れば、台北の街に活気があったのは当然だったろう。台湾経済は六〇年代から八〇年代の途中まで高度成長の途上にあった。たまたま石油ショックに見舞われて七三年はマイナス成長になるのだが、それもすぐに回復してしまうような、しっかりしたダイナミズムの中にまだあったのである。

それが「予期以上」に見えたのは、前節に述べたような、私が影響を受けてきた日本の知識界の「台湾は蔣介石反動派が逃げこんだ島」といったイメージの故ではなかったかと思う。当時の日本知識界の左派的な発想からすれば、蔣介石らは「中国革命に敗れた反革命の残党」であり、そんな彼らに未来はないはずで、その一派の支配下の社会は活気に欠け重苦しい雰囲気であるはずだ、という思い込みであった。誰かがそう言っていたというのではない。当時の雰囲気からそれがいつの間にか私の先入主になっていたということだろう。

繰り返しになるが、私は呉濁流の小説に触れて台湾についての自分の無知に目覚めたのだったが、その「無知」はまた意識せざる先入観に彩られていたのだった。そして、目の前に見た「予期以上」や「落選する為に立候補しているぞ」という自己主張は、いつの間にか私の台湾についての先入観を崩し始めていたのかもしれない。

3　葉榮鐘さんの「述史の志」——植民地期知識人のポストコロニアルの歳月を思う

「ビーフンをふるまってやっと辞去した」

一九七三年の初めての訪台でお会いした台湾本省人の知識人の中に葉榮鐘《ようえいしょう》（一九〇〇—七八）さんという方がいた。これも台湾文学研究者の河原功さんが同道してくださって、三月六日、台中市内のご自宅にうかがったのである。その時の帰り際にご自宅前で撮らせていただいた奥様の施《し》纖纖《せんせん》さんとのツーショットの写真が残っている。もう四〇年以上前の写真なのですっかり変色してしまった。

日付まで分かるのは、河原さんが旅日記を付けていたからであるが、実は葉榮鐘さんの日記に私たち二人の訪問についての記載があるからでもある。葉さんの遺稿は、既刊の著書や未公刊の日記、書簡、漢詩などを含めて、没後かなりの時間をかけて遺族が整理して、『葉榮鐘全集』（全九集一一冊、台中：晨星出版、二〇〇二年）として刊行された。また、これらの遺稿の原本や蔵書は新竹にある清華大学に寄贈され、整理されて公開されている。私も、同大学劉《りゅう》柳《りゅう》書琴《しょきん》教授のお世話で閲覧したことがある。

日記は上下二冊に分けて収録されている。戦前の一時期の分が日本語で書かれている他はすべて中国語である。日本企業製の見開き一週間のビジネス手帳が使われていて、記述は一日分長くて五、六行、身辺の事柄を淡々と記しただけのもので、個人的な感想、見解などはほとんど記されていない。それもそのはず、戦前は台湾総督府特高警察の目があり、戦後は長期戒厳令下にあった。一九四七―五四年の間はかくも簡潔な日記さえ残されていない。

さて、その日記の記述である。一九七三年三月六日の条には次のように記されている。「午前一〇時に河原が若林を伴って約束通り来訪した。正午まで話していたけれどもまだ帰らないので、家内がビーフンを作ってごちそうした。食事をしてから一時四〇分になってやっと帰った」「上午十時河原偕若林如約來訪、談到中午猶未去、內子乃做炒米粉餉客，飯後一時四十分方辭去」。

台北の本屋で『全集』を見つけて購入して帰り、それからさらに何年も経ってから自宅の書庫でふと思い立って葉日記の頁をめくって該当部分を探し当てたのである。私は思わず周りを意識した。もちろん、採光のよくない自宅の狭い書庫に他に人影があるはずもなかったが、この一条の「やっと［方］」という副詞は、人の家に訪客たるの礼儀をわきまえなかった青年期の恥を思わせるに十分であった。

葉榮鐘・施纖纖さん夫妻（著者撮影、1973年3月6日）

ただ、当時の私はまことに天真爛漫《てんしんらんまん》、葉さんが内心苦笑いしただろうとは想像だにせず、南部、東部を一回りして、中央山脈を越える中部横貫公路経由で台中に戻るともう一度葉さんを訪問した。そのとき、葉さんは霧峰林家《むほうりんけ》（後述）の屋敷跡に案内して下さったのであった。

それから三十数年の星霜を経て、葉日記の記述を発見した時の私は、当時の葉さんに近い年齢となっていた。そして、その時までに自身の台湾研究も日本植民地統治時代から台湾現代史に広がっていた。その間、私も人の親となり、子の巣立ちを見守る秋を迎えていた。そのような私にとって、この条に接したことはひとつの衝撃だった。それは単に自分の恥多き青年の日の一こまがすでに活字になって公開されてしまっているということだけではなかった。そのことが私に、葉榮鐘先生に申し訳ないことをしたのではないかというひとつの後悔を喚起したからであった。

大学院修士課程に入った私は、日本植民地統治時代の台湾漢人の政治・社会運動を研究テーマとすることに決めていて、台湾研究の古典とされる矢内原忠雄の『帝国主義下の台湾』や修士課程入学直後に出版された許世楷『日本統治下の台湾――抵抗と弾圧』（東京大学出版会、一九七二年）、さらには許著が多く依拠している台湾総督府警務局編『台湾総督府警察沿革誌第三巻　台湾社会運動史』などを読んでいた。

一九七三年三月当時はすでに葉さんが、日本植民地統治期の台湾議会設置請願運動や台湾文化協会運動など穏健派政治運動のリーダーであり、最大のパトロンでもあった、台湾中部の大資産家霧峰林家の当主林献堂の秘書を務めた人物であること、さらに許著に先立って、戒厳令下の台湾で『台湾民族運動史』（台北：自立晩報社、一九七一年）を執筆した人物であるであることを知っていた。だからこそ、研究対象に一歩でも近づきたいと面会を希望したわけであった。

霧峰は台中盆地の中央山脈寄りの山麓に位置している。清代乾隆初期には、この辺りはまだいわゆる「番界」の外にあたり、先住民族との衝突がありえる地域であったが、林家の祖先はそこに入植して同地の豪族に成り上がった。以後周囲の豪族との争闘、官との相克などの曲折はあったが、清末には私兵を擁して山地に入り込み樟樹を伐採、樟脳生産で巨富を築いた。一族からは科挙の郷試に及第した挙人も輩出した。

霧峰林家が林献堂のリーダーシップの下、日本植民地期に穏健な批判勢力として存在し続けたこと、そして戦後初期国民党政権とも複雑な相互関係があり、林献堂は最後には蔣介石の支配を嫌って台湾を離れ、東京・久我山で客死したこと、こうしたことまで視野に入れれば、霧峰林家の盛衰は、台湾における漢人の歴史の多くの部分を代表する歴史であるといえる。

葉榮鐘さんの生い立ち

葉榮鐘さんは、中部の港町鹿港の商家の生まれで、九歳から公学校に上がり、同時に書房でも学び始めた。公学校は台湾総督府が設けた植民地初等教育機関で、「国語」（日本語）を教え込むことに重点が置かれていた（日本人用には本国文部省管轄の学校体系に連続する小学校があった）。書房はいわば台湾式寺子屋で、漢字・漢文を教える民間の伝統的教育施設だった。葉榮鐘さんは後に中国語も日本語も書ける人材として政治運動関係者に重宝がられたが、その背景にはこうした二重の教育経験があるだろう。

ただ、こうした教育を受け始めた頃父親が亡くなって家は傾きはじめ、公学校卒業後は薬局に雇われるなどして働かなければならなかった。だが、向学心に目覚めた葉少年は進学がしたかった。そんな時に、彼が学んだ鹿港公学校の教員をしていた施家本という人が、林献堂の日本語秘書になり、葉さんを林献堂に紹介した。林献堂は自分の子どもを東京に留学に行かせようとしていたので、葉少年も一緒に留学させることにした。時に一九一八年であった。

一九一〇年代になり公学校が一定程度普及すると、植民地台湾の教育制度は、台湾総督府医学校や師範教育を行う同国語学校以外の中等以上の学校制度が未だ不備であったため、台湾漢人の富豪の多くが子弟を日本に送り出すようになり、中には初等教育から日本本国の学校に入れるものも出てきた。林献堂の子ども達もこの例であり、葉少年はいわば大富豪の子弟の「御学友」として東京で学ぶこととなったのである。

かれは一種の上級学校進学の予備校である神田の正則英語学校に入学したのであるが、一九二一年には林献堂に呼び戻され、彼の日本語秘書となり、その後一九二七年に林献堂が長い世界漫遊の旅に出るまで務めた。この時青年葉は林献堂に求めて再度の東京留学を援助してもらえることになり、中央大学に留学、一九三〇年に卒業するやまたまた林献堂に呼び戻され、同年民族運動穏健派が作った台湾地方自治聯盟という団体の書記長を務めることとなった。

三十数年後の後悔

葉さんはこのように、穏健派のリーダーにしてパトロンである林献堂にたいへん近い存在として一九二〇年代から三〇年代前半の台湾人抗日政治・社会運動の事情に通じた人物であった。私の記憶では「葉さんは裏も表も知っているから、教えてもらってきたらいいよ」というのが、戴國煇先生の推薦の弁であった。

私の悔恨とは、三十数年前のあの時、私はまさにこのような人物としてしか、自分の今から思えば狭い研究関心に有用な情報を提供してくれそうなインフォーマントとしてしか葉さんを見ていなかったのではないかということである。自分の目の前に現れた、中国服を折り目正しく着こなし、日本から来た初対面の若造に丁寧に接してくれた紳士を、そのような存在としてしか見ていなかった――それは葉さんにたいへん失礼であったのではないか、という思いが、彼の日記の数行を目にしたときに、突き上げてきた。

戦前の抗日政治・社会運動経験者の人々の人生は戦前で終わったわけではない。かれらにも戦後の日々、いわばポスト・コロニアルの歳月があったのである。それに思いを致すことなく、戦前の事情をよく知っている人、自分の論文に役立ちそうなことを教えてくれそうな人、そんな狭い態度で接していたような気がする。そんな態度は間違いだったのだ。

「述史の志」と『台湾民族運動史』

そんなわけで、私は葉さんが戦後の歳月をどう生きたのか、もっと広く言えば台湾抗日知識人のポスト・コロニアルの歳月とは如何なるものであったのかについてがぜん興味が湧き、葉さんの戦後の著作や、遺族が整理・公表してくれていた日記や書簡、林献堂ら関連する人物についての資料などを読みあさった。

そうして分かってきたのは、次の二点だった。第一は、葉さんが自分の生きてきた台湾の同時代史を書き綴っていこうという意志を持ち続け、そしてそれをついに前記の『台湾民族運動史』

として実現したということである。彼は一九三〇年代後半にはすでに自分が従事しまた目撃してきた台湾人の植民地統治批判の政治・社会運動の歴史を書こうという志を抱くにいたったが、その後の戦時体制がそれを許さず、戦後初期の二・二八事件などの動乱もそれを許さなかった。しかし、かれはその志を捨てなかった。

それを私は自分の論文では「述史の志」と呼んだ。[*2] 長男への手紙の記述などを見ると、一九六五年、戦後ながく勤務した彰化銀行の退職後には、彼自身の言葉をそのまま引用すると、「自伝」、「先賢印象記」、「台湾政治運動史」、そして「国家統治下二十五年史」の四つの歴史叙述を志していたらしい。「自伝」や「先賢印象記」は、幾本かの歴史エッセイとして諸雑誌に発表され後に彼の随筆集に収められ、また「台湾政治運動史」は『台湾民族運動史』として刊行された。「国家統治下二十五年史」は実現しなかった。当時はまだ日本植民地統治期に触れる際にも国民党版の中華ナショナリズムに沿った記述が求められる時代であった。七〇年代に入り「党外」と称されるオポジションの活動が次第に活発化する中でこうした状況への挑戦が開始され、『台湾民族運動史』もその一端を担う形となったといえるが、それでもこの書物では、国民党の反共国策に合わせたのか、一九二〇年代の抗日運動左派に関してはほとんど触れられていない。こうした状況では、直接的に国民党の統治に語り及ぶ「国家統治下二十五年史」を書くことは政治的障礙が大きかったといえるだろう。ただ、葉榮鐘日記には、その志の背後の心情を窺わせる新体詩と漢詩がそれぞれ一首ずつ残されている。

一九七〇年一〇月二五日（新体詩）
但願這是一場惡夢
一覺醒來月白風清
無恥與殘虐隨風消失
歧視與壓迫化於無形
憤怒不再動我的心火
醜惡不再污我的眼睛

一九七一年一〇月二五日（七言絶句）
年年此日最傷神
追悔空教白髮新
送虎迎狼緣底事
可堪再度作愚民

『台湾民族運動史』表紙

人の親としての最後の務めを果たしながら分かってきたことの第二点は、彼がその「述史の志」を実現していく過程が、葉榮鐘・施纖纖の夫妻が子女の「巣立ち」を見守るという人の親としての最後の務めを果たす歳月に当たっていたことである。実はこの間夫妻は東京に嫁した長女の病死という不幸に見舞われていたが、日記には長男のアメリカでの博士学位修得、初孫の誕生、次女の婚約と婚約者との訪米、次男の大学進学のことなどが淡々と綴られている。

これら二つのこと、葉榮鐘の「述史の志」、それを実現していく歳月が葉夫妻にとって人の親としての最後の務めを見事に果たす歳月であったこと、これらを知って、私はようやくあの時の夫妻の実際の姿にいささかなりとも近づけたのではないかと感じた。そして、これは私自身の勝手な言い分にはなるが、葉さんへの申し訳なさの幾分かは解消できたのではないかとも感じたのである。しかし、この時葉さんはとうにこの世の人では無かった。やはり後悔というのは先には立たないのである。

＊1　Dreyer, June Teufel, "The Fictional 'Status Quo'," *Taipei Times*, Dec.20, 2000.

＊2　若林正丈「葉榮鐘的「述史」之志」台北：中央研究院台湾史研究所『台湾史研究』第一七巻第四期、二〇一一年、同「葉榮鐘における「述史」の志」愛知大学現代中国学会『中国21』36号、二〇一二年。

第二章
民主化の胎動に触れる

1　一九八〇年春、民生西路の洋食屋「波麗路《ボレロ》」

七年ぶりに台湾へ

一九八〇年春二回目の台湾旅行をした。一九七三年初めての訪台から七年後である。その二年前に私は東京大学教養学部の助手に採用され、ようやくアルバイトをしなくてすむ経済状態になっていたので、そろそろもう一度行ってみようかと思い立ったのである。

今回は当時台湾大学歴史学科大学院に留学していた近藤正己さんと羅成純《らせいじゅん》さんのご夫妻のお世話になった。近藤さんは、当時信州大学で教鞭を執っていた田中宏先生（後に一橋大学）の教え子で、田中先生が紹介・連絡してくださったのである。近藤さんは台北駅前のＹＭＣＡに旅装を解いたばかりの時に訪ねて来られ、会うなり自分のマンションが一部屋空いているから泊まればよいと言ってくれた。そこで早速、チェックインしたばかりの部屋をチェックアウトすることになった。

ちなみに、近藤さんは後に『総力戦と台湾　日本植民地崩壊の研究』（刀水書房、一九九六年）という、今も関連研究で引用され続けている台湾近代史研究の記念碑的作品を書くことになる。

近藤夫妻の御宅は、信義路に近い新生南路の一角にあった。この場所が後で偶然間接的に意味を持つようになるのだが、もちろんその時には知る由もない。近藤さんに連れられ、早速台湾大学に行って、当時歴史学科の助手をしていた呉密察《ごみつさつ》さんに紹介された。呉さんに当時の研究図書館で曹永和《そうえいわ》先生（一九二〇―二〇一四。後に中央研究院院士）に引き合わせてもらったりして、私の二回目の台湾の旅が始まった。

王詩琅さん宅訪問

その後もう一度台湾大学の助手室に呉密察さんを訪ねると、彼はやおらデスクの受話器を取り上げ、どこかに電話して「若林正丈が来た」と中国語で言った。電話はまだあの黒いダイヤル式のヤツだった。その後は台湾語になってしまったので何のことか分からなかったが、通話を終えると、王詩琅さん（一九〇八―八四）にアポをとった、これから私を連れて市内の萬華は汕頭街の王さん宅を訪ねる、という。

王さんには一九七三年の初めての訪台の時、台中の台湾省文献委員会の一室でお目にかかっていた。これも葉榮鐘さん宅訪問と同じく河原功さんが引き合わせてくれたのだった。王さんについては、私は台湾総督府警察編纂の記録に「台湾黒色青年連盟員」として名前が出てくることで知っていた。戦前はアナキズムにも染まったことのある台北の文学青年だったのである。戦後は省文献委員会に勤務するとともに、「台北文物」や「台湾風物」といった雑誌の編集や健筆を振るっていた。当時、河原さんや東大中国文学科大学院に進んで台湾文学研究を始めた松永正義さん（後に一橋大学）に紹介されて、王さんの日本統治期台湾文学運動史に関する論文も読んでいた。

王さん宅に着くと、呉文星《ごぶんせい》さんがいた。呉さんは当時台湾師範大学歴史学博士課程の院生だった。彼は当時日本植民地統治期の師範教育の研究をしていて、後にそこからさらに視角を拡げて植民地統治下台湾の社会エリートの変遷に目を付け、清朝期の伝統的紳士・富豪から学歴エリートへと同じ階層でバトンが渡されていったことを論証した、これも記念碑的作品となる著作を発表している。[*1]

王詩琅氏、1973年、台中市干城にあった台湾省文献委員会で（著者撮影）

他に、常連客らしい王さんの同年輩の友人も来ていて、その内の一人は戦時期に中国に渡って抗日戦争に参加したことがある人だという。私はその人に興味を感じて当時のことを尋ねようとしたが、台湾語には日本語と同じ発音になる言葉がいくつもあるんだよ、という話をされてはぐらかされてしまったのを覚えている。

なお、大分後になって知ったことであるが、汕頭街の王さんの家と七〇年代「党外」のスター政治家だった康寧祥《こうねいしょう》氏の家とが細い路地を隔てただけのお隣さんだった。康氏の回憶録[*2]によれば、青年康寧祥はよく窓越しに王さんと台湾語で話をし、彼から日本統治期の台湾史の人物に関するあれこれを耳学問したという。「台湾史の生き字引」と言われた王さんの知識は、呉密察さん、呉文星さんなど当時の学者の卵を通じても、また康氏のようなオポジション（対抗勢力）政治家を通じても、後世に伝わったと言えるかもしれない。

民生西路の洋食屋「波麗路」

それから数日後に呉密察さんからまた連絡があって、台北市内の大稲埕という地区にある民生西路の「波麗路《ボレロ》」というレストランに連れて行かれた。若林というのが来たというので、王詩琅さんが台北の日本留学経験のある本省人知識人に招集をかけてくれたのだという。糖尿病を患っていた王さんはこの時もう十分な体調ではなかった。今から思えば誠にありがたいご厚意であった。

呉さんによれば、「波麗路」は一九三〇年代からあり、台湾人（日本時代は「本島人」、戦後は「本省人」）インテリのたまり場になっている、知る人ぞ知るという店だった。インテリアもメニューもタイムスリップしたようなレトロな感じで、とても印象に残り、今日まで思い出したように数回足を運んでいるが、雰囲気は変わっていない。植民地時期の台北市内では、いわゆる「城内」が日本人地区であったのに対して、王さんの住む萬華と大稲埕は「本島人」地区だった。王さんも日本時代からの台湾人の伝統に従ってこのレストランを選んだのかもしれない。

「僕は署名を拒否したんだ」

昼食会に集まって下さった方は七、八人だったと思う。もちろんその時は王さんから皆さんの紹介をいただいたのだが、残念ながらまた失礼ながら、お二方しかお名前を記憶していない。その後も何かとご指導いただいた林明徳《りんめいとく》先生（師範大学歴史学科教授）と鄭欽仁《ていきんじん》先生（台湾大学歴史学科教授）である。林先生は日台関係のことを話されたとおぼろげに記憶するが、鄭先生のお話は衝撃とともに鮮明に覚えている。彼はいきなり「僕は署名を拒否したんだ」と強い口調で言った。日本語である。「署名」とは、「美麗島事件」で弾圧の対象となった「党外」人士を「台独、暴力、国家反逆分子」として糾弾する大学教授連名の新聞広告への署名である。いうまでもなく国民党がお膳立てしたものであるが、鄭先生は圧力を伴ったであろうその勧誘を拒否した、というのである。

美麗島事件とは、一九七九年一二月一〇日の世界人権デーに当時のオポジション「党外」勢力の美麗島雑誌社が高雄で主催したデモが取り締まりの官憲と衝突となり、事後に当時現場にいなかった人も含めて「党外」勢力の大逮捕に発展した台湾現代史上の一大政治弾圧事件である。後で知ったことだが、私が台湾に滞在した頃には、検挙された「党外」活動家を裁判にかけるための「予審」が始まるところであった。当時の台湾は、多数の人々が声を押し殺しているような、静かな緊張の中にあったのである。

それに比して、久しぶりの台北で旅気分を味わいつつあった当時の私はあまりにアッケラカンとしていたのかもしれない。七〇年代末から私は香港の月刊時事評論誌「九十年代」の購読を始めていて、同誌の、国民党筋とは異なる台湾政治動向の報道には必ず目を通していた。日本のメディアはほとんど台湾の事情を報道せず、もちろんインターネットもなく、やっとファックスが普及し始めた時代であるが、台湾の政治情勢の大枠は自分なりに承知していたはずであった。

だが、当時の自分の感覚は台湾の状況からはいまだかけ離れたものであった。鄭さんが強い口調で述べた反抗の姿勢は、その時の「波麗路」の雰囲気も相まって、私に自分が美麗島事件直後の台湾に来ているのだということをまざまざと意識させたように記憶している。これはわたしの「アッケラカン」を切り裂く、ひとつのショックだった。

一九八〇年二度目の訪台、私にとっての衝撃はまだ続く。それらが重なって、私にとっては、ショックによる現代台湾政治へのオリエンテーションとなったのであった。

2　二つの衝撃——林義雄《りんぎゆう》「滅門」事件と作家葉石濤《ようせきとう》の語り

高雄で知った林義雄省議員一家殺害事件の発生

台北市民生西路のレストラン「波麗路」で、「美麗島事件直後」を実感したその後、近藤正己さん夫妻に連れられて高雄に行った。奥さんのお兄さんが高雄に住んでビジネスをしているので、そこに泊めていただくことになっていた。旅日記は付けていなかったが、日付はすぐ分かる。二月二八日である。

高雄に着いて、奥さんのお兄さんの家に行き、そこから車で市内をあちこち案内してもらってお宅に戻った。客間のテーブルに置いてあった夕刊の第一面に気が付いたのは確か近藤さんであった。後に台湾の言い方で「林義雄省議員滅門事件」（省議員一家殺害事件）と呼ばれるようになるテロ事件の報道である。

林義雄台湾省議会議員は、美麗島事件で軍事法廷にかけられることになっていた八名の「党外（国民党に属さないグループ）」主要リーダーの一人であった。この日の午後、何者かが台北市信義路の林氏自宅に侵入し、留守家族を襲ったのである。夫人の方素敏《ほうそびん》さんは監獄に夫を訪ねていて難を免れたが、林氏の母親と、三人娘のうち二人が殺害され、一人が重傷を負った。

体制に歯向かった父親はすでに逮捕され、体制はまさに軍事法廷において彼を罰しようとしていた。それ以上に彼が受けるべき罰があるのか。何故家族が、しかもいかなる政治活動にも関わりそうもない、また暴力に対して無力である老母と幼子を殺戮するのか。その非道さは、台湾の政治的関心がそれほど高くはないと推測される人々の庶民的道義感覚にも強く抵触するものだった。林氏宅は政治犯の自宅として、戒厳令下において当然政治警察の監視下にあったはずである。そこで白昼堂々と殺人が行われた。最高指導者蔣経國の指示によるものではなかったにしても、体制内の何らかの指示があって行われたことは明らかではないのか。政治的関心のある人々にとってみれば、こうした体制への不信感が生じたか、増幅したのではないか。当時はまだ台湾の政治状況にそれほどの知識があったわけではなかったが、こうした思いがつぎつぎに脳裏に浮かんだ。後知恵からみても、この事件は、「党外」リーダーを断罪しようとしていた体制の正統性を明らかに傷つけるものであったと思う。

「慟」一文字の表紙裏

私はこの旅行中に台湾の「党外」の主張を知るために、当時唯一発行されていた「八十年代」系列雑誌（つまり、康寧祥系。同誌が発禁になると月刊「亜洲人《あしゆうじん》」、その次は月刊「暖流」になった）の購読手続をしていた。

帰国後しばらくして届いた「亜洲人」はこの事件の特集号だったが、雑誌の表紙をめくると表紙裏は一面黒字の中に「慟」の文字だけ白抜きで記されるという衝撃的な誌面となっていた。この旅で知り合いになった呉密察君にも帰国後お礼の手紙や研究上の相談など何通か手紙を出したが、半年以上返事が無かった。「あの事件ですごく落ち込んでしまって、返事を書く気にどうしてもならなかった」とは後の述懐である。

ちなみに、呉密察君は、その後東京大学の東洋史の大学院に留学、帰国後は台湾大学に戻って副教授、教授を務めて後進の養成にあたった。また、二〇〇〇年からの民進党陳水扁《ちんすいへん》政権下では行政院文化建設委員会副主任、国立台湾歴史博物館準備処主任、二〇一六年からの蔡英文《さいえいぶん》政権下では、国史館館長、故宮博物院院長など文化行政職を歴任した。台湾では学者が政務官になったり、時に選挙に立候補を求められたりするのは、日本よりずっと多い。ただ、学界の知り合いが、政権が代わると政務官として一官僚機構のトップに座るというのは、あまり現実感をもって受け止められなかった。かれもなかなか行政手腕があったということだろう。

　ところで、林氏宅は、私が泊めていただいていた近藤さん夫妻のマンションから南に一ブロック下がっただけのところにあった。台北に戻ってからある朝恐る恐るその前を通ってみた。通りはまるで何事も無かったかのようで、近所の小学校から子どもの歌声が響いてきただけだった。

　それからさらに十数年後、消費者団体を基盤とする地方政党から出て相模原市議会議員をしていた家人が、その経験を話してもらいたいと、台北の消費者団体から私の台湾の友人経由で頼まれて、一場のささやかな講演をすることになったので私も付き添った。会場は「義光教会」、住所は台北市信義路三段三一巷一六號、まさにかつての林義雄氏宅を教会に改めた場所であった。

「亜洲人」1980年3月号表紙とその裏

　ここで、もう一つ場所の因縁に触れておくと、呉密察君が曹永和先生に会いにつれていってくれた台湾大学の研究図書館（現在図書情報学科が入る）横の空き地が、わたしの八〇年訪台の翌年夏またもや発生した政治的殺人事件の舞台となった。当時米カーネギー・メロン大学の数学助教授で台北に帰省していた陳文成《ちんぶんせい》氏が七月二日警備総司令部に呼び出され、翌日この研究図書館横の空き地で死体で発見された事件である。陳教授は在米時に台湾同郷会の活動に参加し「美麗島雑誌」にも資金提供していたという。

陳教授の死について、当局は「罪を恐れて（ビルから飛び降りて）自殺した」と説明した。その後の法医学的検討で自殺とは考えがたいことが明らかとなったが、真相は不明のまま、三〇年後に学生団体から陳教授の死体が発見された場所に記念碑を建てることが発起され、さらにその一〇年後にようやくその場所に「陳文成事件紀念広場」としてモニュメントが置かれるにいたった。現在は **Google Map** にもこの名称で位置が示されている。

葉石濤先生の座談――「語られ始めた現代史の沃野」

もうひとつ、一九八〇年の台湾旅行で忘れられないことがある。初めて葉石濤さんにお会いしそのお話を聞いたことである。高雄滞在中のある日の夕方、これも近藤さん夫妻の案内で、高雄市郊外の左営にある葉さんのお宅を訪ねた。葉さんは、一九七七―七八年のいわゆる「郷土文学論戦」において、「台湾文学論」で論陣を張った文学者としてすでに高名であったが、当時はまだ小学校の先生もしていた。文字通り「葉先生」だったのである。

薄暗い入口から階段を上った二階が先生の客間だった。四人が日本語で話しているうちに、一人の青年が訪ねて来た。葉さんの客間は文学青年のサロンにもなっていたのである。そこで葉さんは言葉を中国語に切り替え「歴史の話をしよう」と言って、また語り出した。

実はこの時のことを私は数年後に文章として発表している。私の最初で最後の文学作品解説である。一九八三年頃だったと思う。前節で触れた松永正義さんの音頭取りで、何人かの友人が集まって、翻訳で現代台湾文学作品のアンソロジーを出そうということになり、私も一篇を担当して四苦八苦して翻訳した。その上さらに蛮勇を発揮して『台湾現代小説選』Ⅰ、Ⅱ、Ⅲ（研文出版、一九八四〜八五年）のうち、第Ⅲ集『三本足の馬』の解説を書いたのである。松永さんは、残り二篇の解説を書き、日本初の現代台湾文学アンソロジーの編訳者として、台湾文学研究者デビューを見事に飾ったのであった。

私の「解説」は「語られはじめた現代史の沃野」と題している。題名からして文学そのものを語り得たものではないことがすぐに知れるが、私自身の一九八〇年の旅の経験をよく伝えている。少し長くなるが二三抜き書きする。なお『小説選』の刊行は一九八五年でまだ長期戒厳令施行中であった。文中Y氏としてあるのが葉さんである。

「それから一時間ほどだったか、それほど標準的とはいえないが、歯切れのいい北京語で、Y氏は大いに語ってくれた。話は、氏の青年期の戦中の時代から、戦後の台湾を襲った動乱に及び、そしてどうしても、あの「二・二八事件」とその周辺を往き来することになった」

「氏の語り口には、臨場感を持った衝迫力があった。私は、その時に一種の心理的衝撃を受けたのだと思う。（中略）その時私は、Y氏の話を聞きながら、台湾の現代史において未だ公に語られざることの大きさ、深さを今さらながらに感じて呆然たらざるを得なかったのである」

今から一九八〇年の旅を思い起こすと、「呆然たらざるを得なかった」のは、葉さんの座談の衝撃ばかりではなかったのかもしれない。民生西路の洋食屋「波麗路」の衝撃、林義雄議員一家へのテロの衝撃もまた重なりあっていたのだろう。「語られはじめた現代史の沃野」という私の「解説」の表題は、もちろん同時期の台湾文学が、戦後台湾の現実を語り始めていたということを指している。だが、それは同時に、この時の私自身のことも語っていたのかもしれない。私がその時、台湾現代史、というよりは目の前に展開し始めた台湾の政治変動の「沃野」に引きつけられ始めているということを告白していたのである。

葉石濤氏（中央）と語り合う著者（左）と林瑞明氏（右）、1982年夏、高雄市内の喫茶店にて（林瑞明氏提供）

3　政治研究開始までの回り道

再度出会った「真空」の引力に空しく逆らう

一九八〇年二月から三月にかけての三度目の訪台の経験が、その後私が台湾政治研究に向かう大きなきっかけとなった。美麗島事件直後の雰囲気が直接に伝わってきた「波麗路」での会食、高雄で第一報を知った「林義雄省議員一家殺害事件」の衝撃、そして葉石濤先生の談吐から感じた「台湾現代史の沃野」の存在などなど、初めて「台湾」に関心を抱いて「台湾」にスイッチが入ってしまった七〇年代初めと同様、私はまたもや自分を引きつける「知識の真空」がそこにあることを知った。

とはいえ、そこからすぐに直線的に同時代の台湾政治研究にのめり込んでいくということにはならなかった。思い出せば思い出すほどにいろいろあった。「真空」の引力に逆らわざるを得ない事どもがあったのである。この後八〇年の秋と八三年春には台湾でなくて中国に行った。前段は当時の職場（東京大学教養学部）の教授が頼まれて総理府派遣訪中青年団の団長をすることになったので「通訳」として随行した。私にとっては一九七〇年以来ちょうど一〇年ぶりの訪中だった。後段は日本学術振興会の派遣研究者として何と三カ月も廈門大学に滞在した。「通訳」をしたときの私の中国語の話し聴く能力はまだ怪しいものであったが、廈門の三カ月でどうにか使い物になるようになった。

廈門大学を訪問先に選んだのは、同大学に台湾研究所が作られたと知ったからであった。当時はまだ設立間もない頃で、中国の「党外人士」にあたる中国民主同盟員の陳碧笙《ちんへきせい》（一九〇八―一九九八）さんという人が所長で、彼は一九四七年の二・二八事件発生直後、閩台協会という団体として台湾視察を試みたが、台北の空港に着くや憲兵に乗機が包囲され、市内の旅館に連れて行かれ、翌日そのまま引き返さざるを得なかったという経験を持つ。そのへんの経験談を聞かせてほしいとインタビューをお願いした。それはもう廈門滞在の終わりのほうで、その頃には、話を聞きながら次の質問が考えられるようになっていた。それで中国語が使い物になるようになったと思ったのである。陳所長はなかなかの風格のある方で、わたしの質問にゆったりと応ずる姿を今でも思い出すことができる。[*3]

博士論文、香港総領事館専門調査員、助教授昇任

ところで、活字になった私の最初の論文は、一九七五年「思想」(岩波書店)の四月号に載せてもらった「「台湾革命」とコミンテルン――台湾共産党の結成と再組織をめぐって」である。修士論文のエッセンスを書け、ということで戴國煇さんに同誌に紹介していただいた。原稿は確か二度ほど突っ返されたが、よい文章の勉強になった。板橋区のはずれの安アパートで雑誌を受け取ったときは家人とともに喜んだものであった。

数年後に修士論文の審査委員でもあった衞藤瀋吉先生からアジア政経学会の現代中国研究叢書で何か書いてみろと勧められた。実にタイムリーなお勧めでありがたかった。そこで、当時は国会図書館勤務だった春山明哲さんと語らって二度目の訪台の後に『日本植民地主義の政治的展開一八九五―一九三四年』を出した。春山さんは「近代日本の植民地統治と原敬」を書いた。この論文は後に台湾植民地支配をめぐる政治史研究に一画期をなすことになった。私は「大正デモクラシーと台湾議会設置請願運動――日本植民地主義の政治と台湾抗日運動」という、これも長編の論文を書いた。

私の論文は、植民地時期台湾の代表的政治運動である「台湾議会設置請願運動」についてのものであった。植民地台湾から東京の帝国議会に提出された請願がどのように扱われたのかを請願

委員会の議事録を調べ、それを軸に「大正デモクラシー」と戦後に名付けられた時代環境の中でこの植民地住民による民権運動がどのように位置づけられたかを示そうとした。論文準備のため国会図書館で帝国議会議事録を閲覧する必要があったが、図書館に行くたびに昼休みに春山さんを食堂に呼び出しては、研究上のよもやま話に興じたのは、今思い出しても楽しい思い出である。二〇二一年はこの運動開始から一〇〇周年にあたる。このことについては後に触れたい。

私はこの論文より前に、戴國煇さんを中心に運営されてきた研究グループで出していた「台湾近現代史研究」の第二号（七九年刊行）に「黄呈聡における「待機」の意味——日本統治下台湾知識人の抗日民族思想」を発表していた。この論文やその他を入れると、台湾共産党から穏健派の台湾議会設置請願運動まで一九二〇年代の植民地台湾政治運動を左から右までカバーすることになったので、それを一書にまとめることを思い立ち、これも戴さんの紹介で研文出版から『台湾抗日運動史研究』を八三年に上梓して、八五年にはこの一書を以て論文博士を申請した。たいへんありがたいことに、同コースの平野健一郎先生が主査の労をとって下さり、無事学位を得た。当時私の属した国際関係論コースは、東大の社会学研究科に属していたので、学問的内実は伴わないが、私は「社会学博士」ということになった。

これより先、私は八五年一月から日本政府の香港総領事館で専門調査員を務めることになり、四月からは一家揃って香港暮らしとなった（家族は五人に増えていた）。一年以上職場を離れるので、休職とはなるものの復帰はできない含みで事実上辞職しての赴任だった。つまりは背水の陣だったのだが、実のところそんなに悲壮感があったわけではない。香港赴任については、ご自身も専門調査員の経験があり、当時中国ウォッチャーとして活躍していた横浜市立大学の矢吹晋先生の推挽があったと聞いている。

一家で香港生活を送っているある日、東大の中国語教室の高橋満教授から国際電話があって、中国語履修者の急増に対応して中国語教員の枠が増えたので私の採用人事を起こすという。大分後になって漏れ聞いた話だが、人事選考委員会では「博士学位を取っているから問題ない」との委員の発言があり、すんなり決まったとのことである。かくして八六年三月、香港の暮らしを切り上げ、四月から東大教養学部の助教授となった。自力プラス周りの方々の後押しもあって、やっと落ち着いたわけである。

そろりそろりと「状況に入る」

台湾政治研究をするようになってから知った中国語の言い方に「状況に入る（進入状況）」というのがある。政治家があるポストについて間もない時期、まだそのポストに関わる状況やコンテキストが分かっていない様子を「まだ状況に入っていない」というふうに否定形で使われる。台湾政治研究のほうになかなか転換できなかったのは、上記のような浮世がらみの事情にもよるが、同時にそうおいそれとは現代台湾の「状況に入れなかった」という側面も大きい。

ただ、「助走」はしていたのである。前にも触れたが、香港の評論家李怡《りい》（一九三六―二〇二二）さんがやっていた「九十年代」の台湾報道や時事評論には必ず目を通していた。これは助手になってから前記の矢吹先生がやっていた月一回の中国関係月刊誌読み合わせ会に顔を出させていただくようになっていたからである。私は「九十年代」など香港月刊誌の台湾報道を紹介するのが分担だった。八〇年、台北滞在中に為替を振り込んで康寧祥氏がやっていた「八十年代」系統の雑誌を日本で購読するようになったのも、この研究会の影響だろう。

では何時からどのように「状況に入れる」ようになったのか。私の台湾政治研究は、改めて知った台湾現代史の「真空」の力に抗いつつも結局引き込まれていったという経過をたどったのであり、八〇年代前半はまだ植民地期の歴史研究をしているのだという意識のほうが強かった。従って、台湾政治研究はかく取り組むべしという研究戦略も方法・手法意識も事前にはなかった。有り体に言えば行き当たりばったりでやって事実としてその方向に行ったのだ。

その過程を今の時点で敢えて整理すると、①「人に会う」、②「選挙を見に行く」、③台湾政治の「ニュースを読む」、この三点セットが次第にできるようになって、「状況に入れる」ようになったと思う。具体的経緯を簡略に言えば、おそらく八二年夏が台湾政治渦中の「人に会う」活動の事始め（次章に述べる）、八三年一二月「増加定員立法委員選挙」時の訪台が「選挙を見に行く」の事始めであり（第四章）、そして八五年香港で日本の総領事館専門調査員で滞在した時期（第五章）に毎日の業務で毎日香港・台湾の新聞に目を通すことによって、台湾政治の「ニュースが読める」ようになったのだった（これにはさらに権威主義体制時代特有の政治的語彙を知る必要があった。この点は後に触れる）。

「台湾政治研究者」になる

しかし、これだけではまだ台湾政治「研究者」とは言えない。読めるようになったニュースとコンテキストを学術的言葉で論述できるようにならなければならない。ここでも私は何の研究上の戦略もなかったのではあるが、必要に駆られてまさしく泥縄式に、当たりを付けて関係しそうな政治学や社会学の用語を「仕入れ」ていった。曰く「権威主義政治体制」、政治体制の「移行」、「エスニック・グループ」、「ナショナリズム」、「クライアンティリズム」などなどである。これには、同じ職場に、アメリカに留学して帰国した院生時代の友人の恒川惠市さんがラテンアメリカ研究者から比較政治学者に変身して戻ってきていたのはたいへん心強かった。自分の泥縄式勉強はどこらへんが怪しいのか、折に触れて彼と言葉を交わすことである程度はチェックできた。

時間的にはしばらく後の事になるが、現地台湾の学者との交流も行うようになった。上記のような用語を自在に用い、政権イデオロギーのレトリックを用いず、台湾の現実に取り組んだ論文が出始めたのである。ほとんどが私と同世代の米国留学帰りの少壮学者であった。ある意味で当たり前ではあるが、気がついてみれば台湾のこうした学者の同時代台湾政治・社会理解の業績を収集しその成果を咀嚼・吸収すること、そして台湾で実際に彼らに会って意見交換をすることが、私の不可欠の研究活動となっていた。

私には理論の体系への関心や系譜の追究への志向が薄い。私の台湾政治研究と政治学・社会学といったディシプリンとの関係は、前記のように「状況に入った」後に自身の理解を沈殿させるために必要な用語を「泥縄式」に仕入れてくる、理論家から見ればいいとこ取りだけの実用主義であった。そして、それらの概念によって把握したフィールドの現実から理論にフィードバックするという志向もなかった。初期訓練の面でも後の実作の面でも、私は政治学者ではなかったが、地域研究者としての「台湾政治研究者」には自己流の訓練でなることができたのだと思う。

4 「われわれは待てない」——一九八二年夏、「党外」との出会い

「オポジションから入る」

すでに触れたように、「党外」とは、現政権党の民主進歩党（民進党、一九八六年結成）の前身にあたるオポジション（体制対抗勢力）の名称である。一九五〇年代に確立した台湾の国民党一党支配体制下では、五〇年代初めから始まった地方公職選挙を通じて、戒厳令下ではあるが、非国民党ないしは反国民党のスタンスを採って、時に当選を果たす少数の人々が存在してきた。それらの人々は一党支配の党の外にいるので「党外人士」と呼ばれたのである。中華人民共和国では、中国共産党以外で共産党に公認されその指導の下に政治活動をするいわゆる「民主党派」の人々を「党外人士」と呼ぶ。これと同曲の権威主義体制の政治文化を語る言葉である。

国民党は、地方統治において各県に複数の「地方派系」（地方派閥）を培養して県知事などの地方公職選挙で互いに競わせるとともに、これら派閥を通じた利益誘導の網に人々を絡めとると

いう選挙クライアンティリズムの統治戦略を成功させた。ただ、これらの選挙では、地方派閥の網から漏れる体制不満票が常に最低一割五分くらいは存在し、これらを吸収して政治的舞台を獲得する人物が「国民党の外の人」という意味で「党外」人士などと呼ばれてきたのである。

そして、七〇年代に入り、改選がまったく行われなかった国会でも部分改選（「増加定員選挙」）が行われるようになると、これら「党外」人士間の連携が強まり、選挙ごとに一歩一歩政治的オポジションの形を整えようとし始めた。七九年の「美麗島事件」の弾圧はある意味でこの歩みを阻止しようとするものだった。

だが、事件後対米関係からも選挙を廃止することができず、八〇年末の「増加定員選挙」や八一年の「地方公職選挙」を経て「党外」が再復活した時、「党外」の語はもはや「一党支配政党の外」という普通名詞であるよりは、台湾独特のオポジションという意味での政治集団の固有名詞となっていたと言える。英字紙／誌にも"Tangwai"あるいは"Dangwai"と書かれるようになっていた。

今から振り返れば、私はこういうタイミングで康寧祥氏らに初めて会ったのである。八二年夏の経験からの成り行きのまま、私の台湾政治研究の助走は一定の手法に傾いていったといえるかもしれない。それは、「党外」から、つまり「オポジションから入る」という手法だった。ああ自分は結果的に見てこういうやり方をしていることになるのだなと気付くのはまだ後のことである。

一九八二年夏「文化人派遣」で訪台

まずこの二年ぶりの訪台の話から。この時の訪台は、当時交流協会（現日本台湾交流協会）台北事務所総務部長をしていた下荒地《しもこうじ》修二《しゅうじ》氏のお世話によるものであった。下荒地氏は、私の大学の先輩にあたるチャイナ・スクールのキャリア外交官で、八〇年夏総務省主催の訪中団の「通訳」で訪中したときに北京で面識を得ていた。同氏はその後北京大使館から本省に一度戻り、さらにこの時は台北に赴任していて、交流協会の「文化人派遣」の予算枠で呼んでくれたのである。

周知のように、交流協会とは断交後の日台間の「非政府間関係」を処理するために作られた「民間機関」で、その台北事務所長が事実上の「大使」に当たり、当時の私の理解ではその「総務部長」はキャリア外交官が出向するポストで、事実上の「大使館」のナンバー・ツーとして政治向きの事柄の対応にあたっていた。下荒地氏は、当時「党外」人士も含めて、積極的に台湾の政界と接触していた。

話はちょっと横道にそれるが、交流協会の事業の一環であったので、私自身の手元にも一件のファイルが残っている。その中に当時東大が出した「海外渡航承認書」というものがあった。助手といえども当時は「文部教官」、つまりは国家公務員であるから、国交のない台湾に渡るには、こうした許可を取る必要があった。そして、この許可をもらうためには、「台湾とは国交のないことを承知しており、この渡航は学術交流のためであり、政府関係者と接触することはありません」という一札を入れることを求められた。このような慣習は、九〇年代まで続いていたように記憶する。その後国立大学の法人化でこの手続は自然消滅した。

台湾での初めて学術研究報告

この時のわたしの訪台活動は、全体としては依然として歴史研究者モードであった。「文化人派遣」という枠であったし、興味を抱いて勉強し始めていたとはいえ、当時のわたしにまだ人前で台湾政治を云々する力はなく、まして台湾はいまだ一九四九年からの戒厳令の施行中であった（一九八七年七月解除）。

ではどういうことをしたかと言うと、これも下荒地氏が台湾大学法学院の許介麟《きょかいりん》教授（東大法学博士）に依頼して、台北の台湾史研究者を集めて小さな研究会をセットしていただき、許教授の司会で私が研究報告した。「公立台中中学校設立問題（一九一二―一五）：総督政治與《と》台湾土着地主資産階級」という当時論文にまとめつつあったテーマで、中国語でレジュメ案を作り出発前に東京で知り合いにネイティヴチェックをしてもらい起案用紙に清書してコピーして配布した。日本語の引用史料はコピーを貼り付けたりして用意した。パソコンはもちろんのことワープロもまだ普及していない時期である。

場所は確か台湾大学図書館の一室で、今残っている写真を見ると、出席は、司会の許教授の他に、曹永和（前出、当時台湾大学研究図書室主任、後に中央研究院院士。敬称略、以下同）、王啓宗《おうけいそう》（台湾師範大学歴史学科教授）、黄富三《こうふさん》（台湾大学歴史系教授）といった教授クラス、呉密察（台湾大学歴史系助教）の他、呉文星（台湾師範大学）、李筱峰《りしょうほう》（淡江大学）、翁佳音《おうかおん》（台湾大学）、張正昌《ちょうせいしょう》

（台湾師範大学）などの院生も参加した。当時の教授だった人の中にはすでに鬼籍に入られた方もおられる。助教、院生だった人はその後の台湾史研究の隆盛の中でそれぞれの分野の重鎮となり、近年皆退職の年齢を迎えている。張正昌氏は後に出版社を営んでいたと聞く。

「われわれは待てない」――助走の最後の一押し

そんな活動の合間、下荒地さんが台北の駅前のヒルトンホテル（現シーザーパークホテル）のレストランに来いという。行くと紹介されたのが党外雑誌「八十年代」の論客として知られていた江春男《こうしゅんなん》さん（一九四四年生まれ。司馬文武《しばぶんぶ》の筆名で知られるが、英文メディアには**Antonio Chiang**と名乗っていた）で、もう一人若い編集者の呉昱輝《ごいくき》さんを同道していた。この当時下荒地さんは、「党外」勢力にも接触範囲を広げ積極的に活動しており、そのような活動のひとつに便乗させていただいたわけである。下荒地さんが後に著者に語ってくれた話によると、こうしたオポジションとの接触を台湾当局は当然把握していたが、特に邪魔立てすることはなかったという。

あれこれ記憶の中を探してみても、江春男さんと呉昱輝さんの二人が、私自身が面と向かって話をした最初の台湾オポジションの活動家であったことに間違いないように思う。一九七三年初訪台に際して、アジア経済研究所の戴國煇さんから、戒厳令下なので、人に会った時の話のメモなどは取らないほうがよいと言われた。それをその後も墨守していたので、この時も含めて台湾の政治関係者に会っても長い間メモを取らなかった。そのため、年月とともにこの時二人とどういう話をしたのか、細かいことは定かでないのだが、ひとつだけずっと鮮明に覚えていることがある。

それは、「増加定員選挙」のことが話題になり、私が、台湾の国会は大部分の議員が四〇年代後半に選出されたまま非改選の「万年国会」だが、「増加定員選挙」が始まっており、その枠が拡大していけば、年嵩の「万年議員」は自然の摂理で減少していくのだから、待っていれば国会全面改選と同じ状況になるのではないかと、口を挟んだ時であった。

江春男さんは静かだが決然とした口調で「われわれは待てないのだ」と言った。呉昱輝さんも同様の表情であったと記憶する。

小ざかしいことを言ってしまったものだとすぐ後悔した。友人の台湾文学研究者の松永正義さんにかつて『今夜、自由を』というノンフィクション作品を紹介されて読んだことがあった。内容はインド独立とパキスタンの分離の激動を描いたもので、台湾の事情とは関係は薄いが、本の題名だけはずっと記憶にあって、この時によみがえってきた。政治的自由、それを獲得したいという願望にスイッチが入ってしまえば、人は確かに「今夜自由を」手にしたいのである。歴史のある時空では強く願望した人々のほうが「現実的」であることもある。逆に、「現実から見てそんな願望の実現は無理だ」という現実主義者のほうが現実に裏切られることもある。

いつでもどこでもどんなことでもそうなるわけではないのはもちろんである。ただ、台湾の当時の時空では、江さんらに会った六年後の秋にはオポジションは民進党が結成に成功し、その翌年の夏にはさすがの長期戒厳令も解除され、一〇年後には国会全面改選が実現した。こうしてみれば、八二年夏の「八十年代」誌の人々の願望のほうが「現実的」だったのである。

ところで、旅程の方は、交流協会台北事務所へのあいさつや上記研究報告の合間に、三泊四日で南部に行った。台南では、成功大学歴史学科の梁華璜《りょうかこう》先生に宿舎を紹介していただき、またお宅も訪問した。実は一九七三年初めての訪台の時戴國煇さんの紹介状をもって梁先生のお宅にお邪魔したことがある。当時は台北郊外の中国文化大学で教鞭を執っておられた。この旅ではなんと言っても林瑞明《りんずいめい》君という友人を得たのが大収穫だった。この点は次節に記す。

東京で康寧祥等と初めて会う

確か東京に戻った夜のことだった。戴國煇さんから電話があって、翌朝康寧祥、黄煌雄《こうこうゆう》、張徳銘《ちょうとくめい》の三名の「党外」立法委員に会うから、同席したければ池袋のプリンスホテルのラウンジに来るようにとのことだった。もちろん、喜んで出掛けた。

康寧祥氏らは、立法院の夏休みを利用した訪米活動の帰途日本に寄ったのである。米国では、台湾のオポジションに同情的な国会議員に会ったり、シンクタンクを訪れたり、いくつかの都市にある在米台湾人団体との交流活動を行った。訪米の間は、上記三氏に加えて監察委員の尤清《ゆうせい》氏も加わっており、当時「党外四人行」と呼ばれた。いわば「党外」の外交活動であった。後知恵から見れば、米下院外交委員会アジア太平洋小委員会のスティーブン・ソラーズの訪台を引き出したのが、この「外交」の最大の成果だったようである。

康寧祥氏の回想録（『台灣、打拚——康寧祥回憶錄』）を見ると、この時東京では、在日の台湾人団体と接触し、かつて戴國煇さんのいたアジア経済研究所やＮＩＲＡ（総合研究開発機構）などのシンクタンクを訪問するなどの活動を行っている。戴國煇さんは一九七六年、立教大学に移籍していた。
その朝のプリンスホテル、会話はもっぱら戴國煇さんとの間で進み、私は紹介された後は横で聴いているだけだった。どんな話だったかも記憶が残っていない。記憶に残るほど、またメモに残すほどに、話の内容に入っていけなかったのではなかったかと思う。そうではあるが、生の人物に会うと会わないでは違う。台北での江春男さん、呉昱輝さんに続いて、台湾政治の渦中の「人に会う」の、まさに事始めであった。

「党外四人行」（1983年6月）、左から尤清、張徳銘、康寧祥、黄煌雄（出典：張富忠・邱萬興編著『緑色年代　台湾民主運動25年 1975–1987（上冊）』緑色旅行文教基金会、2005年、131頁）

5　台南の友・林瑞明君に初めて会った夏

スクーターの尻に乗って台南の街を疾走する

「ワカバヤシサンデスカ？」

生来の力強いバリトンに似ず、何かささやくような感じの声であった。時は一九八二年七月末、場所は在来線の台南駅改札口、高速鉄道（台湾新幹線）が走るのはまだ四半世紀も先のことである。これが、林瑞明君が私に話しかけた最初で最後の日本語だった。

そして、それが我々の初対面でもあったのだ。院生の頃、日本植民地統治下台湾一九二〇年代の抵抗運動に関心があった私は、林君が当時の「台湾新文化運動」に関する文章を発表したものを入手して読んだことがあった。今は台湾出版界の重鎮である林載爵《りんさいしやく》氏の論文のほか、学術論文で当時を論じるものはたいへん少なかった。そのわずか数葉の台湾から届いたコピーには、台湾知識界の新しい息吹が漂っているように感じた。

林君は私をスクーターの尻に乗せて、まず私が予約していたホテルに連れて行き、それから彼の成功大学の宿舎に向かったのではなかったかと思う。小さいとはいえサムソナイトのスーツケースを抱えたまま、初対面の男の腰につかまって台南の街を疾走することとなった。一瞬戸惑ったのだが、すぐにこれが台湾式だと思って楽しくなった。

林君の大学の宿舎には、「放膽文章拚命酒」の文字が表装して掛けてあった。葉榮鐘の詩の一節だという。どこかで出会ったことのあるような詩句なので、一瞬自分の乏しい中国文学史の知識にも出てきそうな有名な詩人のものかと思ったが、意外であった。実はそのほぼ一〇年前に私は葉榮鐘さんに会っているのである。葉榮鐘さんが林献堂の秘書を務め、『台湾民族運動史』という著書がある人物であることは十分承知していたが、詩人としての姿に触れることになったのは、その時から三〇年ほども経た後だった(第一章第3節)。林君に撮ってもらった写真が残っているが、残念ながらぼやけている。

鹿耳門の夕陽

多分その日のうちに鹿耳門まで連れて行ってもらった。なぜか私が希望したのである。またしてもスクーターの尻に乗って、まだまだほこりっぽい道を結構な時間走った。このことは翌々年機会があって書いた歴史エッセイ（「「台湾の前途」にかかっているもの」、『海峡』研文出版、一九八五年、所収）で触れた。まだ戒厳令下だったので「L君」とした。

当時、鹿耳門の天后宮は、改装中で打ちっ放しのコンクリートがむき出しのままだった。入口近くで地元の若者らしい人が数人「米酒」を飲みながら拳遊びに興じていた。その時、鹿耳門から見た台湾海峡の夕日が忘れられない。

三十数年後、今度は成功大学歴史学系の陳文松《ちんぶんしょう》教授（著書に『殖民統治與《と》「青年」』台大出版中心、二〇一五年、など）の車に乗せてもらって、一緒に「旧地重游」をした。林君はもう成功大学歴史学科を退職していて悠々自適の日々。私も東京大学教養学部を辞めて早稲田大学政治経済学院に移籍していた（在籍二〇一〇年四月〜二〇年三月）。着いてびっくり、周辺はすっかり整備されてしまっていて、天后宮は巨大化し、またその向かいには、これまた巨大な鄭成功像が立っていた。

高雄の思い出

その頃の台湾旅行は、まことに大まかな予定しか立てなかった。その後、林君の誘いで美濃

（現高雄市美濃区）に一泊の小旅行をした。作家鍾理和の子息鍾鐵民《しょうてつみん》さんを訪ねようというのである。林君の婚約者も一緒だった。まず高雄市内でバスに乗り、途中旗山鎮のどこかで最近は見掛けなくなったボンネット型のバスに乗り換えて、そのバスも降りてから歩いて鍾鐵民さんの家に着いた。

　私は長野県の山に囲まれた盆地に育った。伯父が盆地西側の山腹にりんご園を経営し、子どもの頃伯父の家に遊びに行くには、山麓の町まで、この時と同じようなボンネット型のバスで行って、さらにバスに乗り換えるか、歩いて行くのだった。美濃はそんな記憶を思い起こさせるところだった。

　鍾鐵民さんも作家だが、当時は高校の先生をしていてオートバイで近くの旗山鎮に通っていた。自分の家の敷地に「鍾理和紀念館」を作ろうとしていて、私が連れて行ってもらった時は、コンクリートを打ったばかりのところだった。公的補助や大口寄付もなく、台湾文学愛好の有志の浄財を募り、お金が集まったら集まっただけ作っていくとのことであった。

　一〇年後くらいにもう一度林瑞明君と一緒に行った時に紀念館はもう出来上がっていて、展示品もだいぶ集まっていた。鍾鐵民さんもオートバイから自家用車に乗り換えていた。

　その後、高雄では葉石濤先生や詩人の鄭炯明《ていけいめい》にも紹介してもらい、葉石濤先生を囲む文学者の集まりにも顔を出させていただいた。確か当時まだ高雄では（おそらく台北でも）数少ないコーヒーショップでの集まりだった。皆で大笑いしている写真が残っている。私はこまめに写真をとるタイプではないので、今残っている林君と自分が写っている写真の多くは彼が撮ってくれたものである。

林君の絵はがき

　私が林君で愉快だと思うところは三つある。あのバリトン、あのひげ面の笑顔、そして彼のペン字である。彼には何かに付けて絵はがきを出す習癖があったようだ。なかなか魅力的な字なので、もらって愉快に感じていたのは私だけではないと思う。少なくとも五、六枚はもらっているはずなのだが、書斎を探しても二枚しか見つからなかった。

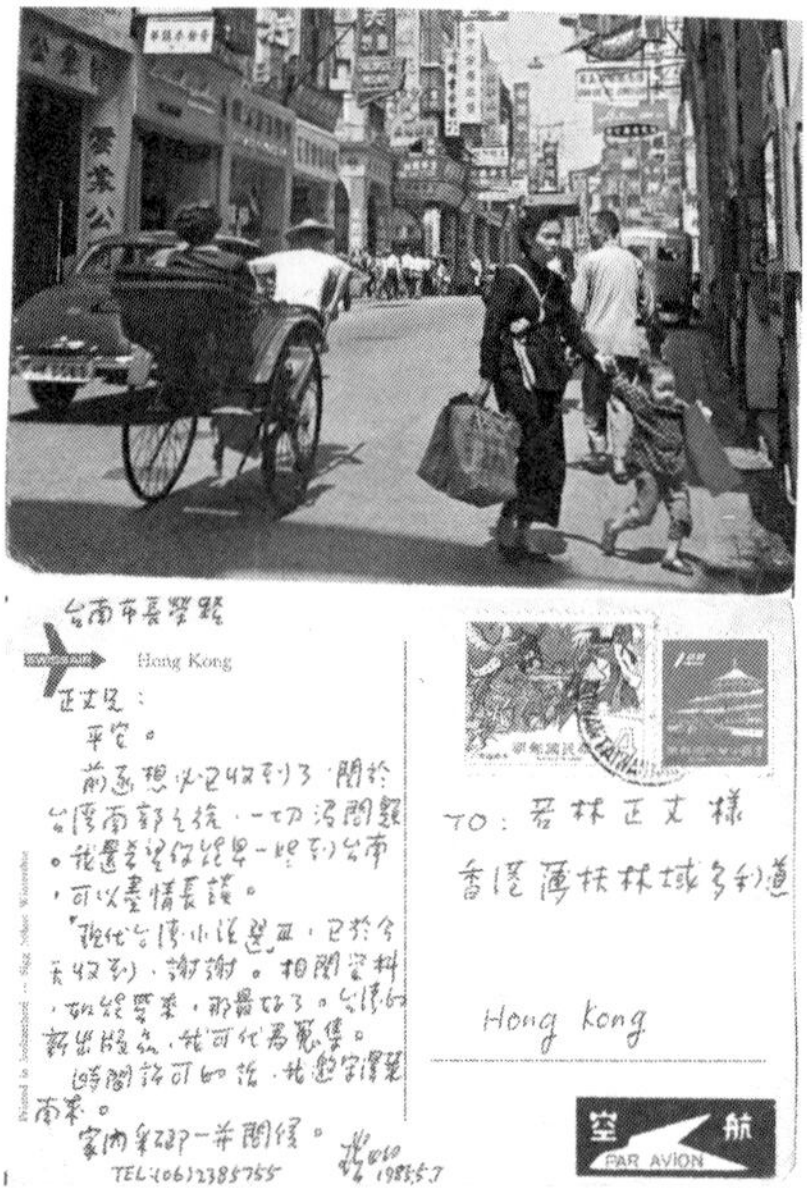

著者に届いた絵はがき

　一枚は、一九八五年五月七日付のもので、私が柄にもなく解説を書いた『現代台湾小説選Ⅲ　三本足の馬』（研文出版、一九八五年）が届いたことを知らせている。おそらく夏に台南に行くからよろしく、と私が手紙に書いていたのであろう。「まかせておけ」と応じている。表の写真はどこか分からないが、人力車が写っているので、台湾の友人ならいつ頃の写真か分かるだろう。私は初めて訪台した時、屛東で人力車に乗ったことがあるが、それが一九七三年三月であった。その時台北ではもう人力車は見掛けなかった。

もう一枚は、二〇一〇年一二月二六日付である。彼が館長を務めたことがある国立台湾文学館発行の絵はがきで、表の写真はバルザックの肖像である。この年に私は転勤しているので、宛名の住所は早稲田大学になっている。私が中央研究院台湾史研究所の「台湾史研究」（一七巻四号、二〇一一年）に発表した「葉榮鐘的「述史」之志」を読んだぞと知らせてくれている。

「生命を燃焼し尽くすのみ」

話はさかのぼるが、中年になって、林君は大学からサバティカルをもらって一年間、東京に研究滞在したことがある。その時に、上野から信越線に乗って、私の故郷の小さな町がある善光寺盆地を案内し、それから篠ノ井線（中央線の支線）に乗って松本城を見に行った。城下の古本屋に寄った時、彼は「こういうものが大事だ」と言って「地方文学」と銘打った本を手に取り、購入した。

その頃、東京は下北沢の居酒屋で一緒に酒を飲んだ。その時彼は私の勧めを断らず意を決して人生初めて納豆を食べた。そのためであったかどうか分からないが、「僕は自分の生命を燃焼し尽くすのみ」と、あの豪快な笑顔とバリトンで叫んだ。林君は詩人林梵だったのだ。

還暦を過ぎた頃だったろうか、林君は腎臓を病んで隔日透析を受ける身体となったが、ずっと元気は元気で一緒に台湾最南端の鵝鑾鼻灯台や四重渓温泉などに小旅行をしたこともあった。しかし、二〇一八年一一月、林君は突然逝ってしまった。「北呉南林（台北の呉密察、台南の林瑞明）」との交遊は、「私の台湾研究人生」の不可欠の一部分だったが「南林」が欠けてしまった。

かれにはまだ聞きたいことがあった。最初に書いたように、初めて会った夏に、彼の宿舎で「放膽文章拚命酒」の詩句を目にした。この宿舎はその後すぐ林君が不在の時に火事に遭って、集めた本や資料が全部燃えてしまった。「放膽文章拚命酒」の掛け軸はどうなったのか。それから、わたしが呉濁流先生からいただいたあの七言律詩はどう解釈したらいいのか。思えば、彼の生涯は、かつて東京は下北沢の居酒屋で叫んだとおりに「生命を燃焼し尽くすのみ」の生涯だったが、かれのあのバリトンを耳にしながらこんな話ができなくなってしまったのである。

＊1　呉文星『日據時期台灣社會領導階層之研究』台北：正中書局、一九九二年（二〇〇八年『日治時期台灣的社會領導階層』と改題して再刊〔台北：五南図書出版〕）。
＊2　陳政農編撰・康寧祥論述『台湾、打拚―康寧祥回憶録』台北：允晨文化実業、二〇一三年。
＊3　この時の経験は、陳碧笙さんインタビュー記録も含めて「廈門通信」と題して「アジア経済旬報」第一二九四～一二九六号（一九八四年五月一日、一一、二一日）に連載し、後に『海峡――台湾政治への視座』（研文出版、一九八五年）に収録した。

第三章
「自由の隙間」に立ちあがる台湾ナショナリズム

1　悲劇の被害者に正義と慰謝を与える――一九八三年「増加定員選挙」

「選挙見物」と台湾政治ウォッチャーの事始め

一九八三年末、一二月三日投票の台湾の立法委員部分改選選挙を見に行った。「立法委員」とは、台湾の国会にあたる中華民国憲法で規定する「中央民意代表機構」のひとつである立法院（他に国民大会、監察院、ともに任期六年）の議員のことで任期は三年である。正式名称はたいへん長いが、通称「増加定員選挙」と呼ばれている。

この選挙が「部分改選」だというのは、一九四八年に中国大陸で選出された議員と一九六九年に台湾で行われた「補充選挙」で少数選出された議員が改選の対象とはならずそのまま職権を行使し続け、台湾地区（下記の「自由地区」）と海外華僑に新たな定員枠を設け、これのみを定期改選するというものだったからである。

「増加定員選挙」は、第一回が一九七二年に挙行され、任期三年の立法委員選挙が一九七五年に行われた。一九七八年には国民大会代表と立法委員の選挙が行われる予定だったが、直前の米中国交樹立のアナウンスにより中止となり、一九八〇年末に復活、そして任期三年の立法委員選挙がまた経巡ってきたわけである。後に民主化の過程で民主体制設置の最初のステップとして国民大会（一九九一年）と立法院（一九九二年）の全面改選が行われるまで、前者は都合四回、後者は全七回の選挙が挙行された勘定となる。台湾政治の一時期を画した、いわば「権威主義選挙」だったのである。

第一章に触れたが、この選挙の正式名称はたいへん長くて「叛乱鎮定時期中華民国自由地区立法委員増加定員選挙」（原文「動員戡乱時期中華民国自由地区立法委員増加名額選挙」）と言う。この長い名前が、この選挙を台湾の中華民国が正統な中国であるという建前を堅持しつつ同時にまた当時の台湾の現実を反映したその手直しの制度でもあると理解したとき、また「部分改選」がもたらすオポジションにとってのチャンスとディレンマ、政権党にとっての利点や潜在的リスクなどを理解したとき、同時代の台湾政治の枠組が何やら少しわかったような気がした。

そして、帰国してすぐに時事通信の「世界週報」一二月二〇日号に「戒厳令下の民主化で徐行運転　台湾立法院〝増員選挙〟を現地にみる」を書かせてもらった。

これは前述の矢吹晋先生の現代中国研究会の常連に大学先輩の星野元男さんという時事通信のベテラン記者がいて口をきいていただいたのだと思う。どういうわけか「磯野新《いそのあらた》」という筆名を使っているが、これが私の台湾政治ウォッチャー初登場の文章ということになる。この時なぜ筆名にしたのか理由はよく覚えていないが、おそらく「戒厳令下」ということを意識したからであろう。実はこの筆名はもう一度だけ使っているが、そのことは後の章で触れることにしよう。

台北の「公設政見演説会」

今回の台湾行きでは、戴國煇さんの台湾近現代史研究会でご一緒させていただいていた張士陽《ちょうしよう》さん（当時東大大学院人文科学研究科東洋史専攻博士課程）のお世話になった。張さんがちょうど故宮博物院の史料調査で台北におり、お父上所有のマンションに泊まっているというので、そこに転がり込ませていただいたのである。張さんとは東北部の宜蘭の様子を一緒に見に行った。

台北では、今回もまた交流協会台北事務所の下荒地修二総務部長にお世話になった。まずは、ちょうど朝日新聞のシンガポール支局の土井さんという記者が選挙取材に来ていてまとめて面倒を見ていただいた。ブリーフィングを兼ねた夕食の席に同席させていただいた後、政府公設の政見演説会を見に連れて行っていただいた。

下荒地さんによると、台北では投票日が近づくにつれ、公設政見演説会は政府機関がある市の中心部から

南港小学校での公設政見演説会。康寧祥が登壇してお辞儀しているところ。傍らで順番を待つ白い服の女性は、元オリンピック選手の紀政、当時は国民党公認候補。（著者撮影）

遠ざかるように開催地点がアレンジされているのだという。その日は郊外の南港小学校の講堂であった。

その翌日だったか今度は一人で景美の武功小学校の会場に行ってみた。会場に入るとちょうど「党外」の康寧祥の順番のところだった。

会場の外の道路には、各候補の選挙カーが集まっていて、運動員がビラまきをしていて、けっこうな賑わいであった。

中壢での見聞

台北以外では、まず中壢《ちゅうれき》に一人で行った。ここは、一九七七年の中壢事件の発生地でもあったから一度行っておきたかったのである。「党外」勢力からは、張徳銘（前年八月康寧祥氏、黄煌雄氏と一緒に東京で会った）と米国に亡命していた元桃園県長許信良《きょしんりょう》の弟、許國泰が出馬していて、それぞれの事務所を訪れた。許國泰事務所に行くと候補は今選挙カーで出かけるところだから、サポートの車に乗ってついて行ってもよいと言われたので荷台に載せてもらった。

日本の選挙では、ほとんどの候補がスーツにネクタイの姿であるが、許候補はジャージにスニーカーというスタイルであった。どうしてこういうスタイルなのかと聞くと、「その方が奮闘しているように見えるからだ」という返事、所変われば選挙スタイルも変わる。

中壢では、一九七七年の事件で開票不正が行われた小学校とそのすぐ横の、焼き討ちされた中壢警察署のそばまで行って写真を撮ってきた。事件はその小学校に設けられた開票所で、許信良の運動員に開票不正の現場を押さえられ、責任者の同小学校校長が警察署に逃げこんだのがきっかけだった。すぐそばの歩道橋に「神聖一票、決不放棄」という横断幕の標語が掲げられていたが、事件を思い出すとやや皮肉な感じがした。

選挙には関係ないが、このとき歩き疲れて街中のジューススタンドに寄り、初めて「木瓜牛奶」(パパイヤ・ミルク)というのを飲んだ。パパイヤの実をその場で牛乳とともにミキサーにかけるのである。その後やみつきになった。私の台湾でのソウルフードならぬソウル飲料である。

羅東での見聞

張士陽さんとは宜蘭へ出かけた。今では台北から宜蘭までは長い雪山トンネル経由の高速道路で短時間で着くが、この時は台北駅前からバスで山越えしていった。峠を越えるといきなり眼下に宜蘭平原の水田風景が広がり、その先に太平洋があり、亀山島が鎮座していた。その景色が今でも眼底に残っている。

宜蘭でのお目当ては、方素敏候補の事務所を覗くことだった。宜蘭の町について聞いてみると選挙事務所はさらに南の羅東の町にあるというので、黄煌雄候補の事務所付近を徘徊して写真を撮ってから、またバスに乗って羅東まで行った。

方素敏女士は先にも触れた美麗島事件軍事法廷被告で有罪となった林義雄前省議員の奥さんである。林義雄一家殺害事件では、姑と三人娘のうち二人が殺され、一人が重傷を負った。米中国交樹立のアナウンスがあったため中止された国民大会と立法院の「増加定員選挙」が、美麗島事

方素敏選挙事務所脇の選挙宣伝板。「林家に何の罪がある」「公正・正義は何処にある」と訴えている（著者撮影）

件を経て一九八〇年年末に復活・挙行された際、軍事法廷被告の姚嘉《ようか》文《ぶん》夫人の周清玉《しゅうせいぎょく》が国民大会代表選に出馬し、張《ちょう》俊宏《しゅんこう》夫人の許栄淑《きょえいしゅく》が立法委員選に出馬し、ともに同情票を集めて高得票で当選したことがあった。これは美麗島事件軍事裁判に対する一種の民意の側からの判決であり、また事件で傷を負った人々に対する大いなる慰謝でもあったといえるのではないか。

　方素敏女士も政治はまったくの素人であったが、最高得票で当選した。この時方素敏選対には旧知の「八十年代」編集長の司馬文武が入って取り仕切っていた。なぜ宜蘭入りをしたのかと事後に尋ねると「方素敏はあの事件の経緯からして助けないわけにはいかなかったのだ」との答えが返ってきた。ここでも選挙は不当に家族を奪われた一女性に、一種の正義と慰謝とを与えるものとして機能したのであったと言えるのだろう。

　選挙は歴史のある段階では、またそれが可能である地域ではこのような意義を持つもののようである。

2 「台湾前途の住民自決」の登場

「民主、自決、救台湾」

この一九八三年の立法委員「増加定員選挙」では話題になったことが三つあった。一つは「党外選挙後援会」がその一〇項目の「共同政見」の第一項目に「台湾の前途は台湾全体住民の共同決定によるべきである」という主張を掲げ、「民主、自決、救台湾」を共同スローガンとしたこと、二つ目は、「党外」の著名政治家の康寧祥氏が落選したことである。康寧祥氏系とされていた張徳銘氏、黄煌雄氏も落選した。前章で触れたように、この三名はたまたま私が前年八月東京で会った「党外」の政治家だった。三つ目は、国民党が台北市で擁立した候補七名が全員の当選を果たしたことである。これは清涼飲料水の名前をとって「セブンアップ」と台湾のマスコミで称された。今振り返るとこの三つはすべて関連していたように思う。

時の中央選挙管理委員会は、「台湾前途の住民自決」という政見と「自決」のスローガンを掲げることを禁止した。これに対して「党外後援会」推薦候補の対応は二つに分かれた。一つは中央選管の禁令を無視するかほとんど無視するもので、「民主、自決、救台湾」をそのまま看板や旗に掲げるか、例えば次頁の写真のように、明らかにわかるように消しておくというものである。

もう一つは、上記康寧祥氏系の候補の対応で、直接「自決」の語を使わないで言い換えをするものである。例えば、八五頁の写真のように康寧祥事務所の大看板は「中央の政策決定の独占を

「自決」の「決」の文字が透けて見えるように消した旗（著者撮影）

打破し、台湾住民の運命を（自身で）掌握しよう」と記している。こういう康寧祥氏流の妥協的やり方は当時も「党外」の若手から批判され、この選挙での康寧祥自身の敗北のため、後の主流とはならなかったのではあるが、「党外」理解の「初心者」としては、こういう解説的なスローガンのほうが、民主化と「自決」の関係がよく出ていて、当時はわかりやすい感じがしたのを覚えている。

また、康寧祥氏はこの時の選挙で「台湾は今や三度目の運命の転換点に直面している」ということを盛んに強調していた。「三度目」というのは、一度目は、清朝が台湾を日本に割譲したこと、二度目は日本の敗戦で中華民国の支配下に入ったこと、そして「今＝三度目」とは、広くは一九七〇年代初頭からの国際的孤立、狭くは対米断交以後の状況を指すものであると言っていいだろう。当時私は康寧祥のこの言い方を聞いて「ああ、そうなのか、台湾人（本省人）はこういうふうに台湾の歴史を見ているのだ」と自分なりに納得がいったことを覚えている。三度目の運命の転換点に直面して、非民主的な政治体制の下に置かれたままなら、過去の二回のように、外部の他者によってまたもや台湾人の運命を勝手に決められてしまう、それはもうご免だ——「自決」のスローガンの背後にあるのは、そういう感情であり、焦燥感なのだと感得したのである。

「党外」の「自決」の主張に対しては、国民党系の論者から、「自決」とは帝国主義下の植民地について言うものであって、台湾は植民地ではなく中華民国の領土であるのだから的外れである、といった批判が当時盛んに為されていた。もちろん問題の核心がそんなところにはないことは、台湾政治の磁場に入っていた人々は皆わかっていたに違いない。ここではパンドラの箱はもう開けられてしまっていた。それはもう台湾に関してどのようにＮＡＴＩＯＮを想像するかの問題、ナショナリズムの問題であった。

　中国国民党の建前であれ中国共産党の「祖国の平和統一」政策であれ、台湾が何らかの意味での「中国」の一部であることは先験的に決まっていることであった。しかし、「台湾前途の住民自決」というのはそうではない。「住民自決」の結果「統一」を選択されるのか「独立」が選択されるのか、論理的にはオープンである、だが、決めるのは「台湾住民」だというのである。

　国共両党の公定中国ナショナリズムにおいては、これはあってはならないことである。だが、「台湾前途の住民自決」の主張では「台湾住民」とは自身の国家的帰属を決定する主権的団体として想定されているのである。そういう主権的団体とは通常ＮＡＴＩＯＮを指すであろう。確かに、台湾を範囲とする独立主権国家の樹立が直接に主張されているのではない。しかし、消極的には「台湾」を範囲とするＮＡＴＩＯＮが明白に想像されているのである。

　わたしは、初めての「選挙見物」で、台湾の選挙政治への台湾ナショナリズムの公然たる登場を見て帰ったこ

台北の康寧祥選挙事務所の大看板（著者撮影）

となる。

謝長廷、梁粛戎と初めて会う

ところで、選挙の投票は一二月三日だったが、すぐには帰国せず、さらに数日台北に滞在した。この間に、またも日本の交流協会にいた下荒地修二さんのお引き合わせで台湾政界の人に会うことが出来た。記憶に残っているのは当時台北市議だった謝長廷《しゃちょうてい》氏(一九八一年当選)と梁粛戎《りょうしゅくじゅう》氏(一九二〇―二〇〇四。東北選出の第一期立法委員で、当時は中国国民党中央政策委員会副秘書長、後に「万年国会」時期最後の立法院長)である。

下荒地さんが昔のメモをひっくり返してくれて、謝長廷氏に会ったのは、五日の夜で、南京西路と中山北路の角の邱永漢ビル地下のレストランでシャブシャブを食べたとのことで、相客に司馬文武(江春男)氏とアンディ・タンザーという人がいたそうである。司馬氏とは半年ぶりの再会で、以後何かにつけて会っていただいているので、また登場願うこともあるかもしれない。タンザーという人は当時「フォーブス」紙の香港特派員だったそうであるが、今はまったく記憶が残っていない。

謝長廷氏とどういう話になったのか、これもよく覚えていない。おそらく私は聞いているだけだったのだろう。ただ、細身で小柄な体つき、政治の世界に入ったばかりの「青年弁護士」といった印象が強かったのは鮮明に記憶に残っている。その後は、台北に出かけるたびにつてを頼って会っていただいた。選挙の時は当然その選挙事務所を訪ねた。そうすると、コメントを日本語で聞きたい日本紙の記者も何人か集まっているのが常だった。

後日譚だが、八〇年代末、たぶん八九年選挙の時、偶然日本語世代でガイドをしている台湾人と台北市内を同車してちょうど謝長廷氏が街宣車で街頭演説をしているところ（たぶん栄星花園のあたり）に出くわすと、その人が急に謝長廷氏を指さして「あの人は台湾の希望の星だ。あの人がその気になって号令をかければ台北では暴動だっておこるんだ」と突然言い出したのには驚いた。その前後かもしれないが彼の松江路の事務所を訪ね、昼食に誘われて近所の台湾式日本料理のレストランで話していると、途中から注文もしないお皿がいくつも増える。彼の姿を見た支持者が送ってくれるのである。彼はその人たちのほうに目をやってさりげなく会釈する。まああの頃はたいへんな人気だった。

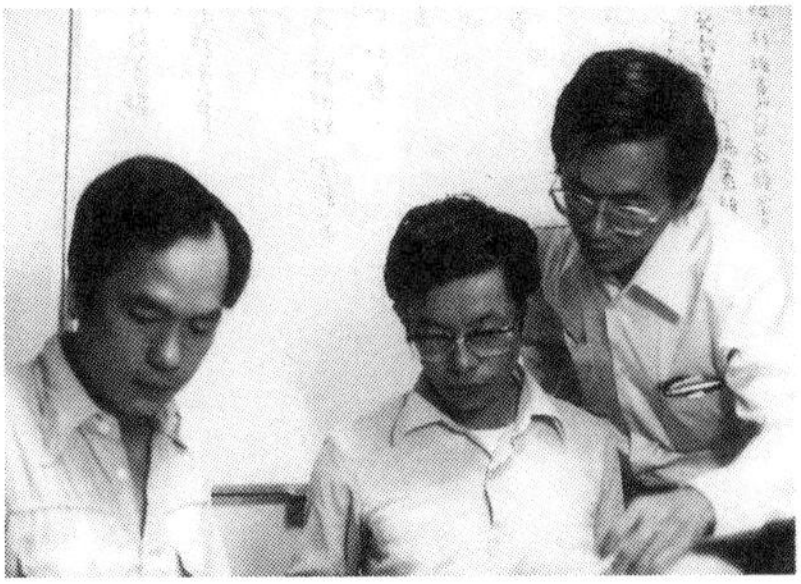

1981年台北市議選に立候補した謝長廷（中央）、陳水扁（左）、林正杰（右）（出典：張富忠・邱萬興編著。同前、121頁）

梁粛戎氏に会ったのは七日の朝だった。下荒地さんから「ジャケットを着てこい」という連絡があったので、その通りにして駅前のヒルトンホテルの二階のレストランに出かけた。宿泊していた忠孝東路のコスモスホテル（天成大飯店）から歩いてすぐだった。この頃は交流協会の紹介で台北に来た日本紙記者もよくここに泊まっていたと思う。

例によって私は会話の主役ではなくどんな話があったのか、はっきりしないが、ひとつだけ明確に覚えていることがある。当然終わったばかりの選挙が話題となったのだが、おそらく下荒地さんが「党外」の「自決」の主張についてコメントを求めたのであろう、梁粛戎氏は「地方主義はいけない、地方意識を強調するのはまずい、民主をいうのはいいんだ」と言ったのだけは明確に覚えている。「党外」のイデオロギーを国民党側がこれらの語彙で批判しているのは知っていた。ただそれを国民党の要人が確信を込めた声音で語ったのがたいへん印象深かったのである。

3　戒厳令下での民主化の足音を聞く――その後も続けた「選挙見物」

初めて台湾の選挙について論文らしき一文を書く

帰国してから、前述のように筆名で時事通信の「世界週報」に報道記事を書かせていただいたのだが、さらに翌年中国研究所の「中国研究月報」一九八四年九月号に「台湾における選挙と民主化」と題する文章を書かせていただいた（後に『海峡――台湾政治への視座』に収録）。文献根拠の注もつけて「開発志向の権威主義体制」などという概念も借用して分析しているから、論文とは言えなくても研究ノートくらいのものにはなっている。これが、私の台湾政治研究の処女論文だといえるだろう。

これは、「歴史情結」の「政治哭調《せいじこくちょう》」（歴代外来政権に抑圧されてきたのだという本省人の「歴史情結」の感情を台湾語で哀感こめて選挙演説で訴えること）だの、「民主假期」（長期戒厳令下選挙の時だけわずかに取締が緩む「民主」のための戒厳令の休日）の「鶏骨頭遊戯《けいこつとうゆうぎ》」（支配政党国民党が食べ残した鶏の骨を「党外」が奪い合うのが現実の選挙の構図だという「党外」勢力の自嘲）だのといった、当時の台湾政論誌を彩っていた用語を解説しながら、美麗島事件以来の選挙政治を分析したものであった。

前者は前記康寧祥の「三度目の運命の転換点」という言い方の背後にある、国民党の公式中国ナショナリズムにおさえられていた本省人の歴史観（国民党が言う「地方意識」）が選挙キャンペーンに露出してしまっていることを示しており、後者は、国民党がメディアを握り圧倒的な組織力を持つ中選挙区制度の下で、そもそも規模が小さいオポジションの政治空間に参与爆発が起これば、当然同士討ちになることを自嘲的に語る用語法である。これが当時まだまだ「党外」の代表的存在であった康寧祥氏が落選し、台北市の国民党が「セブンアップ」を誇る背後にあった政治の構図であった。論文の出来は別として、巧まずして台湾の固有の地域的コンテキストにも言及した「権威主義的選挙」の分析になっていたと言えるかも知れない。

その後も続けた「選挙見物」

後述する選挙用語に加えて、こうした台湾現地の国民党一党支配の権威主義体制下特有の政治語彙も解説できるようになって、同時代の台湾政治研究に注力し始めた私もこれでようやく「状況に入れる」ようになったと言えるかもしれない。

こうしてわたしの台湾「選挙見物」が始まった。「見物」と言い始めたのはしばらく経ってからだが、平素は日本で入手可能な新聞や雑誌記事で動向を追い、機会があれば、特に選挙の時に一週間ほど講義を休ませてもらって台湾に出かけて、行けるところに行き、会える人に会って話を聞いた。それも別に質問項目をしたててインタビューをして記録を残すということでもなかった。最近の学者がやっている系統だったフィールドワークと比べれば「見物」とでもいうしかない程度のものだった。

また、当初は公的研究資金を申請するということは思いもつかず、選挙を見に行ってはどこかに書かせてもらって幾ばくかの原稿料を稼ぎ、それを次回訪台の経費に回す、というやり方をしばらく続けていた。公的資金で自分の研究経費の一部がまかなえるようになったのは、九〇年代初めに猪口孝・東京大学教授の「東アジアの国家と社会」の科研プロジェクトに入れていただいたのが初めてとなった。

こんな「選挙見物」であっても、戒厳令下での台湾の民主化の足音を聞くのはわくわくするような体験だったのである。

4　権威主義選挙が生み出す独特の政治語彙

権威主義選挙の様相を物語る「〇票」の語

一九七〇年代末から八〇年代初めにかけて、同時代の台湾政治という新たな知識の「真空」が生じた頃、わたしの視界に入ってきた台湾の政治事象は、美麗島事件、林義雄省議員一家殺害事件、陳文成事件などの弾圧事件、そして何と言っても選挙であった。第三節に語るように、選挙は戦後台湾において政治的権利の自由な行使がわずかに可能ないわば「自由の隙間」として、この時期の弾圧事件の背後に存在した。

その台湾の選挙についての見聞が広まるにつれて、眼に耳に入るようになってきたのが「票」の字の前に漢字一字（主に動詞）が入る選挙政治の語彙であった。曰く、「投票」、「開票」、「買票」、「作票」、「監票」、「唱票」、「鉄票」、「謝票」などなど。このうち、「投票」と「開票」は、現代日本語の意味や使われ方とまったく同様である。だが、それ以外は異なる。選挙をめぐるオポジションと体制のせめぎ合い、戦後にできたらしい台湾独自の選挙文化（「謝票」）、そして戦後の大量の政治移民を抱えた台湾の中華民国の独自の有権者の族群的地理的構成（戦後国民党政権とともに来台した軍人家族が住む「眷村」は党の指示通りに票読みができる「鉄票」区であった）などを反映している。

「買票」、「作票」および「監票」の語は、一種の選挙暴動、中壢事件の背景を如実に語るものである。一九七〇年代の「熱度」は、選挙開票時の不正＝「作票」に対する、党外人士とその支持者による監視の行動＝「監票」と抗議の行動を強めさせることになった。戦後台湾の権威主義選挙の最大の不正といえば、国民党系候補による票の直接の買収＝「買票」であったが、現在の台湾の選挙からは想像もできない「作票」が行われることがあった。

「党外人士」の話や「党外雑誌」の記述から知ったその手口には、選挙管理者が有権者の投票を助けるなどを装い投票用紙を操作して「廃票」（無効投票）にする、開票時に管理者が候補の得票数を勝手に改竄するなどの行為があった。何回も耳にした話は、「党外」候補が有力とみられる選挙区の開票所では、最初から国民党候補に投票した票がたっぷり用意されており、開票が始まるとその開票所だけが突然停電し、その間に票が入れ替えられ、票の数え上げ＝「計票」の結果、国民党候補の当選が決まる、というものであった。台湾選挙奇譚のひとつといったところだろうか。

中壢事件は、桃園県長（県知事）選の「党外」候補許信良が、「作票」を予期して支持者による「監票」活動を強化する中で、中壢警察署横の投票所で投票用紙を故意に汚す不正が摘発され、不正をした責任者が中壢警察署に逃げこみ、群衆が警察署焼き討ちを誘発した。「党外」候補優勢の選挙情勢の中で行われた「作票」と「監票」のせめぎ合いが、一九四七年の二・二八事件以来の街頭暴動に発展したのである。

この事件には前史があった。一九七五年の立法委員増加定員選挙では、「党外」人士として東北部宜蘭で立候補した郭雨新《かくうしん》が有力なキャンペーンを繰り広げ、支持者は当選を確信していたが落選した。そこで「作票」が強く疑われ、恒例の「謝票」（当選・落選に拘わらず投票日翌日選挙カーを連ねて支持に謝意を表する）には大量の群衆が出現し、官憲との一触即発の情況が出現した。七七年の桃園県長選挙で許信良陣営はこの選挙の教訓を十二分に生かしたのである。

「選挙暴動」からの教訓

ただ、教訓を得たのはオポジションの側だけではなかった。戦後台湾の公職選挙は、おどろいたことに正規の選挙法が制定されず、相互に矛盾もあるいくつかの行政命令を根拠に運営されてきたのであった。これも、中華民国憲法を「叛乱鎮定動員時期臨時条項」によって政治的規定の重要部分を棚上げにし、「大陸反攻」を「基本国策」として強調してきた蔣介石時代の悪しき副産物であったといえるだろう。

しかし、一時は「一度の選挙に一度の暴動」とまで誇張して指摘されていた選挙の制度とその管理パフォーマンスの不備は、国民党政権にとっても負担になってきていたと言えるだろう。政権は中壢事件後急ぎ選挙法制の整備にとりかかり、一九八〇年五月に「公職選挙罷免法」を制定した。「唱票」は、その産物である。同法の投票と開票に関する条項では、投票が終わると投票所は開票所となるとされ、「(集まっている)有権者に対して名前を唱えて開票する［当衆唱名開票］」と規定されている。著者も実見したがテレビ報道などでも、その場面は報道されており、公務員や学校教員がなるとされている投開票所職員が、「誰々一票」と投票用紙を集まっている人に示すと、後方に備えた白板に、「記票」担当者が候補者毎に「正」の字を書いていくのである。

一九八〇年代以降の選挙でも、選挙結果をめぐって緊張する場面はなかったわけではないが、この時点で選挙法制を整備し、選挙事務遂行者として公務員・教員を訓練しなおしたことは、体制移行期の選挙の信頼性を高めて、過渡期の政治的安定を下支えしたのではないかと思う。

5　台湾キリスト長老教会と「台湾人」という多数
――国民党が浸透・コントロールしきれないもの

東京で聞いた謝長廷の分析

一九八三年末の初めての「選挙見物」の後、しばらくして謝長廷氏が交流協会の招きで東京に来た。その時は外務省本省に戻っていた下荒地さんから彼と夕食をするから相客にとの連絡が入ったので、もちろん喜んで出向いた。場所は確か四谷の中華レストランだった。

その時に謝長廷氏の話でのちのちまで印象に残っているのは、国民党が台湾政治で圧倒的力を誇り台湾の社会の隅々まで浸透しても、浸透しきれない、コントロールしきれないものが二つある、それは長老教会と「台湾人」だというのである。長老教会は意思決定がオープンで徹底的に民主的だから浸透はできても決定をコントロールできないという。またこの場合の「台湾人」は本省人を指し、何と言っても台湾社会の圧倒的多数だからだ、という。

その頃のわたしは、香港の「九十年代」誌や党外雑誌の関連記事を読んで、「情（報）治（安）系統」や「政（治）工（作）系統」（いずれも政治警察システムのことで後者は軍内部のもの）や「線民」（一定の見返りを得て政府情報機関に周辺情報を提供する民間人）、「職業学生」（海外留学生の動向を密告するために留学生たることをいわば職業としていた人たち）といった国民党政権の政治警察関連用語をようやく理解し始めた頃だった。おそらく謝氏の言葉は、食事の席でわたしが関連の質問をしたので、それへのリスポンスではなかったかと思う。

長老教会というのは、台湾キリスト長老教会（台湾基督長老教会、**The Presbyterian Church in Taiwan**）のことである。台湾では一九世紀後半から布教を行い、現代台湾の最多の信徒を有する教派である。戦後山地原住民に急速にキリスト教が広まったが、ここでも長老教会が大きな存在感を持っている。キリスト教布教の常として現地語による伝道を原則としており、台湾総督府がキリスト教布教に友好的でなかった日本植民地統治期にも台湾語（台湾漢人多数派の福佬語）による布教活動を堅持していた。このような姿勢は、「国語」普及を推進しようとする戦後の国民党政権とも摩擦を呼ぶものであったようだ。

そして、長老教会は中華民国の国連追放後まもない一九七一年一二月に、如何なる国家も台湾人民の人権と意思を踏みにじる決定をしてはならず、人民は自己の運命を決定する権利を有する、との趣旨の「国是声明」を発表し、一九七七年にも「台湾の前途は一七〇〇万［当時の台湾人口概数］住民の決定によるべし」との、後の「党外」の「自決」スローガンの源流とも言える発言を行っていた。また、美麗島事件後の弾圧の際、高雄市での世界人権デー記念デモの「総指揮」を担当した施明徳《しめいとく》の逃亡を補助したとして、総幹事の高俊明《こうしゅんめい》（一九二九―二〇一九）も逮捕投獄されていた。

謝長廷氏の見方について、後に、自身も長老教会信徒である学者に尋ねてみたところ肯定的な返事が返って来た。長老教会の信徒組織は、ひとつの教会を中心とする支会、地域（原住民についてはパイワン族、タイヤル族といった部族要素も加味）毎の中会、そして台湾全体の意思決定をする総会の重層構造になっているが、これらは横にも縦にも連邦制のような関係になっていて、それぞれの支会ないし中会が他をコントロールするような関係にないことはもちろん、上部機構が下位機構に命令できるようにもなっていないという。権威主義体制時期、国民党政権は一部の支会ないし中会に浸透してその意思をコントロールすることができたかもしれないが、「国是声明」などの例に見るように全体の意思を支配することは不可能であった。総会における票決の資料をみても、その点がわかるとのことであった。

台湾人という多数――周婉窈先生の述懐

では「台湾人」（本省人）という多数についてはどうか。

謝長廷氏の言を耳にしてから約二〇年後、この間に民主化はすでに成っていたが、思いがけず同曲の話を台湾の中央研究院台湾史研究所副研究員（後に台湾大学歴史学科教授）の周婉窈《しゅうえんよう》先生からうかがうこととなった。周先生は「すべてを覆い尽くすような国民党の権威主義体制の支配の下で、反抗は如何にして可能になったか」と問題を立て、台湾人（本省人）が持つ「絶対的な多数」（sheer number）の力が重要だったと、個人的な回想を交えて回答した。

先生が相当程度の普遍性がある（本省人の間では）とする個人的な回想とは次のようなものであった。長くなるが周先生自身に当時東大駒場のある研究会での発言を文章化していただいた記録[*1]があるので、それから引用する。

小学校に上がってまもなくのことと記憶する。教室では先生が「われわれには［中国］大陸に反抗して大陸同胞の危難を救う神聖な使命がある」と教えていた。私は先生を教科書を信じ、自分も将来この使命のために貢献しなければ、と願うようになった。ところがある晩、父が隣家の人との話の中で「大陸反攻など不可能」と言うのをふと耳に挟んでしまった。当時の私にとってはこれはたいへんなショックで、密かに父に腹を立て涙を流し、長く父を許すことができなかった。その実、父にしてみればもし私に聞こえているとわかっていたらこんなことを口にするはずはなかった。彼らは二・二八事件と「白色テロ」の恐怖に肝をつぶされていて、自分の考えを子女に伝えようとは思っていなかったのである。問題は、かれらの態度や考え方が特段に「言説」の形で現れる必要もなく、密やかに音もなく国民党の教育の効果を帳消しにしていたということである。（中略）覚えているのは、子どもの間でよく「誰が日本を負かしたのか」で言い争った。一派はアメリカの原子爆弾のせいだと言い、もう一派は中国の八年の抗戦の功績だと主張した。明らかに前者はわれわれの［本省人の］父親世代の見方であり、後者は国民党の教育の結果である。

まさに「子は親の背中を見て育つ」である。周先生の見立てのように、彼女の世代の多くの本省人家庭に生じていた現象であったと見てよいと思われる。では、その「親の背中」が伝えたのは何であったのか。歴史学者らしく先生は世代論を導入して、本省人戦中世代の歴史記憶と彼らが受けた「低中国性」の日本教育の影響であるという。

一九五〇年代の台湾では社会の中堅を構成していたのは、当時二〇〜三〇歳の戦中世代であり、戦後のベビー・ブームの中で彼らの子女が続々と生まれていた。彼らの大多数は年齢や仕事の関係で、もはや国民党の教育を受ける機会はなく、それ以前に彼らが受けた教育（日本の植民地教育）は、正統なものと認知されてはいなかったが、それ故にまた大抵は「封が切られないまま」で彼らの記憶の中に保たれていた。その一方で彼らの子女は国民党教育の影響力の下で成長していた。国民党の教育は相当な成功を遂げたというべきだが、戦中世代の歴史記憶と「低中国性」の日本教育は様々な仕方で、多かれ少なかれ国民党教育の効果を帳消しにしていた。

しかし、本省人戦中世代は二・二八事件や「白色テロ」の影響で政治的には口をつぐんだ世代でもあり、その影響はプライベートな側面に限定されていて、国民党支配にとっては直接の脅威にはなり得なかった。しかし、問題は彼らの数であるとして、謝長廷氏と同曲の見解が過去形で次のように述べられる。「問題は「絶対的な多数」（sheer number）が生み出す力である。戦中世代は一九五〇年代から八〇年代の人口の中堅的勢力であり、彼らの一部分が小さな影響力を発揮するだけで、国民党の権威と教育に挑戦するエネルギーを蓄積することができたのである」。

このような本省人戦中世代の代表的人物と言えば、まずは李《り》登輝《とうき》（一九二三―二〇二〇）であろう。九〇年代の民主改革にリーダーシップを発揮して李登輝が声望を集めるようになると、戦後台湾社会の隠れた中堅世代であった本省人戦中世代の人物が、つぎつぎと社会的にカミングアウトしてくる現象がみられた（例えば、回想録の発表など）。ただ、この現象と対照的に、李登輝が国民党主席として民主化を推進したが故に、彼に裏切られたと感じるメンタリティの国民党支持外省人も少なくなく、かれらの憎しみを李登輝がポスト民主化期においても一身に背負い続けたという側面があることも台湾現代政治史のひとつの底流ではあったろうと思う。

6　狭い自由の隙間から這い上がってきた——台湾議会設置請願運動と「党外」民主運動

「また再びのデモクラシー運動」

台湾研究人生の中で、同時代の台湾政治が「気になりはじめる」から、その研究・観察に「全面投入する」ようになった一九八〇年代の頃、私の脳裏に突然「この人たち（「党外」運動者たち）は再びの大正デモクラシー運動をやっている」という突拍子もない感想が浮かんできた。場所は台北で、どんな場面であったかは思い出せないが、ただこのような感想を抱いたことだけは鮮明に記憶している。

台湾政治の現場を目にしつつ「大正デモクラシー」という日本史用語が浮かんだのは、その当時「大正デモクラシーと台湾議会設置請願運動」という長編論文をまとめた直後だったせいだろうから、眼前において、「党外」勢力が国民党一党支配下で進める民主運動には、日本植民地統治下一九二〇年代の民主運動に似通うところがあると直感したのである。

そのように直感させたのは、おそらくは運動の担い手の類似性である。八〇年代の「党外」人士の多数は本省人の戦後世代であった。かれらは前に引いた周婉窈先生の言う「相当な成功を遂

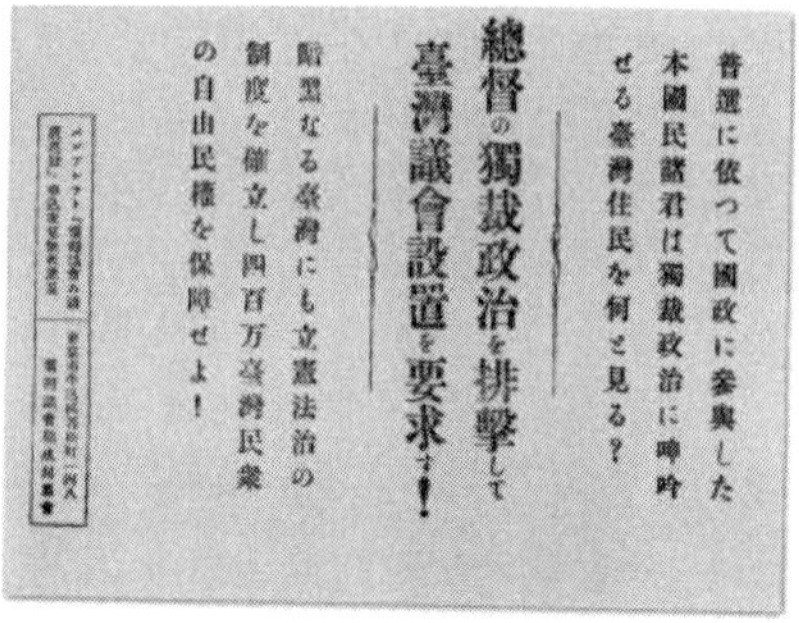

東京で配布された台湾議会設置を訴えるビラ（立法院議政博物館「台湾議会設置請願運動百年展」2021年、25頁）

げた」国民党の教育を受けた世代であり、「「国語」を話す高学歴の本省人」であった。日本植民地統治下一九二〇年代の政治社会運動をリードした「本島人」知識人も、植民地教育と日本留学などを経験した台湾漢人社会初代の学歴エリートであり、その意味で「「国語」を話す高学歴の本島人」であった。もちろん「国語」の中身は違ったのである。

台湾議会設置請願運動一〇〇周年

植民地下の民主運動として私が想起するのは、やはり前記の台湾議会設置請願運動[*2]である。台湾議会設置の請願とは、台湾総督が台湾（台湾島と澎湖諸島）を管轄する行政権と管轄下領域において「法律を要する法令を制定する権限」とを有していることを前提として、「台湾住民より公選せられたる議員を以て組織する台湾議会を設置し、而して之に台湾に施行すべき特別法律及台湾予算の協賛権を附与する」ことを定める法律の制定を帝国議会に求めるというものであった。

第一回の請願は、一九二一年一月三〇日、台湾中部の名望家林献堂を筆頭とする台湾住民一七八人によって、第四四帝国議会貴族院衆議院両院に提出された。以後、請願活動は、一九三四年当局の圧力下に中止を余儀なくされるまで足かけ一四年全一五回にわたって行われた。請願は最後まで貴衆両院いずれの請願委員会においても採択とならず、中央政府に検討すべき案件として送付されることはなかった。二〇二一年一月三〇日はちょうどその一〇〇周年に当たっていた。

最低の条件からの民主運動の創造

今日から振り返ると、一九八〇年代初めの台北の私に「また再びの」と直感させた戦前と戦後の民主運動には、前記の担い手の類似点の他に、共通点が二つある。

ひとつは、戦前一九二〇年代民主運動と戦後の「党外」民主運動とが、それぞれの政治環境下での最低の条件から立ち上がり、しかも支配への抵抗に対する国家による暴力的弾圧に記憶が生々しい、あるいはそれが並行的に展開している状況下で、合法的民主運動を創造したことである。

若き日の林献堂（李筱峰「台灣史100件大事 上 戰前篇」玉山社、1999年、134頁）

一九二〇年代当初台湾人は台湾総督府の支配下で参政権といえるものは何ら持たなかった。加えて、台湾西部漢人地域最後の武装反抗事件であるタパニー（噍吧哖）事件（一九一五年）の大弾圧（二〇〇〇人近い逮捕者と台湾匪徒《ひと》刑罰令《けいばつれい》に基づく八〇〇人を超える死刑判決）の記憶はまだ新しく、また一八九五年以来の武装反抗鎮圧過程で緻密に配置された警察派出所と保甲制度といういわゆる隣保制度を組み合わせた住民管理と監視のシステムが平地漢人社会を縛っていた。

康寧祥が再選を目指した1975年立法院選挙に際して出した本（1975年11月刊）。「党外」の立法院での質問はメディアではほとんど報道されないので、自分の質問原稿を本にした。粗末な装丁が資金不足を物語るが、飛ぶように売れたという。「党外」候補の「選挙本」を買うのもひとつの支援の仕方だった（本は康寧祥氏提供の原本）

そんな中で当時の台湾知識人が見出したのは（おそらくは日本本国の普選運動などに示唆を受けて）、戦前の明治憲法に規定する議会への請願権（第三〇条）であった。

　これは当時として許容され得る最低限の政治的権利であり、それを梃子に運動が創造されたのである。請願活動の開始と前後して、台湾文化協会の「文化講演会」という一種の啓蒙活動である示威運動が始まり、「台湾青年」から「台湾民報」へと発展する台湾人自身の言論活動とジャーナリズムの創設などが請願行動のまわりに結晶し発展して、一九二〇年代台湾の政治社会運動が花開いた。その途次には、植民地期版の美麗島事件とも言い得る「治警事件」（一九二三年一二月）も発生している。当時のいわゆる「内地延長主義」の統治方針に照らして、この運動を違憲とすることができなかった台湾総督府は、日本内地で政治運動を取り締まるために制定した治安警察法を台湾に延長施行して（一九二三年元旦）、運動の幹部を一網打尽にしたのであった。

　台湾議会設置請願運動一〇〇周年は、厳しい条件下でも許容される最低限の権利を被統治民族自らが自覚的に行使して自らを政治主体に形成していったという意味で、台湾の民権運動の一〇〇周年でもあると言えよう。

戦後の民主運動にとって一九二〇年代台湾知識人にとっての請願権に当たるものは、地方公職選挙であった。後に登場いただく柯旗化《かきか》先生（一九二九―二〇〇二）が「台湾監獄島」と呼んだ（第四章）長期戒厳令下の政治的自由の厳しい抑圧の中で、国民党政権がある意味でやむなく挙行し続けた選挙こそ貴重な「自由の隙間」であった。政権による様々のハラスメント、そして一九六〇年の中国民主党、一九七九年美麗島雑誌社集団による「党名のない党」結成の挫折（美麗島事件）を経て、「自由の隙間」は次第にこじ開けられ、一九八六年国民党一党支配を打破する民進党結成成功に至った。戦後台湾の民主運動は、選挙という「監獄島」の最低限の「自由の隙間」から創造されてきたものであった。

下からの台湾ビジョンの提起

共通点の二つ目は、両者がそれぞれの時期の統治イデオロギーに対抗する「台湾ビジョン」を提起したことである。

日本の「内地延長主義」に何らかの「台湾ビジョン」があったとすれば、それは、内地＝日本本国の法・制度を漸進的に施行して植民地行政の制度的同化を進め、それにつれて植民地住民の「民度」が向上すれば、それに応じて本国並みの参政権を認めていく、という将来展望における「大日本帝国」の特殊な「地方」であった。そこでは「民族」を単位とする自治はもちろんのこと「台湾」という地域単位を住民自治の及ぶ一単位として設定することも明確に拒否されていた。

帝国議会は毎年台湾議会設置の請願を不採択とすることでこの方針を裏書きした

台湾議会設置請願運動のビジョンは、これに対して、台湾総督府の管轄区域という形の外力によって設定された「台湾」という領域を、そこにひとつの自治的政治体の存在が想定される領域へと、住民の側から読み替えようとするものであった。そこでは、民主という政治運営の理念、自治という統治の理念、そして台湾という政治領域の観念が初めて結合した。台湾議会設置請願運動一〇〇周年は、このような意味での「民主自治の台湾ビジョン」誕生の一〇〇周年であった。「党外」運動の台湾ビジョンは、著者が一九八三年の立法院増加定員選挙観察で出会った「民主、自決、救台湾」のスローガンに代表させることができる。「自決」の語が入って、その分だけ台湾の有権者の集合体に主権性を附与しているという違いはあるが、そのビジョンは「民主自治の台湾ビジョン」の延長あるいは発展と見ることができるだろう。

二つの民主運動を繋いだ人々

戦前と戦後の二つの時代を生きて、それぞれの民主運動を繋いだ人々の存在も忘れてはならない。

一九七〇年代初め『台湾民族運動史』を著した葉榮鐘は、記憶を繋いだ人の一人である。その葉榮鐘の友人で台湾省文献委員会に務めていた王詩琅は、台北の萬華に住んでいて、実は一九七〇年代「党外」リーダーの一人だった康寧祥と住居が隣りあっていた。前述のように、かれは高校生の時から窓越しに王から台湾語で台湾史のあれこれ、特に日本植民地統治期の社会運動の話を聞いたという。康寧祥はその知識を元に、台湾語で日本植民地統治期の人物の奮闘の故事を街頭で語って一九六〇年代末から七〇年代末の「党外」の選挙に旋風を巻き起こしたのだった。

戦後の地方公職選挙に投じて身を以て二つの時代を繋いだ人もいた。最近注目を集めるようになった石錫勳《せきしやくくん》（一九〇〇—八五）はその典型であろう。石は彰化に生まれ、一九二一年台湾総督府医学校を卒業し、高雄で医院を開業した。在学時期から台湾文化協会に参加し、台湾議会設置運動にも加わり、前述の治警事件では、一時は監獄に拘留されたこともあった。戦後は、一九五四年を皮切りに、五七年、六〇年と彰化県長選挙に党外人士として挑戦したが落選を繰り返した。この間中国民主党の結党運動にも参加した。一九六八年地方選挙でも彰化県長に挑戦しようとしたが、いわゆる「彰化事件」に巻き込まれ投獄されて立候補できなかった。

以後は、いわば選挙戦の「戦友」の王燈岸《おうとうがん》（一九一九—八五）とともに、彰化地域の「党外」人士の選挙を応援した。一九八三年の増加定員立法委員選挙では、王とともに車椅子に乗って「党外後援会」推薦の許榮淑（美麗島事件政治犯張俊宏の妻）の選挙演説の演台に上がった。この場面こそ、戦前・戦後の民主運動の歴史的繋がりを語る強い象徴性を帯びたシーンであったと言えよう。

言うまでもなく、今日の台湾の民主体制を成り立たせてきた歴史のコンテキスト（文脈）は、ひとつではないし、戦前・戦後の諸社会運動が提起した台湾ビジョンも決して単一ではない。ただ、上述のような台湾ビジョンの継承という道筋も、台湾近現代史における「縦のコンテキスト」のひとつであると言えるだろう。

＊1　周婉窈（若林正丈訳）二〇〇五年「二度の「国引き」と台湾――黒住・木宮両氏との対話」、「ODYSSEUS（東京大学大学院総合文化研究科地域文化研究専攻紀要）」第九号。引用は一〇六頁と一〇七頁から。
＊2　以下の内容と関連文献について、詳しくは若林正丈二〇二一年「歴史のなかの総統選挙――「台湾のあり方」を問うてきた一世紀」「日本台湾学会報」二三号参照。

第四章
国民党一党支配の揺らぎ

1 香港からペンネームで「江南暗殺事件」を書く

中英共同声明直後の香港に滞在する

前にも触れたように、大学の先輩の推挽《すいばん》もあって日本国香港総領事館専門調査員に採用され、一九八五年一月から翌年三月まで香港に勤務した。

香港勤務の間、台湾には二度出掛けた。古いパスポートをひっくり返すと、一回目は五月二〇日から二七日、二回目は一一月一二日から一九日である。前者は前年秋から当時台湾政局と米台関係の焦点になっていた江南事件（後述）についての取材、後者は台湾地方選挙取材（一一月一六日投票）が目的だった。

ここでは、この香港滞在中の台湾研究関係の事柄を記しておきたい。ただ、ひとこと香港のことにも触れておきたい。私が香港に着任したのは、前年一二月一九日に香港の地位に関する英中交渉がまとまり、香港に関する中英共同声明が発表された直後であった。一九九七年七月一日香港島、九龍、新界一括の中国返還、中国は香港の「高度自治」を認め「一国家二制度」のアレンジメントを採用し、二〇四七年までの五〇年間変更しない、というのが骨子であった。中国返還への過渡期に入ったばかりの香港に私は滞在することになったのであった。

過渡期に入ったということで、中国への香港返還を見据えながら、英国当局は区議会の設置と普通選挙など香港住民の政治参加の拡大に乗り出し、それに反応していくつかの民間団体も出現し始めていた。私にはこの際香港研究にのめり込もうという気持ちはなかったが、すでに同時代台湾の「下からの民主化」の動きに興味を引かれていたので、こうした団体の関係者に会って話を聞いたりもした。

一年三カ月ほどの滞在を終えて帰国したのだが、ちょうど香港の過渡期に滞在していたのだから何か話せということで、大学の先輩グループのランチ・オン・トークに呼ばれて簡単な話をした。実はどんな話をしたのか具体的なことはほとんど記憶していないのだが、席上いわば「お叱り」を受けたひとつの論点だけは覚えている。確か、中国の姿勢から見て香港の民主化の展望は明るくないということを語る中で、結局香港返還というのは、植民地統治者がロンドンから北京に代わるだけのことではないのか、と最後に言ったことに「お叱り」が来たのである。

「お叱り」の論点は、当時の事情通の主流の見解だった。曰く、①「一国家二制度」、「五十年不変」の約束は、中国自身が経済発展のため香港の機能を必要としているのだから信用して良い、②香港人の経済志向の人たちであり政治には関心がない、だから民主化云々は香港を追われる英国が格好を付けているだけである。これらは、中国共産党が香港政治の民主化を望んではいないという当たり前の事実から「支配者が代わるだけ」という私の言い方もあまりに飛躍していたのかもしれない。だが、それから三十数年、中国習近平《しゅうきんぺい》政権の登場とともに、①も②もまったく変わってしまった。不変に見えるものも変わる時は変わってしまうのである。今香港には自由と民主を最も切実に求める市民がいるが、共産党は民主化を望まないという「当たり前の事実」は鉄の壁となって彼らの前に立ちふさがり、その壁は台湾の前にもある。

ただ、振り返ってみると、当時、物事は変わる時には変わるのだ、という時代に入っていたのは、まだ香港ではなく、台湾のほうだった。私はその台湾を、飛行機で一時間の距離の過渡期に入った英領植民地から観察することになったのである。台湾も、そして三十数年後の香港も変化の鍵はいずれも「民主」だった。

「台湾ニュースの読み方」を覚える

前述した台湾政治の「状況に入る」ための「三点セット」のうち、「人に会う」と「選挙を見に行く」は、一九八三年までに何とか実践できた。残るは「ニュースを読む」だった。

ニュースを読むには、前述の権威主義体制下政治固有の選挙用語の理解などに加えて、例えばなぜ、この人物の言動・行動が報道されるのか、毎日のニュース記事は必ずしもそのコンテキストを記すわけではないから、その人の名や関連人物の名がどうしてその記事の中に出てくるのか、それをある程度了解できるようになる必要がある。

インターネットで世界中のニュースを読むのが当たり前の現在では信じられないかもしれないが、私は当時すでに観察記事や研究ノートのようなものを発表していたのに、まだ台湾現地の新聞を経常的に読んではいなかった。東京で台湾紙を購読するのは結構な費用がかかったのが最大の理由である。各種雑誌をまめに読み、新聞は台湾に来た時に数紙に必死に目を通した。

ところが、香港総領事館に来ると、英字紙・漢字紙を問わず現地新聞各種と、台湾の「中国時報」「聯合報《れんごうほう》」「自立晩報」の主要紙と、確か「台湾時報」も総領事館が購読していて、配付されたこれらの新聞の記事を自由に切り抜きをすることができた。台湾紙は午後に届いた。もちろん「アジアン・ウォールストリート・ジャーナル」「ワシントン・ポスト」といった英字紙や「タイム」「ニューズウィーク」そして現地の「ファーイースタン・エコノミック・レビュー」などの週刊誌も読み放題であった。

そして、香港に着任するや、これらのメディアで大量に報道されていたのが、江南事件に関わるニュースであった。当時、専門調査員はオフィスにいる間はこれらの新聞・雑誌を読むのが仕事であったと言ってもよかった。私にとっては、江南事件は「ニュースを読む」の実践の格好の自己訓練の題材であった。前記のように大量にニュースを読み、香港人や台湾人に会って話を聞き、また総領事館の中国通が昼飯時などに傾けてくれる蘊蓄に耳を澄ませた。

江南事件

江南というのは人名で、ヘンリー・リュウ（中国名劉宜良《りゅうぎりょう》：中国江蘇省生まれ、当時五二歳）という米籍華人の筆名のひとつである。一九八四年一〇月一五日、その彼がサンフランシスコ郊外の自宅で三発の銃弾を受けて暗殺された。彼は江南の名で、その前年より米国の華字紙に執筆していた連載を、殺される前月に単行本『蔣経国伝』として出版したばかりであった。すぐさまこの出版に関わる政治的殺人だろうとの観測が出た。この本は、正確な月日は思い出せないが私も割に早い時点で入手して目を通していたが、暗殺されるほどの内容とも思われなかった。

後の情報をあわせて分かったことだが、リュウ暗殺の誘因は『蔣経国伝』というよりは、これから書くだろうと予想された『呉国楨伝』を阻止することにあったようだ。呉國楨《ごこくてい》（一九〇三—八四）は国民党政権台湾逃走初期に台湾省主席をしていた親米派の政治家で、蔣経國の政敵でもあり、政治警察を握っていた蔣に追われるようにして五〇年代中頃に米国に亡命していた。リュウはその呉と接点があった。晩年は中国に接近していて、それまで公に語ることを控えていた蔣経國に都合の悪い事を、リュウを通じて語るのではないかと台湾の情報筋で懸念されたというのであった。

事件はＦＢＩがすぐさま捜査に乗り出し、まもなく台湾からやってきた陳啓礼《ちんけいれい》ら「竹聯幇《ジュリエンパン》」という台湾の「黒社会」（ヤクザ集団）の幹部三名によるものと発表され、そのうち台湾に帰っていた二名が、「掃黒」（ヤクザ〔黒道〕一斉取締）の名目で逮捕されたが、一二月五日には「ニューヨーク・タイムズ」が蔣経國の次男蔣孝武《しょうこうぶ》（一九四五—九一）が事件の背後に絡んでいる疑惑があるとの記事を掲載した。年が明けて、任務を果たして帰国後闇に葬られることを恐れた陳啓礼が在米の仲間に残した犯行経過を述べた録音テープなるものをＦＢＩの側が入手し、それとほぼ同時に彼らに指示を与えたとされる国防部情報局の局長汪希苓《おうきれい》ら三名の幹部の逮捕と軍事法廷送りを蔣経國が指示した。

私が香港に赴任したのは、米捜査当局、台北の国民党当局、そして自己防衛しようとする竹聯幇の三つ巴の駆け引きが、関係者の逮捕によって、決着に向かおうとしている頃に当たる。その後、国民党当局側がヘンリー・リュウは台湾側、中国側、そしてＦＢＩにも情報を提供する三重スパイであることを示唆するヘンリー・リュウの「情報通報書翰」七通を香港誌「九十年代」に暴露するなどの反撃に打って出る一方、米議会では武器輸出法一九八二年修正条項（米国市民に一貫したパターンを持つ迫害を行う国家に対して大統領に武器輸出を停止する権限を付与する）の台湾適用が取り沙汰され公聴会が開かれるなどの展開があって、国民党当局は、結局対米対世論を意識して汪希苓らの軍事法廷も完全公開とするとともに、彼らの関与が個人的なものであるとして断罪して、幕引きとしたのである。米議会は下院外交委員会で公聴会を開いたものの、前記修正条項を適用するとの結論は出さなかった。こうして八五年四月中には事件は沈静化していったと言える。

私の「取材」活動

香港滞在の途中まで、私は断続的にメモ風の日記を付けていた。それを見ると、江南事件関係は割と小まめにメモしている。こうした活動も一種の「取材」だろう。この日記を頼りにこの時の「取材」活動の一端を記しておこう。

二月初め、総領事館の同僚の紹介で呉鴻裕《ごこうゆう》さんという人と長電話。呉さんは複雑な経歴を持つ台湾出身者で、総領事館の「キャリア」組が「勉強会」と称して時々昼飯を食べつつ、いろいろ(まさにいろいろ)教えてもらう会合をしているという。私も仲間にしてもらおうと挨拶の電話を入れたのである。日本植民地統治時代の生まれなので、くせのない見事な日本語を話した。長電話で話題は江南事件にも及んだらしく、日記には呉さんが「(この事件は国民党)政権の命取りになるかもしれない」と言ったと記してある。確かにそうだったのだが、中・長期的にどのようにそうなったか、または、そうならなかったのかは後述する。

二月下旬には香港に来たらぜひ会いたいと思っていた「九十年代」の李怡編集長に会った。これは確か当時共同通信特派員で来ていた坂井臣之助さんの面会に合流させていただいたのだと記憶する。「九十年代」は二月号に前記のヘンリー・リュウ氏による「情報通報書翰」七通を掲載したばかりだった。日記には李氏が三十数年来リュウを知っているという友人の話として、「ソ連が寄ってくればソ連に情報を売るという奴、ああいう殺され方をしても少しも不思議に思わない」との言を紹介したと記している。私の日記はまたヘンリー・リュウ氏の「情報通報書翰」発表直後、総領事館のベテラン調査員の「米国で情報活動する者は、米の機関がマークしているから、中国側も目を付ける、したがって、三重スパイは大いに有り得る」との言を記している。事情通の見方は一致したわけだ。

後述の台湾訪問時に訪ねた費希平《ひきへい》(一九一七—二〇〇三)氏は、「ヘンリー・リュウは「情報屋」(情報販子)だ、『蔣経国伝』も金のために書いたのだ」と言っていた。ヘンリー・リュウ氏が国民党関係の「センシティブ」な人物や事柄をあえて書くのは、何らかの立場に基づく批判の言論なのではなくて、一種のゆすりであり取引材料であったと言うのが、私の中で定着した江南イメージとなった。香港総領事館在任中、私が中国理解の頼りにしていたベテランの中国通の外交官は、ヘンリー・リュウの人物については「まともなもんじゃない」「チンピラ」と切って捨てていた。しかし、そんな「チンピラ」の事件が大騒ぎになるのは、米国の華人社会への影響力をめぐる国民党と共産党の争いが背景にあるからだ、というのが当時の彼の見立てであった。今やもう「時効」であろうから、ついでに書いておくと前述の費希平氏は、決してあからさまに言わなかったが、「彼はまだ若いからね」といったような言葉の端々から江南事件に蔣孝武が絡んでいるのを疑わない様子であったのを印象深く覚えている。

王崧興先生、康寧祥氏と再会

三月下旬には王崧興先生と再会した。王先生は、初めての訪台でお世話になった方で、その時ふと漏らした「蔣介石は良いところに逃げてきた」との述懐は忘れられない。先生はその後、台湾の中央研究院から千葉大学に移っておられた。この時は香港中文大学で「両岸三地」（中国、台湾、香港）の社会学者・人類学者の中国家族に関する会議に出席するために来港したのであった。会議の目玉は、文革後に復活した中国社会学界の代表的学者の費孝通《ひこうつう》（一九一〇―二〇〇五年）が中国代表団を率いて出席したことだった。私も会議を傍聴させていただいた。費孝通の話はどうもその話し方が中国のお偉いさん口調で、著書を読んだ時のイメージからかけ離れていて失望したが、会議後王先生の紹介で台湾の社会学者の蕭新煌《しょうしんこう》（一九四八―）氏や文化人類学者の陳其南《ちんきなん》（一九四七―）氏と知り合えたのは、その後の台湾研究人生に益するものとなった。

同月末には康寧祥氏と再会した。前にも書いたように康氏は一九八三年選挙で落選してから米国に研修に行っていて帰国の途次東京を経て香港にやってきたのである。いわば米国帰りなので江南事件についても米政府と華人社会の動向の話が新鮮であった。米政府は、国民党政権のやり方は“**stupid**（馬鹿、愚かなの意）”だとして強い不快の念を持っているが、しかしあまり強い打撃を与えると対中関係でバランスを失するというディレンマを抱えている、と見立てていた。華人社会に関しては、事件の推移につれて、政治的傾向ごとに対応が違うことを具体的に説明してくれた。事件発生直後はほとんどの華人団体が抗議の姿勢を示したが、関係者が逮捕されて事件が国民党に不利な展開を開始すると親国民党系が手を引き、ヘンリー・リュウの「情報通報書翰」が公表されると中立系が身を引き、事件を取り沙汰し続けるのは親北京系のみとなった。一方台湾人団体、特にＦＡＰＡ（台湾人公共事務協会）などは、民主化推進に役立つと判断して前記武器援助法一九八二年条項の適用を巡る議会公聴会実現のためロビー活動を展開するようになった。

訪台取材

五月二〇日から二七日の間、台湾取材に出掛けた。年一回しか出張は認められないので、確かこれは休暇を取り自費で出掛けた。

日記によれば、台北に着いた日に早速、謝明達《しゃめいたつ》氏と会っている。彼とは彼が「八十年代」雑誌

保存されている「第一法廷」の内部、国家人権博物館、景美記念テーマ・パーク（著者撮影）

のスタッフだった頃呉密察君の紹介で知りあっていた。江南事件に関する彼の話の重点は、事件は四月の汪希苓ら三名の軍事法廷公判が公開で行われたことで、もう政治的には台湾では終わりになっているという点だった。事件について台湾の外で語られていることは台湾でも全部語られており、台湾内部では海外のようには国民党政権の打撃にはなっていない、というのが彼の見立てであった。

それから、康寧祥氏の紹介とアレンジで、前記費希平氏を台北市郊外の「大湖山荘」に訪ねた。費氏は外省人で第一期立法委員、つまりは「万年議員」だったが、「党外」勢力の一員として当時は重きを成していた。「大湖山荘」とは政府が「万年議員」のために作った住宅団地である。費氏の話では事件に出てくる人物論が参考になった。蒋孝武についてはすでに触れた。汪希苓は情報機構の要職だが何の教育もない、功名心にはやり、ご主人のために何かをしたい、これが唯一の思想なのだ。費氏からこうした感触を伝えられたのは当時の私にとってはたいへん貴重な経験だった。

その他、台北では、文芸誌「台湾文芸」を後援していた陳永興《ちんえいこう》（一九五〇―）医師（後に「二二八和平日促進会」リーダー）や作家の陳映真《ちんえいしん》（一九三七―二〇一六）氏にも会った。陳映真氏には、政治犯として投獄されたこともある同氏が外国渡航解禁となった後、東京に寄った際に戴國煇さんの晩餐に陪席した時に知り合っていた。日記の記述は不完全でどういう話を聞いたのか残念ながら復元できない。

ペンネームで江南事件を書く

江南事件は米国で発生した事件だが、私は香港に来て事件に遭遇した。当時大学の先輩の近藤大博さんが「中央公論」の編集部にいて、四月中に香港まで電話をかけてきて、江南事件について書かないかという。もちろん勇んでお引き受けした。おそらくは訪台取材もこの依頼があってから発意したものだと思う。台湾から戻って執筆に着手し、八三年選挙観察の時と同じ「磯野新」のペンネームで「中央公論」八五年八月号に発表した。近藤さんが付けたタイトルは〈大型ドキュメント〉「三重スパイ（?）江南暗殺事件の怪」で、タイトルには「三重スパイ（?）」の語も入っていた。この言葉通り、四〇〇字詰め原稿用紙一〇〇枚という長編の注文だったのである。近藤さんはまもなく同誌編集長になって活躍されたが、転換期にさしかかった時期の台湾政治についての私の論壇への発信も後押ししていただいた。ペンネームにしたのは主として当時の総領事館勤務という立場を考慮してのことだった。近藤さんにはしきりにあれは誰だという問い合わせがあったということである

汪希苓軟禁区、白色テロ景美記念テーマ・パーク（著者撮影）

が、もちろん明かさなかった。総領事館の人は分かっていたようで、分かっているよということをにおわせはしたが、それ以上は何も言われなかった。ペンネームの由来は、当時私が住んでいた相模原市の地名「新磯野」をひっくり返しただけであった。

2 「李登輝は台湾のサダトになる」

後継者問題の起源——蔣経國の総統任期と持病

一九八〇年代初年おそるおそる台湾政治の「状況に入って」いった私が最初に見たものは、下からの民主運動とそれへの弾圧の中から立ち上がり始めていた新しいナショナリズムだった。そして、香港赴任後読みあさった英字紙誌、華字紙誌から盛んに目に飛び込んできたのは、太平洋をまたぐ国際スキャンダルになっていた江南事件関連の報道であった。後知恵かもしれないが、私は、国民党政権の危機、その一党支配体制の動揺に出くわしていたことになる。当時、それは独裁者蔣経國の後継者問題という形でも浮上していた。

結果的に蔣経國（一九一〇—八八）から李登輝（一九二三—二〇二〇）へという権力継承のドラマは、政治体制転換や対米・対中関係も絡んで長い話になるし、新しい資料や視点が出てくればまた新しい長いストーリーが語られることになるだろう。それが十分に「歴史」に成った時、同じ時空を共有しなかった後世の人々がどのようなストーリーを語るのか実に興味深いが、ここではまだ駆け出しの、それもセルフメイドの台湾政治ウォッチャーであった私の一九八五年の香港での見聞に関わる点のみ記しておきたい。

蔣経國の後継問題浮上にはその持病の糖尿病の悪化が関係していた。蔣経國は一九八〇年一月、一週間ほど前立腺手術で入院、翌年七月末には眼疾で入院、八二年二月にも網膜症で入院していた。そして、同年一一月には蔣経國の病気は糖尿病による末梢神経炎であるとの発表があった。当時は蔣経國の最期はそう遠くないというのが、台北の消息通のもっぱらの見方であったようだ。

訪台メモをひっくり返してみると、下荒地修二氏（当時交流協会総務部長）の、蔣経國は八四年の総統選までもつまい、在任中の死去となればまずは中華民国憲法の規定通り副総統の謝東閔《しゃとうびん》（台湾本省人）を総統職につけてつなぐ、問題はその後どうなるかだ、との主旨の観測を、八二年夏の訪台の際に耳にしている。ここでいう総統選とは今の一人一票の直接選挙ではない。民主化以前は総統・副総統は国民代表大会（二〇〇五年に廃止）により選出されることになっていて、その代表の大部分は中国大陸期に選ばれたいわゆる「万年代表」で、一部分だけが一九七二年以後導入された「増加定員選挙」で選ばれた代表であった。蔣経國は、一九七五年の蔣介石の死後副総統から残任期間だけ総統を務めた厳家淦《げんかかん》の後任として、一九七八年前記謝東閔を副総統に指名して総統に選出されていた。任期は六年なので、一九八四年春に予定されている国民代表大会で改選の運びになるはずであった。

実は、八二年夏の私の訪台の直前には、台北の政論誌「縦横」の八二年七月号に政治評論家の耿榮水《こうえいすい》氏が徐策の筆名で書いた「誰が蔣経國の後継者か」が話題になっているところであった。

下荒地氏の話の直近の背景はこれだったと思う。ちなみにこの時点で耿榮水氏が後継者候補に挙げたのは、第一位が時の行政院長孫運璿《そんうんせん》（一九一三—二〇〇六）、以下蔣彥士《しょうげんし》（当時国民党中央秘書長）、王昇《おうしょう》（国防部総政治作戦部主任）、蔣緯國《しょういこく》（蔣経國弟、国家安全会議秘書長）、林洋港《りんようこう》（本省人、内政部長、一九二七—二〇一三）であった。

ところが、あにはからんや蔣経國の健康はその後持ち直し、気力を取り戻した蔣経國は、まず彼の入院の間権力を膨張させていたと見られた前記王昇将軍をパラグアイ大使として外に出し、一九八四年の総統選挙では李登輝を副総統に指名し、さらに一九七七年の地方選挙敗北の責任をとって国民党の要職を免ぜられていた李煥《りかん》（一九一七—二〇一〇）中山大学学長を教育部長として中央に復帰させるなどのアレンジを行っていた。江南事件は、そうした対応をしたばかりのところに、部下の「党国への愚忠」が引き起こしたやっかいな事件であったことになる。

蔣孝武本命説と裸にされる蔣経國一家

下荒地氏の言のように、厳家淦の前例があるので、蔣経國に万一のことがあってもとりあえず総統職は副総統が継げばよい。しかし、問題は国民党一党支配体制において、誰が実権を握ることになるのかであった。この問題は、後の民主化により自立した反対政党の存在が可能となり、総統職が一人一票の直接選挙で選出される制度が形成されてようやく解消することになるのだが、当時の国民党一党支配体制を前提とすれば、誰が総統になっても、必ずしもその人物が蔣父子のような実権を握るとは考えられていなかった。

前記耿榮水氏は八四年夏、別の筆名で別の雑誌に「再論：誰が蔣経國の後継者か」を書いた。一連の人事が終わった後なのでその顔ぶれと順位は一変していたが、誰が後継者になっても過渡期のリーダーとなるだろうとの前提を置いていた。ちなみにその顔ぶれと順番は、第一位李登輝、以下李煥、李元簇《りげんぞく》（法務部長、教育部長を歴任した法学者、後に李登輝の元で副総統となった）、陳履安《ちんりあん》（戦後農地改革を主導し行政院長、副総統まで上り詰めた陳誠《ちんせい》の息子）、郝柏村《かくはくそん》（一九一九―二〇二〇。当時参謀総長）、徐立徳《じよりつとく》（当時経済部長）であった。

こうした議論の中で有力と見られていたのは、蔣経國の信頼厚いと伝えられた李煥だったが、香港に来てから私は蔣孝武本命説と李登輝本命説という二つの見方を耳にした。前者は台湾から伝わってきた見方で、根拠は八五年一月の台北第十信用合作社スキャンダルに巻き込まれ辞任に追い込まれた蔣彦士の後任の国民党中央秘書長に「宮廷派」の馬樹礼が起用されたこと、一時江南事件の背後にその人ありと「ニューヨークタイムズ」に書かれた蔣孝武だが、蔣経國が汪希苓らの断罪を決断し米国も追及を止めたため、危機を逃げ切ったのだから後継になる態勢構築に有利となったというにあった。

これは台湾の蔣家王朝はまだまだ続くのだと信じない限り、真面目には受け取れないような議論で、その寿命は短かった。八月中旬、蔣経國は米国の「タイム」誌のインタビューと一二月二五日の中華民国憲法施行記念日の演説と半年をおかず二度にわたって「総統職は憲法に従って選ばれるもので、蔣家の者が選挙にでることはあり得ない」と言明し、さらに翌年二月、このできの良くない次男をシンガポール駐在代表に任命して外に出してしまったのである。もちろん、当

美麗島事件後続々と発行された「党外雑誌」、慈林社会運動史料中心の展示（著者撮影）

時の蔣経國の心の内はわからないし、また言葉の上だけでは、蔣家の者が実権を持たないことを保証しない。ただ、今もう一度当時を思い起こすと、台湾内部から、また米国から、蔣家の威信は激しい脅威にさらされていた状況での発言だったことがわかる。前回書いたように、次男の関与の証拠を米捜査当局に握られているかもしれない事態になったことは蔣経國個人にとってもたいへんな痛手であったことは言うまでもない。

『蔣経国伝』の作者が暗殺されたことをきっかけに、世論の中でこれまで口コミでしか流通しなかったような蔣家のあれこれが表に出され、蔣経國一家はほとんど裸にされてしまった。一九七五年、康寧祥の『台湾政論』に始まり、美麗島事件後に爆発的に拡大した「党外雑誌」というメディアによる政治論議の拡大がその背景にある。一一月、地方選挙観察に訪台した際は、台北の「党外」候補の演説会の雑踏の中に公然と蔣経國批判のプラカードを掲げるキリスト教系の新興宗教団体「新約教会」の姿を目にした。一党支配体制と蔣経國の独裁とに不具合が生じてきていることは明らかであった。こうした不具合を通じても、下からの民主運動と台湾ナショナリズムにとっての「自由の隙間」は拡大してしまったのである。

李登輝本命論を耳にしたのは、香港中文大学においてであった。政治行政学科の翁松燃《おうしょうねん》（Byron Weng）教授が主宰するランチ・オン・スピーチに招いてくれたのである。日記やメモに期日がないのではっきりしないが時期はたぶん大学の夏休みに入った頃ではなかったか。「九十年代」の重要な寄稿者でもあった翁教授の香港問題、台湾問題、「一国家二制度」関連の論説は私にとっては毎号必読の文章で、香港に来てから何度も翁教授のもとを訪れては教えを請うていた。翁教授は台湾・彰化のご出身だったと記憶する。

当日のスピーカーは、ペンシルベニア州立大学教授のパリス・チャン（張旭成、一九三六―二〇二三年）氏だった。チャン教授は中共党史研究の専著があり、また「ニューズウィーク」などにもコラムを書いていたので名前だけは知っていた。背は高くないが堂々たる押し出しと話しぶりで、英語もたいへん分かりやすかった。台湾出身で生まれは嘉義だということは後から知った。当日のメモなどは残っていないのだが、印象鮮明だったので議論の筋はよく覚えている。蔣経國の副総統になった李登輝は台湾のサダトになる、というのである。

記憶違いでなければ、それは次のような議論だった。エジプト革命の英雄ナセル大統領の下で副大統領を務めたアンワル・サダト（一九一八―八一）は、副大統領の間はナセルのイエスマンでまったく目立たない存在であったが、ナセルの死後大統領に就任するや強いリーダーシップを振るい、イスラエルとのキャンプ・デービッド合意を成し遂げるなどの業績をあげた。李登輝もずっと蔣経國に忠実な大人しい学者あがりの官僚政治家だが、いったん総統に就任すれば、サダトのように大化けする可能性があるのだという。

私の受け止め方は、なるほどこういう見方もあるかという程度だった。今日本で李登輝と言えば政治の第一線を引いた後でもまだまだ知名度は高いが、当時の日本では農業経済学者として学界に名が知られている程度ではなかったろうか。私が助手の時に、顔見知りになった農業経済学の先生に、知り合いの学者で李登輝という人が台北市長をしているから紹介してやってもいいよ、と言われたことがあるが、当時は強く紹介も求めなかった。悔やんでも後の祭りである。

李登輝の党歴は浅く、体制内に何の基盤もない、そして何よりも本省人である、といった点を挙げてポスト蔣経國の実力者たりえないとするのが、当時私が目にし耳にした下馬評の大半であった。一九八二年に耿榮水氏の見立てに入っていた本省人は林洋港で、李登輝は名前も挙がっていなかった。林洋港はかつて南投県知事選挙で当選した実績があり、一九七〇年代初蔣経國の抜《ばっ》擢《てき》でいきなり入閣した李登輝よりは本省人政治家として先を走っていると見なされていた。李登輝の頼りは蔣経國の抜擢の一点であったが、結局この一点が一九八四年に二人の出世レースの順位を変え、蔣経國の死後も林洋港は最後まで李登輝を抜き返せなかった。一九九六年の第一回の総統直接選挙で国民党を除名されてまでして李登輝に挑んだが圧倒的な票差で敗れた。

蔣経國の「前方への逃走」

その後泥縄式に学んだ比較政治学者の言葉で「前方への逃走」というのがあった。権威主義体制のリーダーは、内外の情勢が不利になった時、下からの政治的自由化や民主化の要求に小刻みに応えることによって延命を図ることがある。自由化・民主化を前方とすれば、小刻みな譲歩で「前方へ逃げていく」というのである。私は後の著作で晩年の蒋経國の政治決断は「前方への逃走」に類するものと見立てた。

前に記したように、香港で知り合った物知り台湾人の呉鴻裕さんは、八五年二月初めの時点で「(江南事件は国民党)政権の命取りになるかもしれない」と予測していた。その後の展開から振り返って、この予測は当たっていたのか、いなかったのか。短期的には、江南事件の危機は乗り切ったので、答えはノーであろう。

1985年11月台湾地方選挙の「党外」勢力の演説会に現れた「新約協会」の抗議のプラカードの列(著者撮影)

ただ中長期的に言えば、答えはイエス・アンド・ノーである。イエスであるのは、結局二〇〇〇年には総統選挙で民進党の陳水扁に敗れて国民党は政権を失ったから。ノーであるのは、一九八六年の民進党結成容認、八七年の長期戒厳令解除というブレークスルー以後の民主化過程でも国民党は長く政権の座につき続けていたからである。そのプロセスにおいて李登輝は国民党内権力闘争に勝利して「台湾のサダトになる」ことができたのだが、それは蒋経國が晩年にしかけた「前方への逃走」の戦略が有効で、李登輝がそれに適合的な人物だったからかもしれない。

一九八三年選挙の場に「台湾前途の住民自決」という台湾ナショナリズムのスローガンが登場していたように、争われるのはもはや単純な自由化・民主化問題ではなくなっていた。李登輝の「党歴が浅い農業経済学者で蔣家のストロングマンが抜擢した台湾人、しかも共産党脱党者でキリスト教徒」という複雑な属性が「前方への逃走」のリーダーシップには必要だったのだろうと思う。

3　届かなかった論文抜き刷り——「警総」に郵便をインターセプトされる

台湾から届いたPDFファイル

「先生の名前が入った書類が国家安全局のファイル中に見つかりました。「警総」が先生の郵便物をインターセプトして国家安全局に報告したものです。添付で送ります」といって、旧知の呉《ご》俊瑩《しゅんえい》さんからメールが来たのは、二〇二一年九月のことだった。

呉さんとは、二〇〇七年に私が半年間、台湾の政治大学大学院台湾史研究科で客員教授をしていたときに知り合った。当時はまだ院生だったが、今や総統府直属の国史館（総統・副総統文物管理編纂機関）の研究員として史料の編纂に従事しつつ、新進の台湾現代政治史研究者として活躍している。

「警総」とは台湾警備総司令部のことで、一九四〇年代末から八七年七月まで続いた長期戒厳令の執行機関であり、この時期の政治統制と弾圧の中心的機構であった。台湾では長くこの略称で知られ恐れられた。国家安全局とは、総統に直属する国家内外の安全情報を統括する機関だ。総統就任間もない時期に李登輝が「私こそ情報機関の親玉だ」と言ったのは有名な話である。

政府機関保存の一件書類（行政などに関わる公的文書。台湾では「檔案《とうあん》」と呼ぶので以下これに倣う）は一九九九年に「檔案法」（政府文書管理法）が制定され、作成から三〇年を過ぎた政府文書は原則閲覧可能となっていたが、国家安全局のマル秘文書は民主化後もなかなか公開されなかった。しかし、権威主義体制時代の政治人権抑圧を見直そうという「移行期正義」の声の高まりを受け、その後蔡英文政権（二〇一六年当選、二〇二〇年再選）になってから「政治檔案条例」が制定されて、閲覧可能となったという。呉さんが送ってくれた文書は、国家檔案局に移管されていた国家安全局の檔案を、研究者として呉さんが個人の資格で申請して入手したものである（国史館所管の資料ではない）。

抜き取られ開封された通信、届かなかった研究論文

次の写真がその警総檔案の表書きである。呉さんが入手したのは「副本」で、発出者はゴム印で「沙淘金」の名が付され、呉さんによれば、これは警総で郵便検閲を担当する「特検処」の別称である。

かつての国民党政権では、政治的にセンシティブな部門に三文字中国人名を当てる習慣があった。この「副本」の宛先は「鍾國勝」だが、これも呉さんによれば、国内安全を担当する国家安

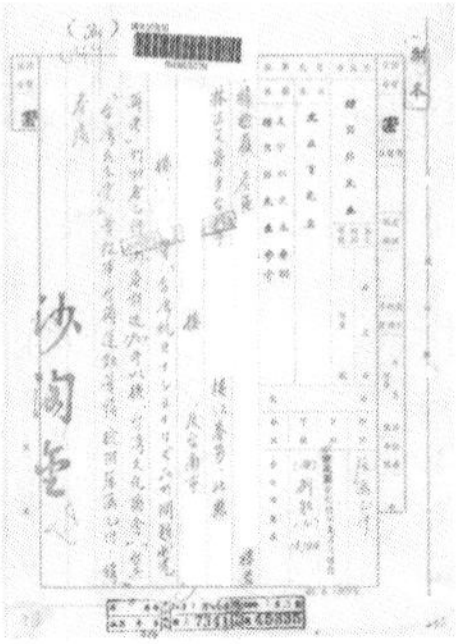

「警総」の若林正丈関係資料送達文書

全局第三処の別称である。「正本」の宛先「文正言」、副本のもう一つの宛先「高宇泓」も同局の政治情報の部門の別名であるという。檔案発出の日付は、写真右下の藍色ゴム印から「中華民国七四年（一九八五年）七月二四日」であることが分かる。

　文書は、香港居住の若林正丈が「台湾抗日ナショナリズムの問題状況再考」という印刷物（私の論文の抜き刷り）を、台北市の江春男と台北県と台南市の人物に送ったもので、内容には一九二七年以後「台湾文化協会」「台共」（日本植民地統治期の台湾共産党）、「台湾民主党」などが「台独運動」に従事した等のことが書いてあるので、添付して参考に付する、との趣旨である。言うまでもなく「台独運動」はわたしが論文で用いていた言葉ではない。白いテープの部分は、国家檔案管理局が呉さんに入手を認める際、個人情報保護の規定により処理した部分である。

　さらに次の写真は、私が江春男氏に論文抜き刷りを郵送した際の封筒である。私は当時、在香港の日本総領事館に勤務していた。「江春男」とは、すでに二度ほど登場願っている司馬文武氏の本名である。同氏には事前に承諾していただいて名前を出している。司馬氏は、党外雑誌「八十年代」の編集を担当するなど、著名で影響力のあるジャーナリストであったから、警総は私をマークしていたというより、司馬文武氏への郵便物をマークしていて、私が香港から郵送した論文抜き刷りを見つけ、開封してみると「台湾共産党」などの語があるので、インターセプトするに至ったのであろう。

さらに檔案にはご苦労にも「司馬文武先生指正」という手書きの書き入れのある表紙から以下抜き刷りの裏表紙まで、すべてのページが写真にとられて添付されている。論文の掲載雑誌は、私が当時助手として所属していた東大教養学部の幾種類かあった紀要のひとつで、発行日は、一九八五年三月三〇日となっている。

かくして、この論文抜き刷りについて、宛先となっていた司馬文武氏らはもちろん、差出人本人のわたしも、呉俊瑩さんが国家檔案管理局のリストから探し出して知らせてくれるまで、三六年間警総に抜き取られ国家安全局に報告されていたことを知らないでいたのである。

わたしが当時台湾の「党外」人士に盛んに接触していて情報治安機関のマークの対象になっていたことが、戒厳令解除後数年たって明らかになったことは後に触れる。呉俊瑩さんがこの檔案を探し出してくれたことで、遅くとも、また間接的には、一九八五年夏にはマークの対象となっていたことがようやく分かったわけである。

ただ、この論文は、その後呉密察氏が翻訳して「当代」という月刊誌に掲載された。掲載誌の発行日は私の郵送がインターセプトされてからおよそ二年後の一九八七年九月一日。長期戒厳令がついに解除されたのが、その一カ月半前の同年七月一五日であった。呉氏はどのようにしてこの論文を手に入れたのか私も思い出せないのだが、私の問い合わせに

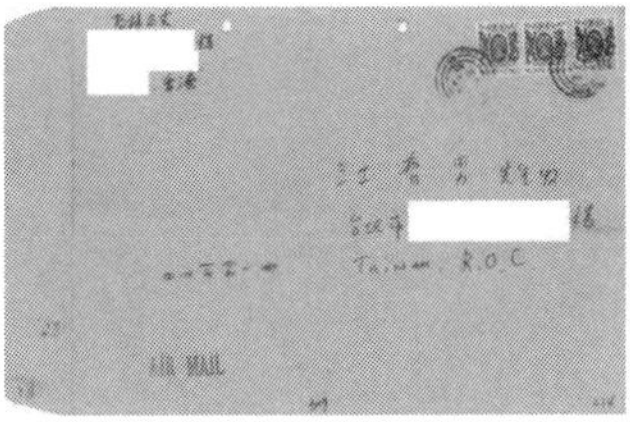

著者が抜き刷りを同封した封筒

対して、呉氏はその昔自分が翻訳していた事すらも当初は忘れていたのだった。

長期戒厳令下の情報・治安のルーティーン・ワーク

わたしの論文は、日本植民地統治期に存在した各種抵抗運動の戦略構想を簡単に分析・分類しただけのものであった。現代の話にはまったく及んでいない。それゆえ公然と郵送しても大丈夫だと判断したのだと思う。警総が外国との通信を監視していることはもちろん知っていた。

実際に当事者から聞いた話をいまだによく覚えている。その人は当時台湾大学の大学院に留学していた日本人で、日本の大学では、中華人民共和国が制定したローマ字ピンインと簡体字で中国語を覚え、専門レベルの勉強には詳しい大きめの中日辞典が必要である。だが、当時の台湾は簡体字の書物の持ち込みは禁止されていた。そして、旅客は入境に際しても出国に際しても荷物検査を受けなければならならず、ほとんど例外なくパスポート・チェックの後スーツケースを開けられたのである。

そこで彼は、一計を案じて、天真爛漫にも近々息子の様子を見に訪台することになっていた両親に手紙を書いて、スーツケースの底に件の辞書（愛知大学編『中日大辞典』）を潜ませて持ってくるように頼んだのである。両親が台北の空港に到着し税関でスーツケースを開けるや、担当官は迷いなくその辞書を探し当てて没収した。おそらくはわたしの通信をインターセプトしたのと同じ情報機関がその留学生氏の両親宛の航空便を開封し、両親の名前、到着期日や搭乗便名を空港の担当者に連絡し、また封をして郵便業務の流れに載せた。その日、空港の担当官は両親の到着を待ち構えていたのである。

私やこの留学生氏の例は、長期戒厳令下で営々と続けられてきた情報・治安機関の膨大なルーティーン・ワークの中のほんの一例にすぎない。山脈にたとえれば、その裾野の雑木林の中の一本である。国民党権威主義体制に挑戦する人々の実際の行動と情報・治安機関との攻防は、こうしたルーティーン・ワークの堆積のずっと上の方、その山脈の稜線地帯で展開されていたのである。国際的な側面で言えば、収監されている政治犯の救援・待遇改善のために活動していた日本の台湾の政治犯を救う会や国際アムネスティの活動などもその稜線の上で展開していた。そういう構図だったのだと思う。

一九八六年夏頃になると、台湾の諸都市での公然たる反政府の示威行動を警総も規制できなくなり、戒厳令はそこで「死に体」になっていたと観察したことは後に触れるが、記憶では、その少し前から空港での荷物検査がほとんど形式的なものになっていた。

権威主義体制の動揺はそうしたところにも観察されたのであった。

4　野党結成機運の中で元政治犯柯旗化先生と知り合う

野党結成機運の中の一九八五年地方選挙

香港滞在の年（一九八五年）の一一月には台湾で地方選挙があったので、またわたしは台湾に出掛けた。今回は選挙事情視察ということで総領事館員としての公費出張を認めていただいたため、香港出入境には公用パスポートを、国交のない台湾の出入りには一般パスポートを使い分けるという最初で最後の奇妙な経験をした。台湾とは「非政府間関係」という建前があるため公用パスポートは使わない、というやり方をしていたのである。

一一月一二日まず高雄に着き、一五日投票日前日の台北に入り、一九日まで滞在して選挙結果などへの関係者のコメントを尋ねて歩いた。

一九八三年の増加定員選挙では「党外後援会」の共同スローガンは「民主、自決、救台湾」だったが、この年は「新党、新気象、自決、救台湾」となった。「民主」のところが「新党、新気象」に置き換えられたわけである。美麗島事件後の復活した国会の増加定員選挙と翌年の地方選挙で一定数の当選者を出して復活した「党外」勢力の間では、「台湾の前途の住民自決」という台湾ナショナリズムの台頭とともに、野党の結成（「組党《そとう》」）が次の課題として急速に浮上していた。そして一九八四年九月には「党外公共政策会」を結成し、さらに各地の支部を作って選挙時に限らない政治団体の組織を目指し、これを違法とする国民党当局と緊張が深まっていた。共同スローガンは「新党」の語を入れて、国民党一党支配への挑戦をいっそう具体化したのであった。

当時副総統であった李登輝氏と本省人政治家のトップを争っていた内政部長の林洋港氏の「三パーセントの戒厳令」（戒厳措置は三パーセント実施されているだけだ）という名（迷）言が物議を醸したのもこの頃であった。一九八一年選挙で当選した陳水扁氏、謝長廷氏、林正杰《りんせいけつ》氏など、美麗島事件弁護士その他の新人にとってはその政治的キャリアをさらに伸ばせるかどうかの選挙でもあった。特に陳水扁氏は出身の台南県の県長に立候補していた。一方の国民党は江南事件という前年からの政治的大波を何とか乗り切って「党外」の挑戦を迎えたのであった。

一九五八―六〇年の中国民主党の挫折（雷震《らいしん》ら外省人自由主義知識人と地方選挙に出馬していた本省人「党外」人士が野党結成を試みて弾圧により失敗）、一九七九年の美麗島雑誌社集団による「党名のない党」結成の挫折（美麗島事件）の経験を経て、三回目の「組党」運動が始まっていたのである。この選挙で国民党が大きく崩れるだろうとの予感はしなかったし、選挙結果もそうであった。しかし、今振り返れば、その後一年もたたないうちに野党＝民主進歩党が結成されている。「三度目の正直」は現実となったのである。この時、国民党一党体制を守っていた戒厳令体制が「死に体」となっていくプロセスはもう始まっていたのだと思う。

柯旗化先生との出会い

この時の訪台では、高雄で柯旗化先生という人と知り合った。出張扱いだったので台湾では日本の対台湾窓口・交流協会のお世話になった。うろ覚えだが、柯先生と知り合ったきっかけはおそらく交流協会の高雄事務所の紹介だったと思う。書斎の片隅に保存してあった当時の予定帳によると、一三日夜に三島泰正交流協会高雄事務所長の宴席があり、翌日朝九時「柯先生来る」と記してある。前日の宴席に柯先生も相客に呼ばれていて、選挙の様子を知りたいなら案内してあげましょうということになったのだろう。中国語で「〇〇先生」と言えば「〇〇さん」と呼ぶのと同じだが、柯さんは高等学校の英語教師をしていたこともあって、まさに日本語で「先生」と

柯旗化氏（前列右）。左が著者、後列が林瑞明君、麻豆鎮の林家跡で

呼び掛けるにふさわしい雰囲気の人柄だったのでおのずと「柯先生来る」とメモしたのだと思う。

柯旗化先生は元政治犯であった。政治研究であれ何であれ、長期戒厳令期から民主化期にかけて台湾での現地調査を一定の期間続けた人は、何らかの形で「元政治犯」に出会う。そもそも私の最初の訪台（一九七三年）の時にお会いした楊《よう》逵《き》さん（一九〇六―八五）も元政治犯であった。楊逵さんは日本植民地時代に活躍した農民運動活動家で文学者でもあったが、戦後初期その言論活動が国民党当局の忌避に触れ「緑島送り」となった経験を持っていた。楊逵さんのことは次節に記す。

共産党取り締まりを名目とした「白色テロ」体制下の「政治犯」には、外省人も本省人もいた。そして本省人なら「日本語人」（戦後の中華民国統治下でも引き続き日本語で同世代と会話し、さまざまな知識の獲得などを日常的に行っていた人々）であることがほとんどであった。本省人の元政治犯は世代的には台湾の「戦中派」にあたり、日本植民地期の学校教育経由で知的な自己形成を行った人々だったからである。柯旗化先生もそうだった。私と柯先生と二人だけなら終始日本語で会話し、柯先生が会わせてくれた人が戦後世代だったら中国語、その人と柯先生とは台湾語（福佬語）で話すという言語関係だった。

一四日朝、柯旗化先生は約束通りホテルに迎えに来てくれた。そして、まず「第一出版社」に行った。そこが彼の家で、一階が会社、二階以上は住居という台湾の街中に見られる典型的な住宅兼店舗の造りだった。二〇一五年に再訪した時、ここは第一出版社という看板も家の造りもそのままに「柯旗化故居」という柯旗化先生の記念館になっていて、柯旗化先生の生涯を語る写真や家族に宛てた獄中書簡などが展示されていた。

第一出版社（現「柯旗化故居」）のある通り、高雄市内（著者撮影）

第一出版社に着くと、ちょうど何やら作業をしていた奥様に私を紹介してから、今こういうのを出していると言って棚から取って手渡されたのが「台湾文化」という雑誌で、見開きには柯旗化先生の筆になる「母親の悲願」という詩が掲載されていた。台湾現代史最大の悲劇二・二八事件に倒れた息子を思う母の気持ちを語った詩で、「党外」の集会で台湾語で朗誦して共感を得たものだそうである。二・二八事件についての公然たる追悼と見直し要求の社会運動が始まるのにはあと一年半ほど待たなければならないが、今思えばこの時すでに用心深くではあるが元政治犯があえてリスクを取るようになっていたのである。柯旗化先生が逝って一八年をたった今でもネットで検索すると自分のフェイスブックのページにこの詩を掲げて記念する人がいる。

柯旗化先生の手紙

少し時間が飛ぶが、わたしの手許には一九九〇年一月一七日付の柯先生の手紙が残っている。わたしはその前年の一二月、立法委員選挙と地方選挙の同時選挙を観察して、岩波書店の「世界」一九九〇年二月号（一月に発売）に「台湾の「渦巻き選挙」」と題する観察論文を書いていた（第十章第一節参照）。その現地観察の際にも南部では柯先生にお世話になっていたので、拙文のコピーを早速先生にお届けしていた。手紙は、その礼状を兼ねて先生の当時の思いを綴ったもので、手書きで四枚の便箋にびっしり日本語で書かれていた。

ちなみにこの時の立法委員選挙は、その後に民主化が進んだ結果、最後の「増加定員選挙」になったものだった。一九八六年の増加定員選挙は、「党外」が民進党を結成した直後の選挙となったが、一九八九年選挙は、八七年夏に長期戒厳令が解除されており、戒厳令のない初めての選挙であり、また前年の一月に蔣経國が死去していたので、初めて蔣家の政治リーダーが不在の国政選挙となっていた。総統職には憲法の規定に従い当時副総統だった李登輝が就いていたので李登輝にとっても総統として迎える初めての選挙だった。第九章に述べるように、この時の選挙観察で帰国後に李登輝から間接的に選挙についてのコメントを求められるという経験をしたが、当時の李登輝の総統職はまだ蒋経國の残任期間であり、国民党政権内での実権掌握を目指して、まもなくその闘争を始めようとしていた。

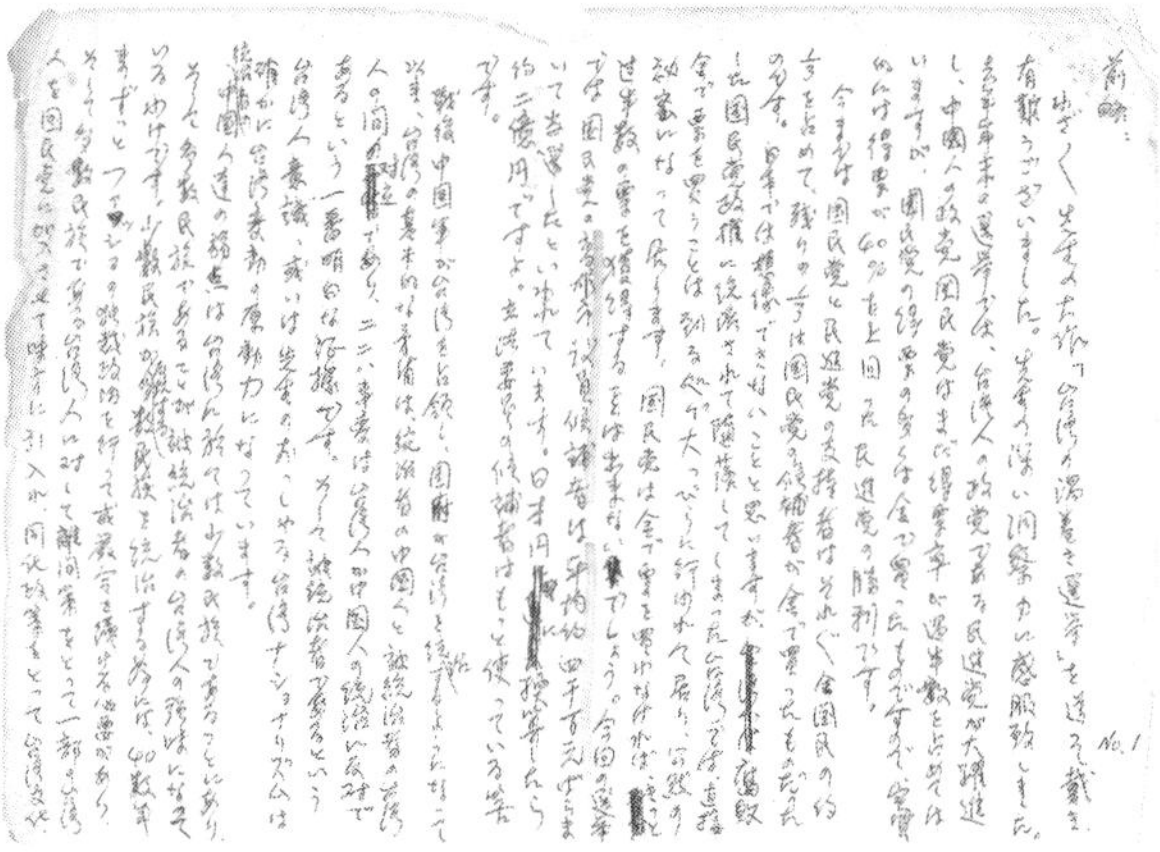

柯旗化先生の手紙（部分）

手紙には民主化と「台湾独立」を望む先生の主張とともに、高雄市地元の「民衆日報」にコラムが書けるようになったとして、数枚のそのコピーが添えられていた。そこから、自由化が進み自身の主張が公然と表明できるようになった喜びが伝わってくるが、その一方手紙には、「戒厳令が解除された後でも、言論は開放されたわけではなく、現在でも郵便物の検閲、電話の盗聴が行われて居り、反政府の色彩の強い出版物は発禁になっています。言論の自由があれば愚民政策の影響を受けた台湾人、特に若い人達はだんだん目覚めて現状や利害関係を判断できるようになると思います」と期待感の中に警戒感がない交ぜになっている一節もあった。

先生の手紙は第一出版社の住所が印刷された封筒に入っており、わたしの職場の住所が宛先とされて

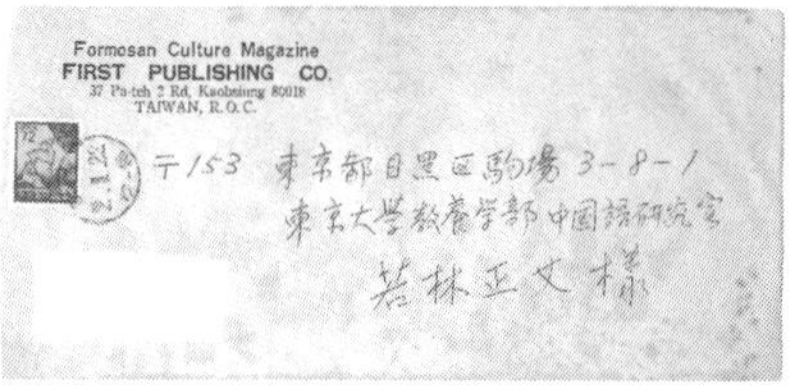

柯旗化先生の手紙の封筒

いるが、張ってある切手は日本のもので消印も渋谷局のものである。何故か。

手紙の最後でその謎が解けた。「この手紙は郵送すれば、没収される恐れがありますので、日本の友人に託して日本で投函させて戴きます」と記されている。前記のように、一九八五年には台湾の友人に送った、わたしから見て政治的敏感性はなかったと思われる歴史関係の論文抜き刷りも警総にインターセプトされていた。

戒厳令解除後には、台湾の政治そのものを語った文章のコピーは無事柯先生の元に届いていた。しかし、元政治犯の柯旗化先生はまだ用心に用心を重ねたのだった。

5 『台湾監獄島』と柯旗化先生の夢

自叙伝『台湾監獄島』

それから二年後の、また高雄で初めてお会いしてから七年後の一九九二年、柯旗化先生は日本語の自叙伝を出版した。タイトルは『台湾監獄島』（東京：イーストプレス）。柯先生は、一回目は一九五一年から五三年にかけて、二回目は一九六一年から七六年にかけて、合計足かけ一七年の牢獄生活の大部分を緑島の政治監獄ですごした。

緑島は台湾東部の街台東の沖合にある小島で、日本植民地期には火焼島と呼ばれて、台湾総督府はここにヤクザ者や住居不定者を収容・更生させる施設を設置していた。戦後の国民党政権は、ここに政治犯収容所を置いたのである。沖合の孤島はまさに逃亡不可能な監獄島だったが、一九四九年以来の長期戒厳令下で「叛乱懲罰条例」や「共産党スパイ摘発条例」などの極めて抑圧的な治安法令の支配下にあり、時にそれらの法令さえ踏みにじって弾圧が行われる状況は、台湾全島に及んでいた。運良く死刑を免れ刑期を終えて釈放されても、元政治犯として引き続き政治警察の監視とハラスメントの対象であり続けた。この間家族が辛い目に遭ったことは言うまでもない。これらの法令が最終的に廃止・改正されるのは柯旗化先生が自叙伝を出した一九九二年である。それまでは、台湾全島が監獄だった、つまり「台湾監獄島」だった。

二〇二〇年二月、政府の行政院移行期正義促進委員会が発表した数字によると、前記の治安法令に基づき「白色テロ」時代に政府が立案した政治犯案件数は一万八〇〇〇件あまりであるという。一件あたり少なく見積もって一〇人が逮捕・尋問（甚だしくは拷問）などの圧迫を受けていたとすると、「白色テロ」の被害者総数は一八万人強と推定できるかもしれない。そして、その周囲にそれぞれの家族や友人たちがいた。冒頭に紹介した柯旗化先生の場合は、弟も投獄され、母、妻と三人の子どもが息子・夫・父なき十数年を強いられたのである。

子息・柯志明さんの述懐

ところで第一出版社と言えば、私は「台湾文化」を出版している出版社として初めて出会ったのであるが、台湾の受験生の間ではつとに有名な出版社であった。出版社名を知らなくても同社の『新英文法』といえば長く台湾の大学受験用英文法参考書のベストセラーであった。後年私が記念に購入した一冊の奥付には、「中華民国74（1985）年9月　増補改訂版第58版」と記してある。第五八版は、五八刷りの意味である。柯先生はその編著者であった。前記のように柯先生はもともと高校の英語教師で、最初の牢獄生活から戻った後の一九六〇年にこの本を出し、その翌年に再度投獄されてしまうのだが、この本が売れに売れて父を牢獄に奪われた留守家族を支えたのである。先生は獄中でも同書の改訂に努めたという。

長じて台湾の高名な歴史社会学者となった柯旗化先生の長男柯志明《かしめい》さん（一九五六―）は、『台湾監獄島』の中国語版（第一出版社、二〇〇二年）の後書きで「（父は）決して世に功績を誇るような大人物ではない、いささか天真爛漫で職責に忠実で人として信ずるに足る一個の凡人である」と柯先生の為人《ひととなり》を評している。まことにその通りで、私が一九八五年一一月初対面の際も「純な人」というのが第一印象であった。柯志明さんはさらに「私たちが耐えがたいのは、そのような人があの時代のあのような残酷な仕打ちを受けなければならなかったことである」とも述べている。政治犯の息子として青春を生きぬいた人の述懐である。傷を癒やすには時間がかかるが、時間と経済発展だけでは癒やされない傷もある。こうした傷を癒やすには、まずは台湾が監獄島でなくなる必要があったのだと思う。

柯旗化先生の夢

さて、時間を一九八五年一一月一四日に戻す。一階の第一出版社から二階の客間に上がりその客間で少しお話を聞いてから、さあ出掛けましょうか、ということになり、まず高雄市内の市議会議員立候補者の事務所を二三見て回り、それから台南に寄って、成功大学の林瑞明君をピックアップし、台南市郊外の麻豆鎮に行った。今残っている写真をみると、そこで台南県長に立候補している陳水扁氏の選挙本部を参観し、また多分、林君の発案で麻豆の林家という旧家跡を見学したようである。

柯旗化氏編著の『新英文法』（左）と同作の小説（右）

その後数年間は高雄に行けば柯旗化先生に会いに行っていたと思う。その間に一言だけはっきりと覚えているのが、柯旗化先生が私に語ってくれた夢である。確か長期戒厳令が解除された（一九八七年七月一五日）直後の一〇月に訪台した際ではなかったかと思う。脈絡なしに唐突な感じで「私の夢は彭明敏先生がアメリカから帰国して総統選挙に立候補することなんですよ」と述べられたのである。

彭明敏《ほうめいびん》氏（一九二三―二〇二二）とは、一九六四年台湾大学政治学科教授の時に「台湾人民自救宣言」を起草し、それを印刷・発表しようとして逮捕され、七〇年自宅軟禁中に台湾を脱出、最終的には米国に政治亡命して、この当時は俗に「台湾独立のゴッドファーザー」と称されていた人物である。柯旗化先生からその夢を伺った時は、野党民進党は存在し戒厳令は解除されて体制移行のブレークスルーは現実のものとなっていたものの、彭明敏氏はまだ在米、総統は蔣経國氏、李登輝氏は副総統であり、まだ国会の全面改選は実現しておらず、体制移行してどのような政治制度となるのか、否、それをどのように決めるかも定かではなかった。

だが、柯先生のこの夢は実現した。柯旗化先生の回想録が出版された年までに政治的自由化はさらに進展し、彭明敏氏は帰国を果たした。そしてさらに四年後に実現した初めての総統直接選挙に、国民党から立候補した李登輝氏の対抗馬として民進党から立候補した。選挙結果は李登輝氏の圧勝だったが、彭明敏氏の帰国、総統選挙立候補という柯旗化先生の夢は、私に語ってくれた時から一〇年もたたずに実現したのである。

6 「諸帝国の周縁」を生き抜く台湾人——老社会主義者楊逵のポストコロニアルの歳月

楊逵と楊貴——最初の訪台で出会っていた「元政治犯」

先に触れたように、台湾研究を続けているとどこかで「元政治犯」に出会うことになる。思い返せば、まずは一九八〇年、七年ぶり二度目の訪台時に会った葉石濤さん、彼は一九五一年から三年間にわたって投獄された経験を持つ。このことを後で知った。罪名は「共産党スパイ摘発条例」に基づく「知匪不報《ちひふほう》（共産党員の存在を知って通報しなかった）」罪であった。

さらに思い起こせば、一九七三年二―三月の最初の訪台でお会いした楊逵さんに行き当たる。実は楊逵は筆名、本名は楊貴。私は台湾研究人生当初、植民地統治下台湾の政治社会運動史をテーマにしていたので、台湾総督府警察の資料に出てくる農民運動活動家にして若き社会主義者の楊貴の方を先に知ることとなり、ついで植民地下の台湾文学史に関心を持っていた河原功さん経由で、文学者楊逵の存在を知ることとなった。

楊貴は台南の新化の生まれで、苦学して東京の日本大学に学び、台湾で農民運動が始まり一九二六年台湾農民組合が結成されると、翌年帰台してその運動に飛び込んだ。そこで同じく公学校教師から運動に入っていた葉陶《ようとう》さんと知り合い、間もなく結婚した。しかし、当時の台湾人左翼[*1]勢力内の路線闘争と総督府警察の弾圧のため三年ほどで活動不能となり、一九三〇年代初めからは貧困に苦しみながらも文学活動に転じた。楊逵の筆名は一九三二年日本語で書いた小説『新聞配達夫』で初めて用いた。『水滸伝』の英雄の一人、黒旋風の李逵が好きだったのでこの名を付けたという。

東京での苦学生の経験を元に書いたこの作品が東京の「文学評論」の文学賞で首席該当者なしの第二席に選出され、植民地本国の中央文壇で認められた文学者として一挙に名声を得た。またこの作品は慶応義塾大学に留学していた胡風が翻訳して中国にも紹介された。その後「台湾文芸」や「台湾新文学」といった台湾人の文学運動機関誌でも編集者として活躍している。

「和平宣言」で一二年の「監獄島」暮らし

「台湾人左翼勢力内の路線闘争」というのは、一九二八年頃の国際共産主義運動の「左翼社会民主主義」排撃というイデオロギー路線が、日本左翼陣営経由で左傾化していた農民組合に波及して発生したものである。楊貴が運動組織内で排撃されたのは、農民組合リーダーの簡吉《かんきつ》（一九〇三―一九五一）との個人的な確執も絡んでいたらしい。ただ、農民組合や左傾化していた台湾文化協会にはまもなく台湾共産党（一九二八年、上海の租界で秘密裡に結成）が浸透した。台湾共産党は総督府警察の徹底的弾圧を被ったのだが、それより早く路線闘争で農民組合から排除されていた楊貴は巻き込まれず、植民地にも延長施行された治安維持法による長期投獄を免れた。彼は東京で前後二回、農民組合の活動で八回警察に逮捕されているが、投獄されていた期間は全部で一年に満たなかったという。

ところが、戦後国民党がやってきてからはそうはいかなかった。戦後すぐ台湾の文化復興の活動に乗り出した楊逵は、二・二八事件では夫婦ともに一時逮捕投獄されたが釈放され、その後の知識人虐殺の難を免れたが、一九四九年四月上海の「大公報」に国共内戦の停止を求める「和平宣言」という文章を発表したことが時の台湾省政府主席陳誠の忌諱に触れて投獄され、一九六一年までの一二年の刑期を監獄島の緑島で過ごした。一九五〇年代に猛威を振るう政治的異見者に対する国家暴力「白色テロ」のとばっちりで災難に遭ったのである。

台湾近現代史研究会を主宰していた戴國煇さんは後述のインタビューの中で、「楊逵さんは日本の牢屋にも国民党の牢屋にも入ったという意味でユニークな存在」だと言っている。私が「党外」人士の話を聞いて回ったり「選挙観察」を始めたりしていた頃、「楊逵は日本時代には一〇回捕まったが牢屋に居たのは一年未満、国民党が来たら一回で一二年」という言い方を何回も耳にした。国民党による政治抑圧のあり方を批判する一例として、その後も何回も何種類も耳にする台湾人による、日本と国民党（時には日本人と中国人）を対比する「比較統治者」論（人によっては比較植民者論）のひとつでもあった。

かつては一二年の投獄の災難を招いた「和平宣言」であるが、今は台中にある元の「東海花園」に近いところに据えられた楊氏墳墓の傍らに堂々と石碑に彫られて掲げられている。

楊氏墳墓傍らの「和平宣言」碑（著者撮影、2009年3月）

妻・葉陶さんの墓

わたしは一九七三年の初訪台の時、台中で二度楊逵さんを訪ねている。一度目は河原功さんについて行ったのである。彼の『台湾渡航記』（私家版）によれば、三月六日の午後三時頃「東海花園」を訪ねた。台中市内からバスに乗って中港路という、おそらく当時開通したばかりのだだっ広くほこりっぽい道を行き、東海大学前で下車、大学正門の向かい側にしばらく入ったところに東海花園はあった。一二年の牢獄生活を終えてから、楊逵さんは借金をして荒地を購入して奥さん葉陶さんとともに農園を開き、切り花を栽培して生計を立てていたのであった。

楊逵さんは一九七〇年に長年労苦を共にした奥さんを亡くしていて、当時は孫娘の楊翠《ようすい》さんと一緒に住んでいた。当時はまだ小学生だった。またもう一人、涂龍西さんという人がいた。彼は楊逵さんとは緑島の「難友」(政治犯として牢獄生活を共にした友人)の一人で、当時は住み込みで農作業を手伝っているらしかった。河原さんの著作によれば、楊逵さんは花園を一巡しながら話してくれた。話題はもっぱら戦前の楊逵さんの文学活動のことであったと思う。河原さんはそれが目的の訪問であった。その日は夕食と金門の高粱酒までご馳走になったらしい。

二度目は私一人で東海花園を訪ねた。台中から南部、東部を一周し、花蓮から中央山脈を横断する中部横貫公路をバスで台中に戻った時だった。日程と会った人の名前だけのメモだけが残っているが、再訪したのは三月一四日であった。記憶ではこの時もまた夕飯時になり、またも金門高粱酒をご馳走になった。

大人たちが一杯やっているそばで楊翠さんが地理の教科書の暗唱を始めて「わが国で最も長い河は長江」などと唱えていた。こんなことを後まで鮮明に覚えているのは、傍らでそれを耳にして、なるほどやはり言われているような「大中国」意識の教育をしているのだと納得したためだったのかもしれない。楊翠さんの教科書の「わが国」とは中国大陸と台湾を含む「中華民国」であった。

その時楊逵さんと何を話したのだったか、記憶ははっきりしないのだが、台湾がどのようになれば良いと思っているか、とかいう漠然とした質問に、台湾の女工の暮らしのことに触れてから、社会主義がやはり望ましいといった趣旨の返答があったことを、うっすらと覚えている。

多分二度目に東海花園を訪れた時だったと思う。奥さんのお墓に連れて行ってくれた。その写真が残っている。楊逵さんは寡黙な人だった。彼がその時葉陶さんについて多くを語ったわけではないし、その時の彼の様子から感じたものをその時の私が自分自身の中で明確に言葉にできたわけではなかった。だが、今や自分が当時の楊逵さんを超えた年齢になり、改めてその写真を見ると、かつて共に投獄され、また戦後長く獄につながれた自分の帰還を待ちながら子どもたちを育て、それらの労苦の末に先だった亡妻への深い愛惜の念が、老農民運動家の、老文学者の胸中にはあったのだろうなと、忖度してみたくなるのである。

東海花園の農舎（著者撮影、1973年3月）

足かけ一〇年後の再会

二度目の訪問で、私が東海花園に着いた時には先客がいて、お向かいの東海大学政治学科の学生の王文正さんと紹介された。この頃すでにその文名や風采を慕って訪れる若

葉陶氏の墓の前に立つ楊逵氏（著者撮影、1973年3月）

人がいたのだろう。その後一九八二年に知り合うことになる林瑞明君は、大学院生の頃から戦前の台湾人の文学史に興味を持ち始め、一九七六年に一年間東海花園に住み込んで、楊逵さんや彼を訪ねてくる人々と語り合い、七八年に『楊逵画像』を書いた。それによると、彼が東海花園に居た頃から、楊逵さんの「文壇再臨」が始まっていたという。

一九八二年国民党政府が元政治犯の出国制限を緩和した際に、楊逵さんは米国のアイオワ大学の国際作家著述プログラムに招かれた。当時楊逵さんに白羽の矢がたったのは、文学者にして「日本と国民党の牢屋に入ったことがある」というユニークな経験とともに、林瑞明君の言う「文壇再臨」が背景にあったものだと言えよう。戦後四半世紀ほど推し進められた国民党版の「中国化」の陰に隠れていた一九二〇年代台湾知識人の姿が静かに世に知られ始めていたのである。

この年楊逵さんは六月訪米、一一月台湾への帰途東京に寄った。二〇年代の留学の時から数えて三度目で最後の訪日であった。東京では戴國煇さんが主宰する台湾近現代史研究会に招いて座談会をした。戴さんと私が聞き役で、その内容は「台湾近現代史研究」第五号（一九八四年一二月刊）に掲載された。「文責編集部」となっているが、多分テープ起こしは私がしたのではないかと思う。

戴國煇さんの質問が引き出したところによると、在米中の楊逵さんは在米台湾出身者の間で引っ張りだこになり、あちこちの座談会や討論会に呼ばれたらしい。そして、異なる政治傾向の団体はそれぞれにこの台湾近現代史の生き証人の一人ともいうべき老作家から、自分たちの主張に都合のよい発言を引き出そうとしたようだ。わたしが東海花園で初めてお会いしてから足かけ一〇年、時はすでに米中断交、美麗島事件、「党外」勢力の復活を経て、「党外」雑誌の言論も活発となり、国民党政府との間の緊張やオポジション陣営内のイデオロギー闘争も密かに高まっていた時期であった。時代はすっかり変わっていたのであった。

台湾人の歴史は一筋縄ではいかない――簡吉と簡明仁

ところで、農民組合の活動の中で楊逵と確執のあった簡吉はその後、台湾共産党に入党し、一九三一年台湾総督府警察に検挙され治安維持法違反で一〇年の懲役刑を受けた。戦後は、二・二八事件後に浸透してきた中国共産党の地下組織、すなわち台湾省工作委員会に加わり、「山地工作」（先住民への浸透）の責任者となった。しかし折から厳しくなった共産党摘発で、一九五〇年四月逮捕され、翌三月処刑された。簡吉の「山地工作」の対象となったツォウ族のウォグ・ヤタウユガナ（植民地期の日本名は、矢田一生、矢多一生、矢多一夫［やたかずお］、戦後の中国名は、高《こう》一生《いっせい》）やタイヤル族のロシン・ワタン（日本名渡井三郎、中国名林瑞昌《りんずいしょう》）などの先住民のエリート

『簡吉』の伝記、著者はこの一冊を人づてに簡明仁氏より寄贈された

も一九五四年四月一七日銃殺刑に処せられた。

日本統治下では一〇年の長きにわたって夫を獄中に奪われ、戦後は「白色テロ」で夫の命を奪われつつも家族を背負ったその妻陳何《ちんか》の人生の厳しさも想像に難くない。二・二八事件後に生まれた簡吉の五男簡明仁《かんめいじん》は長じて優秀なコンピューター技師となり大衆コンピューター社を起こし発展させて、一九八〇年代以降台湾経済を牽引するハイテク産業の発展に貢献した。

一方、私が東海花園で会った楊逵さんの孫娘楊翠さんは、長じて歴史学者となり東華大学で教鞭を執るほか、蔡英文政権では行政院に設けられた「移行期正義促進委員会」の主任も務めたことがある。同委員会の業務は、二・二八事件や「白色テロ」に関わる本省人と外省人では異なる歴史の記憶とそれに付随する感情の葛藤、民進党と国民党の政治的思惑と確執などがからみあうものであり、実に難しい仕事だったろうと想像する。

楊逵と葉陶とその子孫、簡吉と陳何とその子孫、簡吉の「山地工作」の対象となり「白色テロ」の犠牲となった民族名、日本名、中国名の三つの名前を持つ原住民のエリート達の人生。それは、清帝国の一部から日本の植民地、米国の庇護を受けて蔣介石・蔣経國父子の国民党一党支配、そしてその政治体制の民主化に成功した後強大化した中華人民共和国の圧力下にある「中華民国台湾」——台湾が「諸帝国の周縁」であることが綾なす台湾の歴史の複雑なコンテキストそのものを体現している。そのコンテキストを生き抜く、つまりは「諸帝国の周縁を生き抜く」台湾人の起伏と陰影に富んだ来歴の理解はなかなか一筋縄ではいかない。

7 「戒厳令は死に体に」――民主進歩党の誕生

香港から帰国、助教授になる

一九八六年三月、わたしは日本国香港総領事館の専門調査員を辞して帰国、四月から東京大学教養学部外国語学科の助教授に採用された。それから二〇一〇年に早稲田大学政治経済学術院に移るまでここ通称東大駒場で教鞭を執ることになった。

東大駒場では、教養課程の一、二年生には中国語を、専門学部に相当する教養学科アジア分科に進学した三、四年生には「アジアの政治」といった科目名で台湾政治論を講義した。「台湾政治論」といっても、もちろん出来上がったものがあったわけではない、講義しながら自分のそれを作り上げていくというのが実情だった。

翌年からは、大学院総合文化研究科地域文化研究専攻の担当にもしていただいて、以後台湾研究を志す台湾人留学生の指導にあたることになった。しばらくして少数ながら日本人の学生もやってきた。最初の指導院生は台湾先住民族タイヤル族の青年林文正さんだった。これが当時の法律で義務付けられていた漢人式の公式の名前で、民族名はイバン・ユカンだと彼は名乗った。その後一九九〇年代の法改正で民族名を公式の名前として届けてよいことになり、彼は今、イバン・ノカン（漢字表記では伊凡・諾幹）と名乗っている。イバン・ノカンさんはその後、陳水扁政権で総統指名・立法院承認で任命される考試院の委員を、蔡英文政権（第一次）で行政院政務顧問を務めるほか、各種先住民族政策立案の諮問機関などで活躍している。

前にも触れたが、先住民族の名前ほど彼らが「諸帝国の周縁」を生き抜いてきたことを物語るものはない。日本植民地統治期と戦後とを生きた人であれば、その墓銘碑には、前記の漢人名と民族名とが記されていることが多く、そして戦後山地や東部の原住民に普及したキリスト教（長老教会や天主教）に入信した人であれば洗礼名も記されていることもあり、また少数だが日本統治期の「蕃童教育所」で呼ばれていた日本名を記すものもあるという。墓碑に記される民族名は、その教育所で教えられ、また派出所警察官が作製する「蕃人戸口簿《ばんじんここうぼ》」に記されたはずのカタカナである場合もあれば、戦後身につけたアルファベットで記される場合もある。

ところで、当時は政治的民主化の進展とともに台湾では学術の自由の状況も急速に改善して、台湾研究には一種の歴史的熱気が湧き上がっていた。今振り返れば、私は学生とともにその熱気の中にいた。当時東大で台湾研究をしている人は、台湾文学の動向に着目し始めていた文学部中国文学科の藤井省三さんだけだったし、文学部は本郷キャンパスにあったので、東大駒場キャンパスでは私一人だった。その後もずっとそうで、私が離任したらゼロになった。

そんなわけだから、私の大学院ゼミは周囲の同僚からみたらちょっと変な熱気のあるグループだったのかもしれない。ただ、ちゃんと語学さえ教えていれば、後は好きにやってよいというモードの職場だったのはたいへんありがたかった。

「死に体」となった戒厳令と民進党の結成

前にも触れたように、私は香港誌の「九十年代」(月刊)を購読するとともに、八〇年代初めからいわゆる党外雑誌の「八十年代」系列(康寧祥系)と「前進」系列(林正杰台北市議会議員系)を購読していた。「系列」というのは長期戒厳令下の検閲で雑誌がしばしば発禁処分に遭うので、ひとつが発禁になっても次が出せるように別の名称の雑誌を当局に登録しておいたからである。これを「スペアタイヤ(備胎)」と称した。

助教授になって初めての夏休みも終わりに近づく頃自宅に届いた「前進」系列の「前進廣場」のページをめくって驚いた。林正杰の「収監送別」活動の様子が、写真とともに大々的に報道されていた。「前進」主宰者の林正杰は、同誌の報道が国民党高官を誹謗したとの疑いで懲役一年半の有罪判決を受けたが、林は控訴しないで入獄することに決めて、その送別会を、台北の公園で行うや、党外支持の民衆が街頭に溢れ、自然発生的なデモとなってしまった。そして同じ事が、西部平原の各都市で一二日間にわたって繰り広げられた。交通整理の警官は出動していたが、当局はこれを取り締まることができなかった。「前進廣場」に掲載されていた写真では、林正杰が何とパトカーの屋根に登ってハンドマイクで演説している様子が写っていた。「戒厳令は死に体になっている」。「死に体」は通常相撲の勝敗を判定する際に使われる言葉だが、その時まさにこの言葉でその写真の光景を受け止めたことを今でも鮮明に覚えている。

林正杰の街頭「送別会」の様子（出典：張富忠・邱萬興編著同前、202頁）

野党結成まであと一歩だった。後で分かったことだが、「十人小組」と呼ばれるようになるグループがすでに密かに新党結成準備を始めていた。この年の一二月には立法委員と国民大会代表の「増加定員選挙」が行われる予定であった。「党外」は再び「選挙後援会」を組織し、その候補推薦大会を台北の圓山大飯店で開催したが、その最中に政党結成準備に当たっていた人々が突然「民主進歩党」（民進党、the Democratic Progressive Party: DPP）の結成を提案し、異議なく採択された。林正杰が支持者に見送られて入獄した次の日のことであった。

　確かに戒厳令は「死に体」だった。蔣経國は結局新党の存在を容認するしかなく、まもなく関連法令を定めて新規政党結成を制限付きで合法化し、戒厳令も解除するという方針を打ち出した。権威主義体制のいわゆる「ブレークスルー」が台湾でも始まった。戒厳令体制を重要な支えのひとつとする国民党一党支配体制に風穴が開いたのである。生まれたばかりの民進党は、準合法政党として八六年末の「増加定員国会選挙」に臨んで国内デビューを果たした。

　もちろん私も三度目の「選挙見物」に出かけた。一九八三年に意外な落選に見舞われた康寧祥は立法委員に返り咲いた。台北市議会議員だった旧知の謝長廷は立法院進出をはかったが果たせなかった。一説に「最後の立候補」を訴えた康寧祥に票が集まりすぎたのが落選の一因という。これが中選挙区制において結成したばかりでしっかりした政党組織を持てない「党外」の苦しいところであったと言えよう。

国民党一党支配体制下に野党が結成されたということで日本のマスコミも注目したらしく、帰国すると早速、週刊「朝日ジャーナル」で現代中国研究家の加々美光行氏、共同通信記者の坂井臣之助氏との鼎談に呼ばれた。その時の私の発言の一部が当時の同誌編集長筑紫哲也氏の目にとまったらしく、掲載号目次下の「今週の誌面から」欄に日本の台湾観に関して「いわゆる経済合作の対象、観光の対象を除いた台湾をどう見るか。そこのレベルの交流が少ない。そのアンバランスはグロテスクでさえあるということを何回も台湾へ行って感じます」との私の発言が引かれていた。

「党外選挙後援会」の席上で民主進歩党結成が決議された場面。議長席で立ちあがって司会しているのが游錫堃［現立法院長］、右端に立って発言しているのが謝長廷、この時彼が民主進歩党という党名を提案した。（出典：張富忠・邱萬興編著、同前206―207頁）

民進党の初の「政党外交」

台湾の権威主義体制のブレークスルーを日本政府や外務省が当時どう見ていたのか、私には知る由もないが、アメリカの動きは速かった。民主党系の国際関係民主協会（the National Democratic Institute for International Affairs）が、民進党をその主催のシンポジウムに招待した。民進党はこれを機に二一人の大型訪問団を組織してアメリカと日本を回り、新党に対する国際的認知を獲得しようとした。一行は一九八七年二月初め訪米、二週間にわたり全米各地を巡った後、一五人が二月一七日に来日し一九日まで日本の政党、学界、マスコミなどと精力的に接触した。確か東京到着早々一七日の夕方ではなかったかと思うが、池袋のプリンスホテルで記者会見と懇親パーティーが開かれるというので私も出かけた。当時の党内急進派「新潮流」のリーダーの一人と目されていた若き日の邱義仁《きゅうぎじん》氏（前台湾日本関係協会会長）と初めて言葉を交わしたのを覚えている。

そしてその翌朝、当時東京外国語大学に客員教授で来ていたパリス・チャン教授の仲介で訪問団の一部メンバーを東大駒場に迎えることとなった。現代中国研究者の通称「二水会」と称する勉強会（横浜市立大学の矢吹晋教授主宰）に出席する形で座談会を開いたのである。当時まだ大学院生だった黄英哲《こうえいてつ》さん（現愛知大学教授）が一行の案内役を務めてくれた。

この座談会の模様は、二水会のメンバーでもあった「中央公論」の近藤大博さん（当時編集長）のお世話で、同誌の四月号に「台湾民主進歩党の挑戦」と題して執筆させていただいた。近藤さんが私の記事につけてくれた「台湾の政治に新しい風が吹いている／台湾は変貌し、新たな転換期に入っている／その渦中にいる人々が日本にやってきた」というリード文が、この時私が日本の世論に伝えたかった感触をよく現していたと思う。[*2]

座談会出席の民進党側メンバーは次の六氏であった。（　）内には当時の年齢、党内役職、議員職などの公職を付記した。

張 俊雄《ちょうしゅんゆう》（四九歳、党中央執行委員、立法委員）

康寧祥（四八歳、党中央常務委員、立法委員）

尤清（四四歳、党中央常務委員、立法委員）

謝長廷（四一歳、党中央常務委員、台北市議会議員）

蘇貞昌《そていしょう》（三九歳、党中央常務委員、台湾省議会議員）

廖學廣《りょうがくこう》（三三歳、党中央評議員、台北県議会議員）

後に民進党が成長して民主選挙を通じて政権党にまでたどり着いたことを知っている今日の眼からすると、相当の大物が参加してくれていたことになる。張、謝、蘇の三氏は陳水扁政権（二〇〇〇―〇八）の行政院長（首相に相当）、蘇氏は蔡英文政権でも行政院長を務めた。謝氏が一九九六年初回総統選挙で民進党の副総統候補となったことはすでに触れた。二〇〇八年には民進党の総統候補となったが敗れた。蔡英文政権下では台湾の駐日代表を務めている。康寧祥氏は、その後党内での地位は後退したが、李登輝政権下で監察委員を務め、陳政権では一時国防部副部長や総統府国家安全会議秘書長を務めた。

ただ、この座談会メンバーには当時の急進派であった新潮流派系統の人は入っていない。私と二水会側では出席メンバー選定にはまったく関与していないし、訪問団側でどういう判断があったのか分からないが、座談会を通じて発信されたのが、民進党穏健派の見解であったとは言えるだろう。

「国民党と同じなのは機関の名称だけだ」

前記「中央公論」の記事には、座談会の際に撮影された当日の六氏の表情を示す写真を掲載している。なかなかの面構えである。決然とした面持ちの中に緊張感が漂う。こうした表情から発せられた、静かだがこれもまた決然とした彼等の発話が、当日の座談会の雰囲気を作り上げていたという印象が今でもある。

彼らの緊張感は、ほとんどが初対面の日本の学者とジャーナリストの前で話したことに由来するものではなかったように思う。発言した複数のメンバーが、われわれの党は生まれてまだ四カ月あまりの「とてもベイビーな党」で、国民党の法律ではまだ合法化されていない存在であることに注意を喚起していた。私は、彼らの新党党内での職掌や党組織の名称をとりあげ、彼らが反対しているはずの国民党と同じではないかとの質問をぶつけたが、それには国民党がわれわれに「人民団体」として登録せよと迫り、新党の存在を矮小化しようとしているから故意にそうしたのだとの答えが返ってきた。

新党の前途はまだ不確実性に満ちていた。後知恵からすれば一九八六年の民進党結成容認や八七年の戒厳令解除は結果的には後戻りできない政治的自由化措置であったように見えるのだが、法的には「政党は国土の分裂（台湾独立を指す）を主張してはならない」とする制限付きの自由化であった。新党を潰してしまえる手がかりは存在し続けていた。民進党の法的地位が最終的に安定するのは、これらの制限が無効となる一九九二年の第二次憲法修正まで待たねばならなかったのである。

私はと言えば、台湾の権威主義体制のブレークスルーにより以後に展開していく初回総統選挙実現までの民主化の一〇年の台湾政治のダイナミズムをどのように見ていくのか、それを単なる時事的観察の積み上げに終わらせるのではなく、学術的な政治研究としてどのように実現していくのか、そういう課題を突きつけられていたのである。

東大での座談会に出席した民進党訪日団のメンバー、「中央公論」1987年4月号より（中央公論新社の了解を得て転載）

8 「東大の先生が台湾研究を?」――社会的注目とその波紋

研究活動の新たなステージに立つ

東大助教授に昇格し、わたしの研究活動は異なる活動ステージに入った。ひとつは台湾政治を研究している学者として一定の社会的注目を浴びて活動の幅が広がったこと、もうひとつは、学術的な台湾政治研究の形成に向けていつの間にか動きだしたことだ。著書や共著が日台で出版される一方で、著者に対する「国家」からのアプローチも始まった。

「社会的注目」と言っても、もちろんマスメディアの寵児になったわけでもない。いわば広い意味の業界内、つまりは東アジアの動向観察・研究に関わりのある学界、報道界、シンクタンクなどから声が掛かるようになり、原稿を頼まれたり、講演・報告を頼まれたり、またシンクタンクの研究会のメンバーに入れてもらったりしたということである。「東大の先生で台湾政治研究をする人がいる」と注目されたのではないかと思う。見る人が見れば実は狭い世界でも、当時の私にとっては助教授昇格でがぜん世界が広くなった気がして、呼ばれれば興味津々で出掛けていった。

こういう限定的な「注目」であっても、今から振り返ると、当時私にプラスになったことが二つあった。ひとつは、「東大助教授」という肩書である。東大の内部で言えば「駒場(教養課程)の語学のセンセー」に過ぎないのだが、東大の外の世間に出れば、たいして実績のない若造にはなかなか有り難い肩書であった。あちこちにあったはずの敷居が幾分かは低くなってくれたのだと思う。もっとも、中国語のことわざに言う「生まれたばかりの子牛は恐れを知らない［初生牛犢不怕虎］」の気味も多分にあって、どんな敷居があったのか分からないまま、あるいはそこがまったく敷居の外側に過ぎないことに気が付かないまま、平気で顔を出していったという側面もあったのではないかと思う。

「総合雑誌」にデビュー

もうひとつは何と言っても台湾政治そのものの変化が東アジアの政治動向に関心を持つ人々の圏内でもはや無視できなくなっており、加えてそれが民主化の方向に向かっていたことであった。当時もはや台湾政治に関心を持つことをタブー視することは不可能になっていたと思うが、それでも惰性で台湾（国民党反動政権の支配下にある島）に関心を持つのは、「政治的に良くない（politically incorrect）？」と条件反射する人はけっこういたのではないかと思う。そういう状況下で台湾の政治が誰の目にも明らかな形で民主化に向かいつつあったことは、私には追い風だった。当時はまだ「え、東大の先生が台湾研究を？」という反応があったはずだが、それが目立った拒否反応にならなかったのは、このためであったと思う。

その顕著な表れが、岩波書店の看板雑誌「世界」から声がかかったことであった。一九八六年の一〇月初めではなかったかと思う、編集部の山崎貫さんから会いたいという電話があった。そこでそれまでも時々利用していた新宿駅ビル八階の喫茶店でお会いした。どんな話をしたかよくは覚えていないが、その後の経緯から見て、一九八七年二月号に台湾で民進党が初めて政党の名を名乗って参加した国会の「増加定員選挙」について書くように依頼されたのだと思う。手元に残っているごくごく粗い日誌によると、一〇月八日と一〇日の日付で「世界論文」と表題したメモが走り書きで書き込んであり、一一月一五日には「動いているものはおもしろい。だから、今、台湾が面白い」というフレーズが記してある。このフレーズは、のちに実際に発表した論文に用い、そしてささやかな波紋（後述）を呼ぶことになった。

「世界」の論文は「転換期の台湾政治――「民主化のドアはどれだけ開かれたのか」」という表題で掲載された。近藤大博さんのお世話で初めて「中央公論」に書いた時は筆名だったので、これが私の本名での総合雑誌デビューということになる。一九八〇年代にはすでに往年の影響力は衰えていたとはいえ「進歩的文化人」の重要な発信基地だった「世界」が台湾政治を取り上げたことは、民主化への胎動がもたらした日本メディアの変化の兆しを示すものと言えた。

「今、台湾政治がおもしろい」の波紋

私個人の研究史的に言うと、この論文で初めて台湾の政治体制を権威主義体制（authoritarian regime）と位置付けてその性格を提示したのであった。もちろんまだまだ肉付けが弱くて痩せた議論だったが、自身のその後の議論の出発点となった。この事はまた後に記そう。

この論文の冒頭に私は「私の印象では、台湾の社会は選挙ごとにひと皮剝くようにして変化している。台湾の社会の奥底に沸騰するエネルギーが、選挙という非軍事的な祭典化された「内戦」を経過することによって、この成長期の社会は、いとも簡単になにかに向かって脱皮を遂げていくように見えるのだ。台湾の社会が、七〇年代後半以来転換期に入っているからだろう」と述べ、続けて「だから、今、台湾の政治がおもしろい」と書いた。前記の「動いている」は「転換期」として説明されている。「選挙という非軍事的な祭典化された「内戦」」というフレーズは、京極純一先生の『日本の政治』（東京大学出版会、一九八三年）で出会ったフレーズを念頭に置いたものだった。

この「おもしろい」は、もっと関心が持たれて良い、興味深い変化が台湾政治に起こっているのですよ、ということを意図的にキャッチーな表現で述べたもので、「世界」の編集部も修正を求めてはこなかった。しかし、しばらくしてこの言い方がちょっとした波紋を引き起こしていることを間接的に知った。伝えてきたのは多分在日台湾メディア関係者かあるいは消息通の台湾留学生だったのではないかと思う。具体的な文言は覚えていないのだが、「おもしろいとは何事だ。われわれは命を懸けてやっているのだ」との趣旨の反発で、一方は台湾独立派、もう一方は在日の台湾政治警察関係者という対局にある立場の人たちだったという。上記のニュアンスが了解してもらえなかったわけであるが、独立派の人の反発はさもありなんと感じたが、政治警察の人も同じような反発をしたというのには、一種のブラック・ユーモアを感じた。

私の前に露出した国家というもの

どうもこの頃わたしは台湾当局の何らかの警戒リストに載ってしまったようである。これは事後に分かった。その分かったという正確な時期はよくわからないのだが、おそらく一九八八年か八九年頃、独裁者だった蔣経國総統が死去した（八八年一月一三日）後、まだ九〇年代には入っていなかった頃だと思う。もちろんそれまでに長期戒厳令は解除されていた（八七年七月一五日）。

その時、日本人の知り合いを介して、亜東関係協会（現台湾日本関係協会）駐日代表処の広報担当の責任者という人から会食に招待されたので指定のレストランに出掛けた。何の話があるのかと思っていると、談笑の間にその責任者は近年の台湾政治動向に触れてから、何気ない口調で「だから私はあなたのような国立大学の教授をそんなふうに扱うべきではない、と言ったのですよ」との趣旨のことを言った。これでようやくこの会食の意味が分かった。外国人を何らかの警戒リストに載せておいて、それをこのほど解除しましたとはあからさまに言うわけにはいかないから、彼はこういう形でたくみに台湾当局の私に対する扱いの変更の事実を告げたのであった。

ただ、私が台湾に渡航した際に、当局から何かされたということはまったくなかったから、何か変更があったとすれば、私にはあずかり知らないところで作成された監視リストから私がはずされたということだろう。もちろん、それなら私に何も言わないでおくこともできるので、なぜわざわざこういう機会を設けたのか、どこかから出た政治的指示によるものなのか、それとも情勢の変化を見た彼自身の判断なのか、今でも分からない。

ただ、私が何らかのリストに入っていたのはどうも確からしい。それからまたしばらくたった九〇年代初めの頃だと思うが、当時私の大学院のゼミに顔を出していた台湾の留学生が、駐日代表処の領事セクションにアルバイトしていた頃私のデータを見たが、そこには「マーク」が付いていたという。[*3]

こんな風に、間接的にではあったが、当時の「中華民国」という国家が私の前に、個別私に対して、露出したのであった。私という台湾政治研究者への「注目」に関しては台湾当局の出先機関の政治的警戒も当然に存在したということであろう。

ただ、似たようなことは、日本の政府も行っていた。これも正確な時間は思い出せないのだが、それは、私が初めて霞山会の午餐会の講演を依頼された時のことであった。霞山会というのは外務省ＯＢを会員とする長い歴史を持つ団体で、午餐会の出席者の大部分も元外交官であった。また同会は「東亜」という月刊誌を発行していて、同誌は東アジア各国の動向の観察・分析で定評がある。

その時、霞山会の担当者が講演依頼の電話をかけてきて、私が承諾すると、午餐開始の一五分前にまず事務所の方に来てくれという。霞が関の当時の霞山ビルの事務所に赴くと、事務所の片隅に衝立で仕切ってある応接コーナーに案内された。そこには、すでにダークスーツ姿の中年の男性二人が先に来て座っていた。型通りお茶が運ばれてから名刺交換となったのだが、その名刺を見て顔には出さなかったが少し驚いた。そのセクションまで記憶していないのだが、公安警察の人であった。記憶はもう消えてしまっているが、大した話はしなかったはずである。五分かそこらで二人はそそくさと辞して、わたしは午餐会の会場へと案内された。

その時わたしはこれが「面通し」というやつかも知れないと思った。政治的にセンシティブな地域のことを論じる人間が現れたら、とにかくどんな人間かできる限り直接に会ってチェックを入れておく、それも私個人に何か具体的な「容疑」があったからという訳ではない、外事公安警察の経常業務が淡々とこなされたということだったと、その後自分で勝手に了解したのであった。大げさに言えば、これもまた私という個人の前に日本という国家が露出した五分間であった。

台湾で論考が翻訳されるようになる、新しい人脈が広がる

一九八六年春だったと思うが、田畑書店社長の石川次郎さんという方から連絡があり会うことになった。同社には大学院生の頃のゼミで顔見知りだった台湾出身の徐邦男《じょほうなん》さんが編集者として入っていた。石川さんは、現代台湾に関するしっかりした本をすぐに出したい、台湾に明確な変化が始まっている状況で何もしなければ、おかしな報道・論調が日本のメディアに躍ることになる、是非すぐにやれ、と迫ったのである。

「現代台湾に関するしっかりした本」の必要は同感だったし、できれば書きたかったが、当時の私には無理であった。そこで、東京経済大学の劉進慶先生、一橋大学に職を得た友人の松永正義君にも声をかけ、前記徐さんも加わって共著を出すことにした。田畑書店のサポートで何回か勉強会と打ち合わせをして、原稿分担を決め、台湾の長期戒厳令解除後には何とか出版にこぎ着けた。それが田畑書店刊の『台湾――転換期の政治と経済』である。僭越《せんえつ》ながら「若林正丈編」とさせていただいた。

その翌年、台北の故郷出版社日本文摘叢書企画部というところから、若林正丈編『中日会診台湾　轉型期的政治』と『中日会診台湾　轉型期的経済』[*4]という二冊の本がいきなり送られてきた。

よく見ると上記『台湾――転換期の政治と経済』を二冊に分けて翻訳したものであった。発行日は一九八八年六月二五日となっていた。事前の連絡などは一切なかった。当時まだ台湾では著作権に関する法令が整わず、また日本との間でどうするかもルールが整っていなかったから、こういうことも充分有り得た。何はともあれ台湾の出版界と縁ができたわけであった。その後、日本文摘企画部を主宰していた洪美華《こうびか》さん（現新自然主義出版社長）には訪台の際にはあれこれとお世話になり、いろいろな人を紹介してもらった。

さらに田畑書店は、私の一九八七年から一九八九年三月までの台湾政治論の文章をまとめて『転形期の台湾――「脱内戦化」の政治』を出してくれた。これを台北の同じ出版社が翻訳して『轉型期的台湾「脱内戦化」的政治』と題して、中央研究院の張炎憲《ちょうえんけん》（一九四七―二〇一四）先生の序を付して出版した。張先生とは先生が東大留学中に面識があり、当時としては貴重な資料を提供していただいたこともある。訳者の一人何義麟《かぎりん》さんは張先生の学生でもあり、その後東大に留学して私のゼミに参加し、二・二八事件に関する論文で博士号をとり、さらに博士論文を元に上梓した『二・二八事件――「台湾人」形成のエスノポリティクス』（東京大学出版会、二〇〇三年）で第二〇回大平正芳記念賞に輝いた。

ともかくも、こうして私の台湾政治研究は台湾でも一定の反響を呼んだ。そしてそれを介してさまざまの人とのつながりも少しずつ広がっていった。その中で私は自分自身の台湾政治論の構築に進んでいくことになる。

9　台湾学術界の新しい流れに触れて――初めての台湾政治研究専著

理論書に引き込まれて電車を乗り過ごす

私は一九九二年一〇月、『台湾――分裂国家と民主化』と題する本を東京大学出版会から上梓した。初めての台湾政治研究の書き下ろしの専著である。この著作で私は、大平正芳記念財団環太平洋学術研究助成（一九九四年）とサントリー学芸賞（政治経済部門：一九九七年）をいただいて、自分自身についても、ひいては日本での台湾研究という学問領域の確立という面でも一定の自信を得ることができた。これがなければ、後年「日本台湾学会」結成（一九九八年）の旗振り役をする（第六章）ということもなかったかもしれない。その意味でも、私の台湾研究人生において重要な一里塚となった本である。

私自身の研究活動の流れから言えば、この著作は、一九八〇年代前半から始めた「選挙見物」を含む台湾政治動向観察と、これも同じ頃から始めた関連する政治学・社会学理論の、よく言えば「吸収の努力」、有り体に言えば泥縄式の「つまみ食い」の成果を、どうにかこうにか結合したものであった。

前者については、この本のあとがきの最後に「選挙を見に行った台北、台南、高雄、宜蘭、桃園、屏東、板橋などの町の街頭は、著者にとっての政治学の教室であり、民主主義の補習学校でもあった。そこで、顔をあわせ、あるいはすれちがったすべての人々に本書を捧げる」と、自身の感慨を記しておいた。

後者について、今でも強く記憶に残っていることがある。助教授になった一九八六年の秋、授業を終えて帰宅の前に大学生協の書籍部に立ち寄っていつもチェックする新刊本の棚を見ると『民主化の比較政治学』という本があった。タイトルが気になりそのまま買い求めた。当時権威主義体制から民主体制への移行研究で知られていたオドンネルおよびシュミッターという学者による著作の訳書だった。

早速つり革につかまりながら帰宅の電車の中で読み始めて、夢中になってしまった。一九八〇年代初めから観察してきた台湾政治の動向を理論的に活写しているような記述が次々と登場してきた。それはプロセスを要約する用語に現れていた。曰く「(権威主義体制実権派内の)タカ派の暴走と躓《つまず》き」、「(体制実権派が民主化・自由化を小出しにする)分割払いの民主化」、「(それによって権力維持を図る権威主義体制の)前方への逃走」、その一方の「(体制内保守派をなだめて改革を受け入れさせようとする)後退的正統化」などなど。気がつくと乗換駅をいくつも乗り越していた。その後の通勤生活で何回も電車の乗り過ごしはやっているが、理論の本を読んで乗り過ごしはこの時だけだったと思う。政治の展開過程に起こるあれこれのコンテキストを要約し、力強くつかんでいく概念の力を実感した瞬間だった。

猪口孝氏の学術的組織力

今振り返ると、私の著作の誕生は外部の力にも助けられていた。日本の学界の直接の事情で言えば、この時期東大出版会刊行の現代政治学叢書全二〇巻を編集するなど、政治学界に華々しく影響力を発揮し始めていた猪口孝教授（当時東京大学東洋文化研究所）の学術的組織力に乗ることができたことである。

まだ香港領事館に勤務していた一九八五年のある日、突然猪口氏から手紙が来た。パソコンも電子メールも普及していない頃、手紙は手書きで、たいそう読みにくい字で家人と一緒に解読してみると、台湾政治研究をやりなさい、そして単著を書きなさい、四〇歳代は体力、気力、研究力がそろって充実する年代でこの時期は書き下ろしを書くのに一番適しているとの趣旨だった。

その時はまだ具体的な話は何もなくて大学院衞藤ゼミ先輩の激励と受け止めていたのだが、手紙を受け取ってから二、三年たったある日、東京外国語大学の中嶋嶺雄教授が組織する東アジア比較研究に関する大型の科学研究費助成事業（科研）のひとつの班を猪口氏が担当するので、それに参加せよ、ついてはメンバーの顔合わせをするので集まってほしいとの連絡が来た。

会合の場所は確か東大本郷キャンパス横の学士会館分館で、メンバーは、猪口氏の他に、天児慧氏（中国）、鐸木昌之氏（北朝鮮）、服部民夫氏（韓国）、白石昌也氏（ベトナム）という顔ぶれだった。猪口氏の口上によれば、この会合は科研の研究班の顔合わせであるとともに、叢書出版の顔合わせでもあって、叢書全体のタイトルは「東アジアの国家と社会」、出版社は東大出版会。それぞれが専門の地域の現代政治について一冊書き下ろしする、前記の四者・四地域の他、日本政治は猪口氏、台湾政治は私が担当した。その後何かとお世話になった東大出版会の竹中英俊氏も出席していたと思う。

猪口氏からは何をどう書けといった指示は抽象的にも具体的にも何もなかった。ただ今ちょうど脂がのっているのだから専門の地域の政治について一冊書き下ろせ、出版社も決まっているぞ、というだけだった。科研に加えていただいたのもありがたかった。一年数十万に満たない配分の経費ではあったが、台湾渡航費がまかなえた。雑誌に書いてはその原稿料で台湾に行き、また書いては次の渡航を、という自転車操業はもうしなくてよくなったのである。

猪口氏は当時新しい政治学の流れを作ろうとしていたのであろう。それがどういうものだったのかを語る見識は私にはないが、政治学叢書を企画した後、今度は地域研究的アジア政治研究の学術空間を創出しようとし、その時私がちょうど台湾政治研究に取り組み始めていて目にとまったということである。私のほうでも、猪口氏が開いた空間を拠り所に、学術的台湾政治研究が存在するのだ、ということを示すことができたというわけである。

台湾の学知の新たな潮流から吸収する

本書を生んだもうひとつの学問的な外部環境は、台湾の学界の新しい潮流にあった。その潮流を代表していたといえるのが、私とほぼ同世代の呉乃徳《ごだいとく》氏と陳明通《ちんめいつう》氏のそれぞれの博士論文であった。一九八八年中か八九年三月の訪台の時であった。呉乃徳氏がシカゴ大学で政治学博士の学位を取った論文[*5]が、国民党一党支配の権威主義体制について優れた分析をしていて、「党外」の若手や院生の間で盛んに読まれていると耳にした。それを教えてくれたのは旧知の謝明達氏で、是非読みたいという私の帰国の前には何とかしようという。帰国前日に中山北路の国賓大飯店のロビーに来いとの連絡があり、謝氏が用事の途中に寄って論文を渡してくれた。論文のコピーは製本までしてくれてあった。

帰国の機内から早速読みふけったことは言うまでもない。呉乃徳氏の論文は、長期戒厳令下の人権抑圧など強い反発があってしかるべき国民党の統治がなぜ強い反抗に遭わないのか、という問題を設定して、それが政治警察による監視・抑圧システムだけではなく、人々が反抗しにくい「体制による贔屓分配システム」を国民党が作り上げていたからだとした。団体を組織しやすい労働者については、ピラミッド型の労働組合を作って上部団体に国民党幹部を送り込んでコントロールした。青少年については蔣経國が主任を務める青年反共救国団の組織を高校のクラス編成にかぶせてしまい、高校生の休暇などにおける野外活動に便宜を提供するとともに、その活動を救国団が取り仕切った。呉氏はこれらを「脱動員的コーポラティズム（協調主義）」だとしている。

一方、直接に浸透しにくい農村については、戦後の地方公職選挙を通じて形成されてきていた「地方派系」（地方派閥）をさまざまなやり方でコントロールして、国民党が地方選挙で圧倒的な成績で勝ち続け得る選挙クライアンティリズム（恩顧主義）のシステムを作り上げたとした。これは折から党外の台頭で「選挙」という制度が空前の注目を浴びるようになっていた権威主義体制の動揺期に、国民党一党体制下地方政治の構造解明にひとつの理論的基礎を与えることとなって、台湾の大学では八〇年代末から各地の「地方派系」の選挙活動に入り込んで地方派系論を展開する修士論文が多数生産されることになった。

陳明通氏の研究[*6]もこの流れにあったが、しかし、彼のやり方は、特定の「派系」に入り込むというのではなくて、日本植民地期の各種地方名士鑑といったものを始めとして、戦後の新聞に乗った地方名士の葬儀委員名簿などまで徹底的にデータを収集し分析することで、全台湾の地方派系の構造を、台湾省議会議員選挙を中心に実証的に描き出す仕事をやってのけたのである。陳明通氏に関しては、私は人を介してアポをとり直接に話を聞きにいった。

これについては奇跡的に場所と日付が分かる。場所は台湾大学政治学科がある同大法学院の胡《こ》佛《ふつ》教授研究プロジェクト室、日付は一九八九年一二月七日であった。私のほうに記録はないのだが、その日どういうわけか政治学科の学部生の洪郁如《こういくじょ》さんがいて、私が彼女に自著を贈呈し、署名と当日の日付を書きこんでいた。洪さんはその後東大の私のゼミに来て台湾近代女性史研究で博士号をとり、今は一橋大学教授として後進を育てている。その時の贈呈本を、洪さんが研究室の片隅から見つけだしてくれた。

他にも社会学者張茂桂《ちょうもけい》氏や香港で知り合った蕭新煌《しょうしんこう》氏のエスニシティ論や社会運動論など、同時期の台湾学者から学んだところは多々あったが、この二人の論文を読み終わった時、「ああ、これで書けるな」との思いが湧いたのを今でも覚えている。

民主化は民主化に止まらない、とはよく言われることだが、その後の政治体制の民主化においては、「全中国」を代表するという虚構の上に作られた政治構造が一つ一つ崩れて台湾しか統治していないという現実に見合った政治制度が小刻みな改革、まさに「分割払いの民主化」として実現していく。そして有権者の政治意識もそれにつれて変化していった。

その後私はこのような民主化が民主化に止まらない政治構造変動を「中華民国台湾化」と呼ぶ

ようになった。私が着目したのは政治正統性、政治エリート、政治制度、さらには住民のナショナル・アイデンティティなどを内容とする政治構造の変動であったが、今振り返れば、学知の領域においても、八〇年代の政治自由化の胎動とほぼ同時に「中華民国台湾化」とも言うべきものが力強く胎動していたとも言えるのだろう。

私の最初の台湾政治研究専著は、この学知の新たな潮流の初期の成果に多くを負うものとなった。それは逆に言えば、その胎動を日本の知識界に紹介することとなり、さらに二年後には台北で畏友呉密察君の監訳で中国語版[*7]も出たことから、この学知の「中華民国台湾化」の初期状況を鏡に映すように台湾の人々の前に展示することができたのだと思う。

＊1 「公学校」とは、日本植民地下の台湾漢人子女のための初等教育機関。本国文部省ではなく台湾総督府の管轄下。在台日本人子女は文部省管轄の小学校に通った。

＊2 座談会の詳しい内容は当日も参加した坂井臣之助氏が起こしてくれたテープから私が翻訳・編集して「中国研究月報」四七〇号（一九八七年四月）に「台湾の新野党・民主進歩党は語る」と題して坂井氏と連名で発表した。

＊3 本書第一部がほぼ脱稿した頃、本章第3節に言及した「台湾の政治犯を救う会」の研究をしている許仁碩氏（北海道大学）より、同会に関する国家安全会局の檔案の中にわたしの名前に入ったものが見つかったとのお知らせをいただいた。わたしが同会主催の講演会で講演したことを報告するもので、報告の日付は一九八七年一二月八日、長期戒厳令解除後数ヶ月の時点のものなので報告先はすでに戒厳令実施機関だった警備総司令

部ではなくなっていた。わたしは確かにその頃新宿区早稲田にある早稲田奉仕園というところで講演をしたことがある。これも当時のわたしに確かに「マーク」がついていたことを示すものだろう。

＊4　「中日」の「中」は「中華民国」を指す。当時は「台湾」の中華民国を「中国」と呼ばねばならないという国民党政権のドグマに基づく言い方が崩れておらず、台湾と日本の関係も台湾側では「中日関係」と呼んでいた。「中日会診台湾」とは、日本人学者と（在日の）台湾出身学者が一緒に台湾を診断するという意味であった。

＊5　Wu,Nai-teh, The Politics of a Regime Patronage System: Mobilization and Control within and Authoritarian Regime, Ph. D. thesis, Dpt. of Political Science, University of Chicago, 1987.

＊6　陳明通「台灣地區政治菁英的參選行為——歷屆省議員候選人的分析」國家科學委員會專題研究計畫報告，台北，國立台灣大學政治學研究所、一九八九年。この論文に整理を加えて翌年同氏の博士論文となった。

＊7　若林正丈（呉密察監訳、許佩賢・洪金珠訳）『台湾　分裂国家與《と》民主化』台北：新自然主義公司、一九九四年。

第五章
民主化と「バランサー」李登輝の闘争――「憲政改革」の政治過程を見つめる

1 「若林の選挙コメントを聞け」――李登輝との初接点

台湾政治の激動期を迎える

一九八六年九月、蔣経國が野党民主進歩党の結成を容認してから、台湾の政治は激動期に入った。その頃東大助教授のポストを得たわたしは、その激動の節目節目で求められるままに時事評論的な文章を発表しながら、自身の学術的台湾政治研究の足固めを進めていった。

ここで台湾政治民主化の政治史を整理しておこう。一九七九年末の美麗島事件から八六年の民進党結成までが、国民党一党支配の権威主義体制の動揺期、そこから八七年の長期戒厳令解除、中華民国憲法修正による政治制度の修正、それに基づく国会の全面改選の実施などを経て、一九九六年初めての総統直接選挙が実施されて民主的政治体制が最終的に成立するまでの一〇年間が権威主義体制から民主体制への移行期、つまり民主化期である。九六年以後はポスト民主化期ということになる。

民主化期が政治的激動期であったというのは、新しいルールの下で国会や総統の選挙が行われ、政治エリートの一大再編が行われたというばかりではない。独裁者の死が惹起した国民党内の政治的激震が重なったからである。

政治的自由化開始の重い決断を果たした蔣経國は一九八八年一月一三日死去した。長年患った糖尿病に勝てなかったのである。中華民国憲法の規定に則って副総統の李登輝が蔣経國の残りの任期の総統職を継ぐことになったが、果たして国民党内に激しい権力闘争が勃発した。

後知恵から言えば、蔣経國の死後、副総統の李登輝が実権を持つリーダーになるはずという、先に紹介した「李登輝＝サダト論」は、当たっていたことになるが、もちろん、そんな結果が最初から見通せたわけではなかった。本省人で蔣経國時代の国民党体制の従属的エリートでしかなかった李登輝が憲法の規定に沿って総統になったからといって実権を握れるのか、握れるとしてどの程度のものか、その権力をどのように運用するのか。ポスト蔣経國の国民党内権力闘争の帰趨とすでに突破口が開いていた民主化の行方とがない合わさってしまう政治過程が八〇年代末から九〇年代中ごろまで続いたのである。

もちろん私は一介の学者であり外部の観察者にすぎなかった。それでも、台湾政治に急速にその存在感を高めていった李登輝との接点はやはりわずかながら生じた。

逃していた面会のチャンス

私が助手の時、台北市長の李登輝への紹介を持ちかけた先輩学者がいたことを前章で記した。改めて記憶を整理してみると、その学者は山田三郎先生だった（当時東京大学東洋文化研究所教授）。先生は農業経済学者（主著『アジア農業発展の比較研究』）で、同じく農業経済学者でもあった李登輝と国際会議の場などで知り合っていたと思われる。日本語で学術的会話もできる関係だったはずで、学者の卵であれば紹介状を書くことくらいは問題なかったのだろう。

紹介の申し出をいただいた時期は、おそらく一九七九年秋。私も加入していたアジア政経学会という学会の年度大会のことと推測できる。翌（一九八〇）年春休みに七年ぶり二回目の台湾旅行を計画中だった。それは美麗島事件発生の直前というタイミングだったが、当時の私は同時代の台湾政治への関心は芽生えてはいたがまだまだであったらしく、台北市長に会うという内的動機に乏しかった。台湾政治への関心は、ようやくその二回目の台湾旅行で確固として生まれることになるのである。

ただ、逃した魚はいつも大きい。会ってどんな話題になったかはともかく、司馬遼太郎が「山から伐りだしたばかりの大木に荒っぽく目鼻を彫ったよう」（『街道をゆく40 台湾紀行』）と形容した李登輝という人物の生のオーラを、彼が最高権力者になる前に直に感じる経験があれば、何かが違ったかもしれない。若いときは、視野は狭くても感受性は強い。言葉にならない感触をそこでため込めていたら、ひょっとしてその後の台湾政治の見方がもっと幅広いものになっていたかもしれないと、今でも思う。

初めての接点は、間接的な問答

私が同時代台湾政治研究に集中するようになってから李登輝との接点が初めて生じたのは、この逃したチャンスの一〇年後であった。実はこのことは、二〇〇八年に出した著書『台湾の政治　中華民国台湾化の戦後史』（東京大学出版会）の中で注釈の形でそっと披露している。李登輝が総統を退任して八年がたち、公開しても問題なしと判断したのである。時は一九八九年一二月、台湾で最後の増加定員選挙となる立法院議員と県市長の同時選挙が行われた直後のことであった。まずはその注釈をそのまま引用する。

「一九八九年末選挙の現地観察を終えて帰国すると、筆者は当時の亜東関係協会駐日代表処［現台湾日本関係協会駐日代表処］副代表の鍾振宏《しょうしんこう》氏から面会を求める電話が何回も留守宅にあったことを知った。連絡をとって面会すると、李登輝総統本人から直接の電話があって、選挙結果についての筆者［若林］のコメントを聞け、との指示であったという。筆者は国民党の総得票率が六割を切ったのは、国民党がマスメディアを握り、民進党とは比べものにならない組織力と財力を持っている状況では、事実上の敗北だろう、との趣旨を述べた」（前掲書、四三一頁）

鍾振宏氏は、政府の広報系統を歩んできた人で、李登輝が台湾省政府主席在職時には省政府の新聞局長（広報局長）を務めたことがある。当時の外交系統の中では数少ない李登輝の腹心の一人であった。したがって、同氏を通じての情報収集は李登輝個人ルートによる情報収集であると言える。権力者が政府、情報機関、党などの公式ルートから上がる情報の他に、個人の人脈を使って別ルートからの情報を求めるということはよくあることである。かなり後になってこの時李登輝がアメリカ人ウォッチャーの見解も質していたことを知った。私はそういうルートの宛先の一人だったわけである。

近づく重大政治日程を前に

後知恵であるが、この時期李登輝は極めてクリティカルな政治的決断を迫られていたのだと思われる。私は前記二〇〇八年の著書では「李登輝は遅くとも八九年末選挙後には、オポジションとの再交渉によって民主化を推進することを具体的に決意していたものと思われる」との推測を述べ、その根拠のひとつとして前引の注を付したのだった。

在職中に死去した蔣経國から受け継いだ李登輝の総統任期は一九九〇年五月までだった。その前に、三月には、大多数の非改選の「万年代表」に「増加定員選挙」で選出された少数の代表が混じる旧制度のもと、国民代表大会による正副総統選挙が予定されていた。また、その前には、国民党の中央常任委員会や中央委員会が国民党としての正副総統候補を決めることになっていた。

こうした重大政治日程を前に、政権の各セクターに影響力を持つ外省人要人も動きはじめ、ポスト蔣経國直後の国民党要人間の相互牽制の均衡は崩れようとしていた。その一方、野党民進党は、蔣経國の最晩年から死去直後にかけて制度化されていった制限付きの自由化（新規政党は「台湾独立」を主張してはならない）と微温的な政治改革（退職金を支給して自発退職を促す形で「万年国会」を解消する）に不満であり、さらには憲法の重要条項を棚上げし苛烈な治安法制の根拠となってきた「叛乱鎮定動員時期臨時条項」の廃止が提起されていないことにも大いに不満であった。そのことは、戒厳令解除の頃から、台北の街頭が各種の政治・社会改革の要求を掲げるデモ・集会の波に洗われ続けていたことからも明らかだった。

「実権総統」への決断

一九九一年の夏頃、亜東関係協会駐日代表として赴任してきた許水徳氏から日本語で、李登輝は「丸腰で総統府に入った」とのコメントを聴いた。外省人エリートからすれば、李登輝は蔣経國がその政治戦略から抜擢した本省人の従属エリートにすぎなかった。上記の私の推測のごとく、蔣経國のお墨付きのある微温的改革を否定してオポジション（反対勢力）との再交渉に入ろうとするなら、外省人エリートが期待した「暫定総統」、「傀儡《かいらい》総統」ではなく、自分自身が独自の交渉力を持つ「実権総統」にならなければならない。そのための対決の時はすぐそこに迫っていた。あえて李登輝の内心を忖度すれば、それはまさしく「清水の舞台から飛び降りる」決断だったように思う。ただ、この決断がなければ、後に「Mr.Democracy（民主先生）」と称えられる李登輝もなかった。

とはいえ、以上は私自身が確からしいと思う推測である。チャンスはあったにも拘わらず、この時の間接的質問について李登輝本人にも鍾振宏氏にも確認することを怠っているうちにお二人とも鬼籍に入ってしまった。自身の不明を恥じるしかない。このように間接的な単一方向の問答ではあったが、これが李登輝と私の最初の接点であった。まもなく、直接言葉を交わす機会がやってくることになる。

2 「私はバランサーですよ」――初めて総統府に入り、初めて李登輝に会う

開いた「パンドラの箱」

右に述べた一九八九年一二月の選挙後の思いがけない「間接対話」の後、一九九一年七月第三回アジア・オープン・フォーラムに日本側メンバーの一員として参加した私は、李登輝本人と初めて直接に対面し言葉を交わすこととなった。この間の約一年半、台湾政治は大きく動いていた。この時までに李登輝は、党内闘争に初歩的に勝利して「実権総統」になり、その中道改革路線の下で、三度の憲法修正を経て民主体制の構築に至る「憲政改革」が動き始めていた。

このプロセスを簡単に振り返っておくと、一九九〇年二月の次期正副総統の国民党公認候補を決める党中央委員会総会では、党組織に影響力が強い李煥行政院長（首相に相当）らの妨害を排して自身が指名した副総統候補を受け入れさせ、三月の国民大会で林洋港監察院長（本省人政治家中の李登輝のライバル）と蔣緯國国家安全会議秘書長（蔣経國の異母弟）を正副総統に擁立する

動きも抑え込んで総統続投を決め、蔣経國の残任期間ではない自分自身の以後六年の任期を手に入れた。

台北市中央部の蔣介石記念広場（中正紀念堂）で展開されていた学生・市民の民主化要求のハンストと座り込み（野百合運動）に対しても、民主改革のためのコンセンサス形成のための「国是会議」の招集および五月の総統就任の際に政治改革の時間表を提示することを約束して、抗議活動の平和的解散を導いた。

さらに、一九九一年四月に国民大会（旧制度）が招集され、「叛乱鎮定動員時期臨時条項」の廃止を決定し、かつ「万年国会」全面改選の選挙方法の大枠をも決定する憲法の「増修条文」を制定した（第一次憲政改革）。

前述のように、「臨時条項」とは、中国共産党との内戦状態にあることを理由に一九四八年に国民大会が制定した一種の憲法棚上法令である。政治犯摘発に威力を発揮した特別刑法（「懲治叛乱条例」など）の法源でもあり、いわゆる「万年国会」全面改選阻止の法源でもあったから、政治的自由化と民主化の実現に避けて通れない措置であった。

ただ、私は当時、この措置で別の流れも強まるのではないかとの予感があった。この条項の名称に言う「反乱」とは中国共産党の中華民国に対する叛乱を指す。中国共産党は叛乱団体であり、中華人民共和国は不法な政治体であり、中華民国こそが正統な中国である、という論理によって、「叛乱鎮定動員時期臨時条項」は台湾にある中華民国に法的に明確なアイデンティティを与えていたことになる。

これを廃棄した今、中国大陸に存在する政治体とは叛乱団体でなければ何なのか、翻って、台湾に存在する中華民国とは何なのか、という台湾の政治アイデンティティについての根本的問いが、中国との現実的関係のマネジメントと法的枠組形成とからんで湧き上がるに違いない。この措置は、「党外」の「民主自決」のスローガンとともに八〇年代から兆していた台湾のアイデンティティの政治の「パンドラの箱」を本格的に開けてしまうものになるのではないか。こういう予感を当時の時事評論にも書いた。実際にも台湾政治はそのような展開になり、李登輝こそその最大のプレーヤーとなっていったのだった。

アジア・オープン・フォーラム

話を元に戻そう。アジア・オープン・フォーラムは、李登輝が旧知の中嶋嶺雄（一九三六―二〇一三年。当時東京外国語大学教授）と一緒に始めたセカンド・トラック（民間外交）の大規模な日台交流のプラットフォームである。台湾側では政治大学国際関係研究センターが主催団体となり、日本側は「日本アジア・オープン・フォーラム」の名義で運営された。世界の主要国と公式の外交関係を持てない台湾にとっては、こうしたプラットフォームはとりわけ重要であった。

フォーラムの第一回は一九八九年台北で幕を切り、第二回は東京で、以後台湾と日本とで交互に開催され、二〇〇〇年一〇月の第一〇回で終了となった。日本での開催時に李登輝総統の参加を実現するのが中嶋先生の、また台湾側の悲願でもあったが、実現しなかった。総統在任中はともかく、総統退任（二〇〇〇年五月）後の中嶋先生の故郷で開催となった長野県松本市での大会にも出席はかなわなかった。中嶋先生はさぞ無念であったと思う。

私は、八〇年代末頃から現代台湾研究会と称する月一回の勉強会を職場である東大駒場の部屋を借りて開いていた。確か第二回のフォーラムが行われた後だったと思うが、台湾の新聞でこのフォーラムの存在を知り、おそるおそる中嶋先生に勉強会講師のお願いの電話を入れたところ、快諾していただき、フォーラムに関するお話を勉強会で伺ったことがある。おそらくそんな縁もあり、第三回の台湾での会議の際にメンバーに加えていただけたのであろう。

手元にこの時のパンフレットがある。巻末の日台参加者の名簿を今めくってみると、この間に流れた一世代の時間の速さに感慨を覚える。中嶋先生は李登輝よりも一足早く鬼籍に入られた。若手で言えば、例えば、その後「九二年コンセンサス」なるマジックワードを発明して、陳水扁民進党政権第二期（二〇〇四―二〇〇八）から馬英九《ばえいきゅう》国民党政権（二〇〇八―一六）にかけての中台関係に大きな影響を与えた蘇起《そき》氏が当時は主催団体の国際関係研究センター研究員をしていて、会議運営スタッフの一人として名を連ねていた。また名簿の末尾には、今や八面六臂の活躍をしている国際政治学者の松田康博東大教授の名も見える。当時は慶應義塾大学の大学院生で通訳として会議のスタッフだったのだ。

「総統のお成ーり！」

今となっては自分でも判読困難な部分の多い当時のメモには「一七：四〇」と記してある。日本側メンバーは七月一九日午後台北に到着するや、翌日からの会議に先だって総統府に呼ばれたのである。もちろん私にとっては総統府（日本植民地時代の台湾総督府）の建物に入るのは初めてであった。

会見室に入り儀典官の指示の順に並んで待っていると、まもなく入口付近に直立していた儀典官が「總統莅臨《ゾントンリーリン》！」と声を張り上げた。日本語にすればまさに「総統のおなり！」である。蔣家父子二代の宮廷政治の匂いを一瞬嗅いだ気がした。

総統は随員を伴って笑顔で入ってくると、中嶋先生が付き添って日本側のメンバーの紹介が始まった。私の番が来て中嶋先生が紹介すると、「あなたの論文は読んでますよ」と大きな声で言われてビックリした。意外ではなかったが、こういう場で大きな声で言われたのに驚いた。後で考えるに、これが彼のお客さんへのサービス精神の発揮だったのかもしれない。

その後総統からの歓迎のあいさつがあった。内容はこのフォーラムの意義を強調するもので、中国語の原稿を型通り読み上げ、それを当時は行政院新聞局員だった筑波大学出身の邱榮金さんが型通り通訳した。それからは日本側メンバーが質問してよろしい、ということになって、以後全部通訳なしの日本語での会話になってしまった。総統は、日本語で話すほうがリラックスした感じだった。すぐ横には日本語が分からないはずの総統府参軍長の蔣仲苓将軍が控えているのだが、それは意に介しない様子だった。

「私はバランサーですよ」

しばらくシニアなメンバーと総統との会話が続いた後、中嶋先生が私に質問の順番を振ってくれたので、冒頭に記したような経緯を念頭において、おおよそ次のような質問をした。「民主化が始まりマスメディアでも台北の街頭でも、台湾の政治の未来について様々な主張がなされ、また争われている。総統は国民党主席でもあり、野球で言えば、プレーヤーとアンパイアを一人で同時にやらなければならないように見えるが、ご自身はどのようにお考えであるか？」

これに対して李登輝は、開口一番「私はバランサーですよ」と語った。まさに日本語でこのように述べたと、これだけははっきりと記憶している。その言わんとしたところは、先の心もとないメモを元に敷衍すると、現状は既得利益や伝統的考え方と新しい主張とが争っており、民主政治は民意を基礎とするのが原則だが、一〇〇パーセントそのようにはできない。改革は最初からこうあらねばと決めてやるより、模索しながらやればそのプロセスの中から適切なものが出てくる――といった趣旨の発言だったと思う。メモにはまた「本当の綱渡り」という言葉も記してあるので、流動化が見られる政治バランスのなかでリーダーシップの確立に苦心していることもうかがわれた。

これが李登輝との直接に言葉を交わした最初の経験だった。本人から「バランサーですよ」との言葉を聞いたことは、すでに始まっていた「憲政改革」の観察にとっては大きな収穫だった。

3 「あなたの本には正確でないところがある」——初めての李登輝単独会見

一時間半に及ぶ単独会見

李登輝は、党内の政争を勝ち抜き、並行していた「野百合運動」（民主化推進要求の学生のハンストと市民の座り込み）を平和的に解散させて、一九九〇年五月二〇日には六年任期の総統職に就いた。その後も「国是会議」を招集し、①「叛乱鎮定動員時期臨時条項」の廃止、②それまで官選だった台湾省、台北市、高雄市の首長の民選化、さらに③総統の民選化（国民大会選出ではなく）などの重要なコンセンサスを得た。これは長期戒厳令解除後、蔣経國総統の晩年に国民党エリートが合意していた改革の枠を明白に破るものだった。時には慎重に、時には大胆に、民主化を推進していた李登輝との再会は、一九九二年七月にやってきた。

大学が夏休みに入ると私は早速台湾に出かけ、李登輝総統との単独会見が実現した。当日のメモには、「九：二〇—一〇：五〇」とある。一時間半もの間、ほぼ李登輝の独演会であった。それだけのことがその二、三年の台湾政治に起こっていたからだとも言える。

アジア・オープン・フォーラムで私が初めて李登輝に会ったあと、九一年末に国民大会代表の初めての全面改選が挙行され、次いで九二年春には全面改選を経た新制度の国民大会が招集され、第二次憲法修正として、国是会議コンセンサスの②と③の一部分とが確定した。③の一部分というのは、総統の「民選」は確定したものの、具体的方法は、さらに憲法修正を行って現職李登輝の任期の切れる一九九六年までに決定することとなったからである。

そうなったのには、総統直接選挙を推進しようとした李登輝の一時的挫折があった。第二次改憲国民大会招集に先立って行われた国民党中央委員会総会で「総統直接選挙」に党内の合意が得られなかったのである。単独会見で李登輝はこの点についても語ってくれた。

私の評論への評論

二度目の総統府。今度は正面玄関に車で乗り付けるのではなく、側門から荷物検査を受けて入ったのだったと思う。総統の公務ではないとの判断だろう。案内された小さな会見室で待っているると、李登輝は入ってきてあいさつが終わるなり、開口一番「あなたの本で正確でないところがある。あなたが来るから読み返してみたんだ」と言った。

後で点検して見るとその「本」というのは、一九九一年二月刊の『台湾海峡の政治』(田畑書店)で、当日の話に該当しそうなのは、「李登輝の持ち時間」という時事評論であったと思われる。原載は「世界」九〇年六月号だから、李登輝の新任期総統就任に合わせて書いたもので、まだ「国是会議」は開かれておらず、また李登輝が誘導した「憲政改革」(後述)の道筋も見えていないというタイミングで、李登輝の民主化リーダーシップのその後の展望を試みたものだった。

今読み返すと、「政治家李登輝は「権威主義的」現象(独裁者蔣経國の抜擢により統治エリートの仲間入りした)から生まれながら、その体制を否定する(民主化)ためにリーダーシップを発揮しなければならない」(一三六頁)と、一九九一年初対面時に李登輝の「バランサーですよ」の返答を引き出した質問（前節）に繋がる認識を語りつつも、九〇年二月から三月にかけての国民党内権力闘争と「野百合運動」については、触れてはいたがその経緯や背景については突っ込んだ分析はできていなかった。「国是会議」開催のアイデアについても「野百合運動」の要求に従ったものとしていた。

李登輝が「正確ではない」と言いたかったのは、権力闘争の内情や国是会議に対して、著書で示した私の認識だった。彼がこの日まず言及したのは、九〇年三月の国民大会での林洋港・蔣緯國擁立の一幕（「三月政争」）であった。要点は、その一幕が、李煥行政院長（当時）が仕組んだものだったというにあった。李煥は、前記二月の国民党中央委員会総会で李登輝に挑戦した要人（彼らはすぐさまメディアで「非主流派」と呼ばれるようになった）の一人で、党務系統に強い影響力があった。

国民大会で林洋港・蔣緯國の正副総統候補擁立の旗振りをしたのは、政治警察出身の鄧某という国民大会代表だったが、李煥が裏で動員したのだという。ただ李登輝側（「主流派」と呼ばれた）にはすでに五〇〇人を超える代表の支持署名が集まっていた。実は林洋港も蔣緯國も立候補には積極的ではなく、李煥に引っ張り出されたのだ。最後は林洋港が国民党内の主立った本省人（「八大老」と称された）に説得され立候補を取り消す形で「三月政争」は決着したのだが、李登輝によれば、そもそも本人はやる気がなかったのだから、茶番劇に過ぎなかったのだという。

「国是会議は無血革命」

ハンスト学生との会見（三月二一日夜）で約束した「国是会議」も、彼らが要求したから応じたというわけではなく、李登輝自身にその考えはすでにあった。三月一七日、「中国時報」が国是会議の開催を求める意見広告を載せたので、総統府秘書長李元簇（李登輝の副総統候補）を通じて社長の余《よ》紀忠《きちゅう》（当時国民党中央常務委員）にその意があることを伝えていた、と李登輝は指摘した。

また、この国是会議の意義を、李登輝は強調した。私は一九九七年刊の『蔣経国と李登輝』（岩波書店）にその趣旨を次のように引用している。

「政治改革十二人小組の副招集人をしていたとき、小組の年寄りたちには改革をやる気がまったくないのがわかった。大衆は改革を望んでいた。だが、国民党内の力ではダメだった。だから、国是会議は、一種の無血革命だった」（同書、一九三頁）

「政治改革十二人小組」とは、一九八六年三月長期戒厳令と「党禁」（新規政党結成禁止）などの政治的自由化断行を決断していた蔣経國が、国民党中央常務委員に作らせたタスク・フォースで、最長老の厳家淦元総統（蔣介石死去後副総統から就任し残任期間を務め蔣経國に譲った）を招集人に任命していた。副招集人を命ぜられていた李登輝は、厳家淦ら外省人要人の「やる気のなさ」を実感し、国民党の外の力を使わないと党は動かないとの判断を早くから持っていたのだ。

とはいえ、民進党や在野勢力の「広場の政治」の力のみでやれるとも見ていなかった。現行体制内で依然力を持つ国民党を動かすべく、前記のように国是会議の後は、政治改革を「憲政改革」と定義し、改憲案作りを国民党内に作った「憲政改革小組」に限定してしまった。その理由を、私との会見で李登輝は「国是会議のコンセンサスの実現は、国民党内でやらないと実現は無理だ。双方（民進党と党内「非主流派」）が不満だが、社会の安定のため体制内でやるのだ」と説明した。

だが、こうした妥協は党内の非主流派に利用されつつあった。そのため「憲政改革小組」では、総統「民選」方式の議論が「委任直選」に傾いた。これは、有権者の直接投票で選ぶ「総統直選」ではなく、何らかの方式で正副総統選挙人を選ぶという、なかなか分かりにくい案だった。「委任直選」なるものがアメリカ式の直接選挙とほとんど変わらない選挙人選出方式になるのか、国民大会のような会議で選出する方式の変種になるのかそもそもはっきりしなかったが、党内の非主流派としては、「総統直選」にすると、総統はより実権を持つ総統となり、何よりも「台湾総統」になってしまうと恐れたのであろう。李登輝は党内のこの流れを嫌ったのだ。

前述のように、李登輝は九二年一月に急遽《きゅうきょ》「総統直選」方式採用を提案したが、翌月の党中央委員総会で反対が噴出し決定を見送った。会見では、採決すれば勝つことは分かっていたがとした上で、「総統直選」を提案したのは、民衆は「直選」を支持しており「委任直選」という分かりにくい案では、年末に予定されている立法院議員の「全面改選」で負けてしまうからであり、その一方、あの時点で「直選」で押し通せば、党が分裂してしまう、来年になれば民意が変わってくるから、無理押ししないほうがよい、と判断したのだと、総統府での会見で私に語ったのである。

民意の「半歩先」を行くリーダーシップ

李登輝は、すでに起動してしまった「憲政改革」の展望については楽観的だったのだと思う。年末の立法院議員全面改選後には実際にそうなり、非主流派との力関係も李登輝有利に転じて、九四年の第三次改憲ではさしたる紛糾もなしに「総統直選」が決定している。

この時の会見ではさらに、「叛乱鎮定時期臨時条項」廃止後の「大陸（中国）政策」とナショナル・アイデンティティの問題について、九〇年夏に定めた「国家統一綱領」（中国側に台湾が政治実体であることの承認を求め、それに応じて段階的に中国との交流を拡大する）を引いて、自分の方針は「執中治国」（中道を執って国家を治める）だ、「急独」（中華民国を否定する急進的独立路線）も「急統」（今すぐ統一に向かうステップを開始する）

李登輝総統と著者、総統府会見室にて（総統府提供）

の方向も取るべきではない、と中道路線を明言したのだった。

後知恵だが、慎重に民意を読み取り、急進せず、時に少々後退してでも変動する状況のなかで自分を「中道」の位置に保ち、そして可能と判断すれば民意の「半歩先」を提案して引っ張っていく。これが民主化期の李登輝のリーダーシップのスタイルだったと思う。時の勢いがそれを可能としていたのだった。

4 「台湾人の心、日本人のやり方、西欧の政治思想、中国式の皇帝」——一九九〇年代、台湾人の李登輝像

陳水扁の李登輝観

台湾政治の一九九〇年代は李登輝の時代だった。もうひとつだけ李登輝についての回想を書く。

一九九二年七月二一日、前回記した「あなたの本には正確でないところがある」と言われた李登輝との初めての一対一の面会の直前のことだが、私は、二〇〇〇年に台湾総統になる陳水扁とも初めて会って李登輝観を聞いていた。当時民進党の立法院議員で、通称「青島会館」と呼ばれた台北市青島東路にある議員会館の狭いオフィスを訪ねた。その後民進党議員に限らず立法院議員のオフィスは何回か訪れたが、皆狭くて部屋というよりは「コーナー」だった。

その狭いオフィスのドアを開けて部屋に入れてくれたのは、当時陳水扁の「国会助理」の羅文《らぶん》

嘉《か》だった。彼は陳水扁が台北市長に当選すると市政府のスポークスマンを務めるなど、陳水扁の片腕として活躍して台頭した。

陳水扁の名前は、美麗島事件被告弁護士から転じて事件後一九八一年の地方選挙で台北市議員に当選して頭角を現した当時から承知はしていたが、政治家として強い印象を受けたのは、「増加定員選挙」の最後となった一九八九年の立法院選挙の時だった。例によってその時も私は「選挙見物」に出かけていて、選挙戦最後の日の台北の新聞（確か「自立晩報」だった）を見てアッと思った。陳水扁が「義無反顧喊台獨」（義によって後顧することなく台湾独立を叫ぶ）という広告を打ったのである。確か第一面の半面広告だった。

この選挙では各種の「台湾共和国憲法草案」が散布されるなど、民進党陣営内で「台湾独立」を公然と叫ぶものが多く、そのことが民進党陣営には一定の盛り上がりをもたらしており、一方で検察当局は次から次へと国家安全法違反を立件していた。しかし、陳水扁の新聞広告を見た時、彼が「台湾独立」の主張をついに表に出したというよりは、この人は勝負師だという感触が先に立った。ここがそのタイミングだと判断するやリスクはあっても思い切った行動に出ることができるという意味での機会主義者（オポチュニスト）だという感じだった。陳水扁はキャンペーン最後の局面でこの広告を打って当選を固めようとしたのだと、私は当時判断した。その後一九九四年の台北市長選挙、二〇〇〇年の第二回総統選挙と、国民党の分裂を利して三つ巴の大きな選挙を勝利して民進党を政権の座に導いた、「選挙で身を起こした党」の「選挙に強い陳水扁」のイメージは、私にとってはここから始まっている。

さて、その日青島会館で、陳水扁は、李登輝を語るのにその権力基盤のほうからコメントした。李登輝は自身の「班底」（政治的追随者のグループ）を持たないから、国民党内の権力基盤が弱い、だから本省人であるにもかかわらず、やむなく外省人が聞きたい話を口にするのだ。しかし、彼が言う「中華民国は主権独立の国家だ」という言い方には人民の支持がある。李登輝支持のムードは民進党の中にもあるのだという。

「やむなく外省人が聞きたい発言をする」というのは、明らかに本省人である李登輝には別の本音があるのだという陳水扁の側の忖度《そんたく》であろう。このような忖度は陳水扁だけのものではなかった。そのあたりを見透かされて当時国民党の反李登輝派からは、民進党の「李登輝コンプレックス（李登輝情結）」と揶揄《やゆ》されていたのである。つまり、陳水扁の李登輝観は当時の標準的な民進党的李登輝観だったのだが、その権力基盤から語り出すところに陳水扁らしさがあった。

「李登輝は汚水で泥濘を押し流した」

翌年（一九九三）八月訪台時に八〇年代から折に触れていろいろ教えてもらっている旧知のジャーナリスト司馬文武氏に会って、興味深い李登輝観察を聞いた。それは私に一種総合的な李登輝理解を与えてくれた。

総統直接選挙制度の決定をめぐって国民党内の反発を受けて一旦後退を迫られていたが、私が会ったときの李登輝は楽観的な展望を持っていた。そしてその見通しの通り、一九九二年末に立法院で全面改選が実施され、いわゆる「万年議員」が総退職すると、政治的雰囲気はガラッと変わり、翌年初めには「非主流派」の重鎮郝柏村《かくはくそん》行政院長（首相に相当）を更迭して連戦《れんせん》（本省人）が後任に据えられ、従来ずっと外省人が占めてきた国民党中央秘書長の職には当時の駐日代表許水徳が任命された。総統（兼国民党主席）、行政院長、党中央秘書長というかつての党国体制の要のポストすべてを本省人が占め、当時「国民党の台湾化」と呼んで強調する時評家もいた。私はこれには違和感があって自分では使わなかったが、台湾政治のムードが変わってしまったのは確かであった。

こんな情勢下であったので、李登輝について話題となったのは、民主化推進に際しての李登輝の国民党内権力闘争のやり方だった。司馬文武氏は私のノートに「用髒水清洗汚泥」（汚水で泥濘を押し流す）と中国語で書いてくれた。「泥濘」とは非主流派の外省人勢力を指すが、「汚水」とは国民党が戦後地方公職選挙を挙行するなかで培養してきた「地方派系」と呼ばれる本省人中心の地方勢力を指す。国民党中央は地方経済における地方勢力の腐敗や不正を選択的に容認するかたちで取り込んできていた。

選挙政治を廃することができない限り、外省人勢力にとって「地方派系」は必要悪であった。その「必要悪」の側が、党内闘争で李登輝の側についた。党内では「地方派系」の支持、党外では民進党の「李登輝コンプレックス」、こうした力の配置で李登輝は勝利したという見立てである。

思い出すのは、一九九五年末の立法院選挙観察で嘉義県をまわった際、嘉義地方派閥候補の事務所で候補の父親に李登輝総統をどうみるかと尋ねたところ、「総統には帝王の相がある」という返事が返ってきたことだ。この言葉に李登輝が党内闘争で刈り取ったものが語られているといえるだろう。こうしたものを背景にして李登輝は一九九六年最初の総統直接選挙で圧勝したのだ。だが、その四年後二〇〇〇年民進党の陳水扁が総統選挙に勝利するとまもなく国民党は李登輝を放逐した。「国民党の台湾化」は李登輝あってのこと、ある意味では虚妄だったのである。

李登輝と台湾全体の〝多面性〟を言い当てた言葉

司馬氏の李登輝論はその人物評に入り、ジャーナリストらしく上手な要約をしてみせた。李登輝は「台湾人の心を持ち、日本人の気質と表現方法と西欧的思想で、中国式の皇帝をやっている」というのである。

「日本人の気質と表現方法と西欧的思想で」というところは、戦前一九二三年生まれの李登輝が日本の学校システムを帝国大学まで進んだというところから理解できた。戦時期にも旧制高校に残っていた「大正教養主義」のムードの中で各種の書物を乱読した経験は、日本語経由で西欧的教養や政治思想を身につけるのに十分であったろう。また李登輝の政治手腕について旧制高校時代にたしなんだ「剣道の気合い」だなどという見解も、その頃台湾本省人の老世代や日本でも登場しはじめた「李登輝ファン」に言われるようになっていた。そのように形容される李登輝の為人が本省人でも戦後世代のジャーナリストに「日本人の気質と表現方法」のように見えても不思議はない。

「中国式の皇帝をやっている」という点については、国民党の規約が党主席に強大な権限を与え、これに総統の権限と威信とが組み合わさるという権力アレンジメントが民主化後も国民党に引き続き存在していると私も理解していたので、これも了解できた。私はその後の著書の中でこうしたアレンジメントを国民党の「ストロングマン・シフト」と呼んだが、李登輝は敢えてこれには手をつけず、それを民主化措置断行のほうに使ったのだと言える。

よく分からなかったのは、「台湾人の心」というところであった。その後によく言われた「台湾精神」「台湾魂」とかいうことではないようであった。尋ねてみると、このジャーナリストは、台湾語ならこう言えるといって、その語をローマ字綴りで私のメモ帳に書いてくれた。「Ching tsai gon-gon」、中国語に訳せば、「隨便說說（口任せに言っておく）」。

私がまだよく分からんという顔をしていたのだろう、さらに、台湾人が普通やるように、人と会って別れる時に、また遊びに来いとか、困ったことがあったらいらっしゃいと、気軽に言う。それが台湾人によくある習慣で、李登輝は外省人の部下や外国の賓客に対しても同じように接するのだと解説した。

この点はよく言われる「台湾人は客好き（台灣人好客）」を指しているのかもしれないが、未だ私にはよく分からない。ただよく分からないなりに、この「台湾人の心」というものが、李登輝がその身体全体に持っている「台湾人性」（Taiwaneseness）を指していたとするなら、李登輝がそれを全開にして、民主化期の仕上げの「出発選挙」（一九九六年初回総統直接選挙）に向けた行動を見せるようになるのはもうすぐだった。

今振り返って、このジャーナリストの李登輝評は、台湾という複雑な土地に育ち、複雑な過渡期に立ち向かった指導者が持っていた、そしておそらくは台湾全体が、うち続く外来支配の中でやむなく持ち合わせることになった、そして当面の民主化についていうなら幸いにも持ち合わせていた、「多面性」を言い当てていた気がするのである。

5　国会全面改選、変わる社会の雰囲気――台湾の「渦巻き選挙」

「万年国会」の全面改選

「台湾の社会は選挙ごとに一皮剝くように変化している」。初めて総合雑誌「世界」に台湾政治論を書いたとき、その冒頭にこう記した。そして、一九九二年末の立法院選挙の後にもその感を強くした。

前記論文で念頭に置いていたのは、一九八六年の「増加定員選挙」で「党外」が野党民主進歩党結成に踏み切った直後の選挙、つまり台湾史上初めての野党が存在する国会選挙という点だった。

ただし、その時の国会は非改選国民党議員が大多数を占める「万年国会」だった。これに対して、九二年末選挙はその「万年国会」を解消する全面改選であった。第三章に触れた、日本植民地統治下一九二〇年代からの台湾人たちの「台湾議会」の夢が、「憲政改革」の初歩的成果として七〇年の時を経て実現したのであった。

『郝語録』の表紙（著者も当時購入していたがその後紛失してしまっていたので、今回友人の荘宏年さんに頼んで台北の古書店で購入していただいた。記して謝意を表する）

私はもちろんこの時にも「選挙見物」に出かけた。この選挙が引き起こした社会のムードの変化を実感したのは、実見した選挙キャンペーンよりはむしろその後に生じた事柄であった。思い出すことは二つ。一つは友人呉密察君の言である。

「ああいう抗議デモは、ついこの間までわれわれがやっていた」

この選挙で野党民進党や立法院内の国民党李登輝派と言われた「集思会《しゅうしかい》」候補が批判の矛先を集中したのは、郝柏村行政院長であった。以前に触れたように国民党内「非主流」（反李登輝派）の雄である郝氏が行政院長（首相に相当）職にあることは、「非主流」と李登輝との間の妥協の象徴であった。

この時の選挙では、自由主義派の学者団体「澄社」が編集した『郝（柏村）語録』が飛ぶように売れていた。著者がいくつか訪問した候補者事務所の中に桃園県の「集思会」候補の黄主文《こうしゅぶん》の事務所があったが、たまたま候補者が戻ったところに行き合わせたので、キャンペーンで最も力を入れている主張は何かと尋ねると、「郝柏村批判だ」と一言だけ答え、一息入れるとまた慌ただしく宣伝カーに戻っていった。

選挙の結果は、政党勢力分布的にはやや複雑だった。政党としての力量からして、国民党が約三分の二の議席をとって大勝したのは予想通りであったが、「集思会」候補は私が言葉を交わした黄主文以外は全滅で、代わって反李登輝派の「新国民党連線」グループが躍進し新たな政局の種のひとつとなった。一方、野党民進党は立法院の約三分の一にあたる五〇議席を獲得していた。新たな「台湾議会」の中でまずはしっかりと地盤を固めたというべきであった。

こうした情勢を踏まえてか、李登輝は年が明けると郝柏村行政院長更迭の挙に出て、最終的にそれに成功した。だが、その過程で一月初めから国民党本部前には、郝氏更迭に反対する外省人退役兵士などの団体のデモ隊が連日出現することとなった。

確かその後の三月に訪台した時のことだったと思うが、いつものように呉密察君と会い雑談していた際、彼がこの場面について、「今回の選挙で世の中は変わった。老兵達がやっていたああいう抗議デモは、ついこの間までわれわれがやっていたのだ」と評した。

レストランで見かけた落魄の政治家

もう一つは、その後台北のレストランで見かけた政治家梁粛戎氏の、九二年選挙前と選挙後の姿である。

台北の仁愛路三段にあるハワードプラザホテル（福華大飯店）は、駐車の便が良いこともあって、台北で人と会うときによく指定されるホテルであった。一階のロビーの椅子はなぜか木製で、その固い感触を尻に覚えながら、いつも幾分緊張してアポをとった人が現れるのを待ったものである。アポの時間が食事どきだと、そのまま地下の台湾料理レストランに降りていくことも度々あった。

上段は立法院長時の梁粛戎氏、下段は施政報告をする李煥行政院長（肩書は当時、『梁粛戎先生訪談録』国史館、1995年）

一九九〇年か九一年のある日、そのレストランで梁粛戎氏の姿を見かけた。ときどき小さなどよめきのような笑い声があがって座が盛り上がっているテーブルに氏の姿があった。氏は当時立法院長、日本で言えば衆議院議長、三権の長の一人に当たる。結果的に憲政改革による「万年国会」解消により末代院長となったとは言え、その時の地位にふさわしい盛り上がり方という印象を受けた。当時、立法院で何かあれば（しばしば民進党議員と衝突）、同氏の名前と写真がメディアに登場しないことはなかった。

次に同じレストランで同氏を見かけたのは、九三年か九四年の頃である。私と友人の座るテーブルからはかなり離れたテーブルに一人で座っていた。もちろん会食用の丸テーブルである。約束があって誰かを待っているところかと思ったが、しばらくたっても誰も来ない。それからさらに時間がたってから中年の男性が一人だけ、何か見かねたかのように近寄って氏に声を掛けた。氏はうれしそうであった。「世態炎涼」（力有る時にはすり寄り失えば去る）は世の常とはいえ、胸を突く光景ではあった。若いときに一度だけだが身近に声を聞いたことのある人だけに、この前後対照的な光景は今も忘れられない。

「台湾の選挙は渦巻き選挙」

一九八〇年代台湾の主要な政治学者の一人だった台湾大学の胡佛教授(一九三二―二〇一八)は、「台湾の選挙は渦巻き選挙(circumvolving election)である」と言っていた。歴史上最後の「増加定員選挙」(国会部分改選)となった八九年一二月の選挙についての評論で、私は次のように私なりの要約を行った。

台湾の選挙は、国政選挙でも政権の帰趨《きすう》には今のところ直接影響しないので、国民党への信任投票の性格と、政治的・社会的不満のガス抜き装置の性格を未だ払拭しきれない。しかし、にもかかわらず、国民党政権の「中国を代表する政権」であるとの正統性神話が揺らいできたこの十数年、その渦巻きの輪はしだいに大きくなって、ますます多くの台湾社会諸勢力をいやおうなしにその渦の中に巻き込んできた。その渦に投入されたエネルギーは、そのつど、台湾の政治社会を新たな姿に脱皮させてきた。(『台湾海峡の政治』一二〇頁)

胡佛教授は、八〇年代中頃「党外」が野党結成に動き始めたことで国民党政権との間に緊張が高まった際に、いわゆる「溝通」(意思疎通)という仲介役を担った四人の学者の一人であった(ちなみにこの時の国民党側の窓口が当時党中央政策会副秘書長だった梁粛戎氏であった)。こうした経験も教授のこの概念に反映しているように感じる。もちろん、教え子の中に反国民党のアクティ

2016年11月8日、台湾大学社会科学院にて台湾政党政治史研究会（著者主宰の科研費研究グループ）のインタビューに応じる胡佛教授（右）と著者（左）

ビストもいたのである。

この概念は私の実感にも合っていた。政権の行き先に関わらない「権威主義選挙」と侮ってはならなかった。そこにはその制度的外形からはうかがい難い熱気が沸き立っていた。私を台湾の選挙に引きつけたのもその「熱度」であった。一九七〇年代の選挙は、「党外」を数人の「人士」から組織的に選挙を闘う「政治団体」（「党外助選団」、「党外選挙後援会」）に育て、彼ら自身のメディア（「党外雑誌」）を成長させ、政権側の選挙不正があれば街頭に二・二八事件以来の怒れる群衆を生みだした（一九七七年中壢事件）。

「党外」からオポジション政党へ

一九八〇年代に入れば、弾圧（美麗島事件）で投獄されたオポジション政治家の家族や公判弁護士をつぎつぎに当選させることで、受け入れ難い不条理に傷ついた留守家族に慰藉を与え、打撃を受けた「党外」を速やかに復活させた。こうした過程の中で、「党外」の語は台湾政治におけるオポジションを示す固有名詞となり、新世代の参入を得てオポジション自身のリーダーの世代交代も促し、そしてとうとう一つの野党を生み出すことになったのだった。

胡佛教授も私も、当時念頭に置いていたのは「増加定員選挙」など民主化前の選挙だったが、台湾の「渦巻き選挙」の一種の政治社会創造の作用はそこに止まらなかったように思う。「憲政改革」における総統直接選挙制度採用とその一九九六年春の挙行という政治日程が正式に決まったのは九四年の第三次改憲だったが、李登輝が郝柏村を更迭して党内権力をさらに固めたことで政治的にはこの時に決まったのと同然であった。政治社会を創造する「渦巻き選挙」といえば、総統直接選挙以上のものはない。私も、この政治日程に合わせて勤務先の大学で「サバティカル」（長期研究休暇）を取りたいものだと考え始めていた。そして、それは実現した。

6　歴史的総統選挙前の台湾――中央研究院に長期研究滞在を開始

歴史的選挙観察のため長期研究休暇を取る

一九九三年春には、国会全面改選実現を受けた李登輝のまた再びの党内闘争の勝利を経て、九六年春の第一回総統直接選挙の挙行はほぼ確定した政治日程となった。台湾にとってこの選挙が文字通りの歴史的選挙になることは、誰の目にも明白であった。私は何とかこの選挙の投票日までの過程を長期に台湾に滞在して観察したいと考えた。職場の状況はそろそろサバティカル（長期研究休暇）の順番が回ってきてもよい頃であった。同僚に諮って九五年度（九五年四月～九六年三月）の順番にしてもらった。

台湾での受け入れ先は、中央研究院民族学研究所で、そこの研究員だった社会学者の張茂桂さんの世話で、同研究所の「訪問学者」にしていただいた。民族学研究所に社会学者というと変に聞こえるかもしれないが、当時中央研究院にまだ社会学研究所は設立されていなくて、本書にもすでに登場した蕭新煌さん、呉乃徳さん、柯志明さん（元政治犯の柯旗化先生の息子）、当時台湾「族群」問題の実証的研究で注目されていた王甫昌《おうほしょう》さんなど有力な少壮学者が民族学研究所に「身を寄せて」いた。

民族学研究所の当時の所長は徐正光《じょせいこう》さんだった。彼も社会学者で当時は台湾の労働問題を研究していて、訪日した時に講演の通訳をした記憶がある。彼は台湾の「客家」でもあり、後に客家研究の推進に努めている。

台湾人のナショナル・アイデンティティ研究に取り組む人々

実は、私が滞在していた年に社会学研究所の準備処が設立されており、中央研究院の規定によりその一〇年後の二〇〇五年にめでたく正式の社会学研究所に衣替えしている。以前にも触れたが、私の台湾政治研究の最初の専著『台湾――分裂国家と民主化』の内容は、一九八〇年代から始まっていた、いわば学知の「中華民国台湾化」の成果を吸収して可能となったものだが、上記の学者たちはその先頭に立っていた人たちであった。

先頭に立っていたといっても、見方によっては、何も特別なことを彼らがしていたわけではない。学術的には、当時の台湾社会の現実を見て、センシティブな問題であった外省人対本省人の問題や台湾人のナショナル・アイデンティティの問題を、彼らが米国で身につけてきた分析方法と概念とでもって調査し分析して社会に向かって発信したというだけであった。

ただ、そのようなセンシティブな問題を明確に取り上げ学術的な課題、ひいては社会的アジェンダとして提起することそのものに反発する「国際左派」と称する人々もいて、学界に軋轢《あつれき》が生じていた。私はこのことに大した自覚もなく、軋轢の一方の陣営で「訪問学者」を始めたことになる。別に何の後悔もしていないが、帰国後私に少しばかり苦い思いを残すこととなった。

「台湾日記」をつける

所長の徐正光先生のお世話で、宿舎は中央研究院活動センターの一室を、研究室は研究所内の空いている研究室を使わせてもらえることとなった。宿舎から研究室まで歩いて七〜八分、憧れていた職住接近がこの一年だけ実現した。

研究室にはパソコンも一台支給された。当時はちょうどインターネットの普及が進んでいた頃で、中央研究院にもシステムができていて、私もメールアドレスをもらい、試しにちょうどドイツに行っていた張茂桂さんに到着のあいさつも兼ねてメールして返事をもらった。これが私のインターネット事始めであったように思う。ただ、そのシステムではまだ日本語を書くのが面倒なので、自分の仕事では日本から持参の富士通のワープロを使った。余談だが、サバティカルを終えて帰国すると、東大の職場では同僚が盛んにインターネットを使い始めていて、私も大慌てでワープロ派からパソコン派に転向した。

また、せっせと日記を付けることにした。夜が苦手なタイプなので、もっぱら次の日の朝に研究室でワープロに向かった。結構詳しく記したので、時に午前中いっぱい日記書きで終わることも少なくなかった。歴史的総統選挙に向かう台湾の密接観察が台湾滞在の主目的だったが、選挙で民主化が一段落つけばまた歴史研究に戻ろう、あわよくば滞在中にその下勉強もしておこうなどとの下心もあったが、この年はまったくの捕らぬたぬきの皮算用となった。歴史的一年を目撃してやろうというのが主目的だったのだから、それもやむを得ないところだった。

朝は忙しかった。プールで泳いだり研究院付近の散歩を楽しんだりもしたが、朝食を取りながら宿舎で購読している「中国時報」と「聯合報」に目を通し、テレビニュースを見た。その後、研究室に出て、日記を書いたり、研究作業をして、昼以降は、こちらからアポを取ったり、声を掛けられたりして、台北市内に出かけることも多かった。

路線を覚えて主にバスで出掛けた。正式にインタビューという形で会いにいくことは少なかったので、その場でメモを取ることも少なく、興味深い見聞は、忘れないように帰りのバスやタクシーの中であり合わせの紙にメモを走り書きすることも度々であった。もちろん日々接する民族学研究所やその他の研究所の知り合いとはなるべく言葉を交わし、時事問題も含めて彼らの見方、感じ方を知るように努めた。夜は、台北に来てから知り合った産経新聞台北支局長の小澤昇さんとエアーニッポン（全日空の子会社）台北支社長の池本好伸さんと、「台独聯盟」（台北独身者聯盟）と称してときどき一杯やったりもした。

インタビューと言えば、李登輝総統のインタビューを試みたが実現しなかった。私は岩波書店の「現代アジアの肖像」という叢書に『蔣経国と李登輝』と題する一冊を書くことになっていた。あわよくばサバティカルの間に李登輝にインタビューしてそれを生かしたいと、春から人を介して意向を伝えていたが、まずは時局柄、李登輝自身が個人的な事柄を書かれることに神経質になっている、という話が伝わってきて、さらに七月に入って中国軍のミサイル威嚇などの緊張が高まると、いつの間にか立ち消えとなった。ただ、本のほうは少しずつ書き継いで、帰国後の翌年六月には出版することができた。

思い出の三人旅

台湾のあちこちに出掛けたことも楽しい思い出である。当時台北郊外の木柵に住んでいた葉國興さんが日曜になるとよく連れ出してくれた。葉さんとは、九〇年代初めの頃、彼が国策研究院という民間のシンクタンクの副執行長をしている時に知り合った。木柵の山歩きから北部の金山跡や一八九五年日本軍上陸地などにも連れて行ってもらった。

作家の李喬《りきょう》さんと引き合わせてくれたのも葉さんであった。私は助手時代にすでに彼の台湾歴史の大河小説『寒夜三部作』を読んでいた。葉さんは高雄出身の福佬人（一七世紀ごろ主に中国

2016年再訪した噍吧哖事件犠牲者を祀る廟の内部、1915年蜂起の3人のリーダーが祭神となっている（著者撮影）

大陸南部から台湾西部にやってきて平地を開拓した人々）、李さんは今も苗栗に住む客家人で母語が違うのだが、その頃はどうやら「文化台独」の同志という関係だったらしい。一度葉さんの運転する車に乗って三人で南部に二泊三日で旅行した。今でもよく思い出すのは、一九一五年のタパニー（噍吧哖）事件の現場だった台南県（当時）の玉井を訪れたことだった。

この事件は日本植民地時期、一九三〇年の有名な霧社事件を除けば漢人主体の最後の武装蜂起事件で、首謀者の名をとって余清芳事件と呼ばれることもあるが、噍吧哖事件というのは、台湾総督府警察隊と蜂起農民との最も激しい戦闘があった場所の名を付けているのである。総督府の法院は悪名高い「匪徒刑罰令」（台湾総督府により一八九八年に発布された日本に反抗する武装集団らを処罰するための刑罰法規）により二〇〇〇人弱の逮捕者中八〇〇名を超す者に死刑判決を下したが、国内でも批判が高まり、大正天皇の即位時の恩赦を口実に大量減刑を余儀なくされたのだった。

玉井の街中で葉さんが事件の無縁仏を祀《まつ》る廟があることを聞き出してくれて訪ねた。事件後地元の農民が畑を耕していると骨が出てくる。警察隊との戦闘で戦死した蜂起農民のものだった。それらを集めてこっそり祀っていたのだという。「この件は記憶の帳面に付けておこう」と李さんが言ったのが印象深かった。それから二〇年後、成功大学（台南）歴史学科教授になっていた元ゼミ生の陳文松さんの案内で同じ廟を再訪して記憶を新たにした。

さて、書き終えて「台湾日記」と表書きした日記は、積もり積もって四〇〇字詰め原稿用紙一三〇〇枚の長さになった。後に朝日新聞社から『台湾の台湾語人・中国語人・日本語人――台湾人の夢と現実』と題して出版していただいた。この日記に目を付けた出版編集部の岡恵里さんが約半分の分量に編集してくれたのである。見事な削り方だった。

7 民主化の仕上げ、激動の始まり――史上初の総統直接選挙を見る

絡み合ういくつかの流れ

史上初の総統選挙に向かう台湾には、いくつかの潮流が絡みあって流れていた。前述した社会学者間の学術的、またイデオロギー的対立などもその一つ。李登輝が司馬遼太郎との対談で「台湾人として生まれた悲哀」という発言をした以後は、彼と同世代の日本語世代の台湾人の発言・行動が目立つようにもなっていた。私は彼らを台湾の「日本語人」と呼んだが、こうした関係の人たちからも声が掛かって食事会や催し物に呼ばれたりもした。広く見れば、これも八〇年代から始まった台湾の歴史を見直そうという潮流の一部だった。李登輝という人物が触媒となって、日台関係にも何やら質的な変化が醸し出されつつあったと言えるのかもしれない。

ただ、もちろん主脈は、総統選挙に向かう太い流れだった。私が台北に着いて間もなく、国民党、民進党ともに候補者選びの政治過程が本格化した。

現職総統である李登輝の、建前上は非公式だが歴史的な意味を持った訪米に端を発した中国の「文攻武嚇《ぶんこうぶかく》」、つまり言論機関による激しい李登輝攻撃と中国軍の演習を名目とした台湾海峡へのミサイル撃ち込みによる台湾威嚇、米クリントン政権側のこれに対する政治的なまた軍事的応答といったダイナミックな国際関係がこの総統選プロセスに絡んで、台湾の総統選挙には国際的な注目も集まるようになっていった。

国民党の候補者選びは蔣経國死後の権力闘争の延長だった。八月、李登輝が連戦首相を副総統候補として党内の圧倒的支持を得て公認候補になると、まず陳履安前国防相が無所属で立候補、国民党非主流派は林洋港司法院長を立てて陳履安との正副候補ペアでの立候補を目指したが陳に断られ、結局非主流派の大物郝柏村前行政院長を立てて、林洋港とのペアとした。形式は無所属立候補となったが、九三年夏に国民党を割って成立していた反李登輝政党の「新党」（党名）が自身の公認候補を降ろして林洋港・郝柏村ペアを支持することとなった。

民進党は米国式の予備投票で候補を一本化した。まず予備選立候補の四人を党幹部と党員の投票で二人に絞った。選ばれたのは、一九七七年中壢事件の英雄だった許信良と一九六四年に「台湾人民自救宣言」を発表して長く米国に亡命して九二年帰国していた彭明敏だった。この二人が台湾全島を回って公開演説会を行い、その演説会ごとに一般有権者の投票を受け付けるという形で予備選が行われ、彭明敏が勝利した。許信良が党支持者を割って無所属で出馬することはなかった。私は研究所の友人に連れられて、最初の四候補の討論会や台北の公園で行われた二候補対抗の予備選演説会を見に行ったりした。

因縁の役者が舞台に出そろう

こうした日々の私の具体的見聞は「台湾日記」に記し、その縮小版の前記著書『台湾の台湾語人・中国語人・日本語人』にも十分に反映されているので、これ以上記さないが、四半世紀以上たって今でも強く印象に残っているのは、国民党と民進党の公認候補、国民党を割って出た無所属の二ペア、計四組が顔ぶれが決まった時に、よくもまあこうも見事に台湾戦後政治史の因縁を象徴する候補が出そろったものだなあ、ということだった。日本植民地統治期に高等教育を受けた台湾本省人の学歴エリートで、かつ戦後蔣経國に抜擢された国民党政治家という李登輝の二重の身分を軸として、性質の異なる候補たちが競い合うことになったのである。この二重の身分は台湾の激動の近現代史が彼に付与したものだったと言える。

李登輝と林洋港は、蔣経國が蔣介石から実質的に最高権力を継承してから進めた政権人事の「台湾化」でのし上がってきた国民党内本省人政治家のライバル同士であった。李登輝と、林洋港の副総統候補になった郝柏村とが蔣経國死後の権力闘争の主役同士であったことはすでに述べた。陳履安は、蔣介石独裁時代の行政院長であり副総統、国民党副総裁まで務めた陳誠の長男であった。表舞台で陳誠は蔣介石政権の明白なナンバー・ツーであったが、蔣介石の長男であり裏で政治警察を握っていた蔣経國とは強い緊張関係にあった。

陳履安は晩年の蔣経國に抜擢されて政権エリート入りをしていたとはいえ、彼から見れば、李登輝から林洋港、郝柏村まですべて蔣経國系統の人間であった。政治的計算からすれば有利であるのが明白な林洋港とのペアをかたくなに拒否し続けたことから見て、私には陳履安の行動にかつての蔣経國と陳誠の因縁が強く絡んでいるように見えたのである。

著者（左）の研究グループのインタビューを受ける彭明敏氏（右）。2015年11月30日、於台北

一方、李登輝と彭明敏は同じく大正生まれ（一九二三年生）の日本時代を経験している本省人戦中派の高学歴エリートである。戦後ともに国民党政権の末端で一定の地位を占めていたが、前者は官僚テクノクラートとして権力の階段を恐る恐る上り、独裁者（蔣経國）の死後の権力闘争を、民主化を求める下からの圧力を利用しながら一つ一つ勝ち抜き、後者は政権批判を公にして海外亡命生活を迫られるも反体制派の中では大きな声望を保持し続けた。その二人が与野党を代表する候補として相まみえることとなったわけである。

このように、日本植民地統治期に高等教育を受けた台湾本省人の学歴エリートにして戦後蔣経國に抜擢された国民党政治家という李登輝の、台湾現代史の交錯点を体現するような存在を触媒として、それぞれ性質の異なる因縁の候補が出そろったのである。

台北の夜の街に見た「安堵感と満足感」

一九九六年三月二三日投票日当日、私は夕方に産経新聞の小澤支局長のオフィスに行って、仕出し弁当のご相伴にあずかりながら開票を見守った。翌日の紙面に載せる記事の入稿締切時間にもいろいろあり、それに合わせて原稿を差配し出稿していく活発な様子を見ているのはなかなか楽しかった。投票の結果は、大方の予想通り李登輝の大勝であった（得票率五四パーセント）。

すべてが終わって夜遅く、中央研究院に戻るタクシーの中で人通りがめっきり減った台北の街並みを眺めながら、私はなにやら安らかさを感じた。もちろんそこには個人的理由もある。初回の総統選挙の過程を見守るという台湾研究滞在の目的はこれで達せられた。ただ、それだけではなく、台湾社会のほうにそう思わせる雰囲気があったと思う。

元政治犯の柯旗化先生は、「亡命中の彭明敏先生が帰国して総統選挙に立候補するようになるのが私の夢だ」と語っていた。上述した政治エリートの各種の因縁ばかりではなく、柯先生のような民主の夢のエネルギーも史上初の総統選挙には投げ込まれていた。複雑な台湾の近現代史が残した夢とさまざまの因縁とに、民主選挙によって、この日まさにひとつの決着を平和的につけることができたのである。

加えて、台湾海峡には、李登輝の訪米以来中国のミサイル発射演習を含む軍事威嚇とこれを牽制する米軍の空母艦隊の台湾海峡回航という大国のゲームも展開していた。そんな中で、史上初の総統選挙は「ミサイル対投票箱」の対抗という図式になってしまっていた。そんなしんどい選挙を台湾の有権者はやりきったのである。そうした満足感と安堵《あんど》感が、あの夜の台北の街には漂っていたのだ、わたしは今もそう思うのである。

新たな政治的激動の始まり

あれから四半世紀の時が過ぎた。史上初の総統直接選挙は民主化の仕上げと台湾人の夢の部分的実現であったが、二〇二〇年代の米中対立と台湾海峡の緊張の状況からすれば、それは一つの始まりにすぎなかったとも言える。新しい民主的ルールによる有力政治家と政党の間の激しい権力ゲーム、そして四年ごとの総統選挙が節目となる台湾政治の、さらには台湾海峡の政治の激動の始まりでもあったのだ。

一九九五年九月、彭明敏が民進党候補に決まったばかりの頃、私は知り合いの日本の新聞記者のインタビューに便乗させてもらって、台北の彼のオフィスを訪ねた。その夏の中国軍の台湾海峡でのミサイル演習の後のことだったので、当然そのことも話題になった。今でも鮮明に記憶に残っている彼のこんな一言がある。

あのミサイルは台湾海峡の北の海中に落ちた。台湾民衆の反応はほぼ想定の通りだった。しかし、中国の行動がさらにエスカレートして、例えば仮に中国のミサイルが中央山脈越えだったら民心はどう動いたか、見通しがつかない。

米国が二つの空母艦隊を台湾海峡に接近させるという対中牽制を行ったこともあって、台湾有権者の「投票箱」は中国のミサイルに対抗できた。そしてこの一年、総統選挙の挙行により民主改革を仕上げることで、台湾の主流民意のあり方は、中国の権威主義体制からかなり遠いところに動いてしまった。その一方、この一年はまた巨大な中国と対峙することの深淵をのぞきこまざるを得ない一年でもあったのだった。

第六章
日本台湾学会の設立——台湾理解の知的インフラ

1　「日本台湾学会」設立に向かって「この指止まれ」

一つの学問分野として認知されたいという願い

一九九八年五月三〇日（土曜日）、東大本郷キャンパスの法文二号館一番教室で日本台湾学会設立大会が開かれた。

梅雨入りして間もない頃で、蒸し暑い日だった。この教室は、片側が安田講堂前広場に面し、折から五月祭（東大本郷キャンパスの学園祭）が始まり、アイドル歌手を呼んだイベントが開催中で窓を全部閉め切る羽目にもなった。ただ、暑さが倍加したのはそればかりではなかった。会場は予想外の二〇〇人を超える参加者でいっぱいだった。そして何よりもやっと一堂に集うことができたという熱気もあったのだと思う。台湾の民主化が進展して日本の学界での台湾研究への関心も明らかに広がりつつあった。その様子を目にして、私は、日本の学界・知識界において台湾研究が一つの学問分野・知的探究の一領域として認知されたいものだとの願い、そしてそれに値するものが台湾という地域の研究にはあるのだとの思いを持つようになった。その願い、思いは、この時もはや私や私の周辺の小グループのものではなかったのである。

日本台湾学会の設立経緯や設立大会の模様は、当時は新進気鋭の若手会員だった川島真さん（現東京大学教授）が「アジア経済」（三九巻一〇号、一九九八年一〇月）に、同日に行われた記念シンポジウム「「台湾研究」とは何か」の概要を含めて、簡潔にして要を得た記事を寄せている（「学界展望　日本台湾学会の設立」）。これが一種の設立事情の公式記録の如きものといえるだろう。

台湾紙の新聞辞令が背中を押す

川島さんの「公式記録」によれば、学会設立の具体的きっかけは、一九九六年秋に藤井省三東大教授と私の間で「設立の意思が確認」されたことであるという。藤井さんは文学部中国文学科の教授で、魯迅など中国現代文学の研究に携わる傍ら、当時は日本植民地統治期に始まる近代台湾文学についても次々と論考を発表していた。「公式記録」はこれで差し支えないが、私の記憶しているのはこんな経緯であった。

一九八六年に私が東大教養学部の助教授になってから、かつて戴國煇さんが主宰した台湾近現代史研究会のメンバーを中心に現代台湾研究会と称する勉強会を始めていたことはすでに記した。私は九五—九六年の台湾研究滞在から帰国した後、そろそろ学会を作るべき時が来ているかもしれないという感触をもらすと、松田康博さんや佐藤幸人さん（アジア経済研究所。台湾経済、中台経済関係論）など若手の研究者も同感のようであった。

そこで、学内行政の用事で本郷キャンパスに出かけた際、藤井さんの研究室に立ち寄った。時期は確かに九六年の秋だった。電話を入れると、口で言っても分かるところではないからと、法文二号館のアーケードまで迎えに来てくれた。案内されたのは、そのまま建物の屋根に出て行けそうな隠れ家のような研究室だった。蔵書も見せてもらってよもやま話をした後、そろそろ台湾研究の学会を作ってもいいのではという雰囲気がある、ということを話題にした。私の記憶では、話はそこまでで、私が決意表明したとか一緒にやりましょうとかいう話になったわけでもなかった。ただ、藤井さんもやる気はないわけではなさそうだと感じつつ、本郷キャンパスを離れた。

ところが数日して大学で購読してもらっている「中国時報」を見ると、若林が台湾学会設立を発起することになったとの趣旨の記事があった。私の後から藤井さんを訪ねた同紙の記者が早とちりしたのだろうと思った。まあ、いいか、こう報道されてしまったのなら、やろうか――思いがけぬ台湾からの「新聞辞令」が私の背中を押したのだった。

この指止まれ

私自身は、何事かの先頭に立って旗振りをするとか、組織や団体を運営するとかいうことは、まったく得手ではなかったのであるが、この時は「この指止まれ」の役回りはやらねばと決意した。この年、一九九二年に発表した初めての台湾政治研究の専著『台湾――分裂国家と民主化』（東京大学出版会）が、九五―九六年台湾研究滞在の成果である『蔣経国と李登輝――「大陸国家」からの離陸?』(岩波書店)と『台湾の台湾語人・中国語人・日本語人』(朝日新聞社)とともにサントリー学芸賞を受賞した。合わせ技一本の受賞というのは気恥ずかしくもあったが、受賞はやはり自身の心の支えになった。

その後、準備委員会の結成(東京のメンバーが中心となった)、発起人のお願い、趣意書の作成と配布による設立参加の呼び掛け、設立大会の準備、設立後の規約草案づくり、などを行っていった。今比較的鮮明に記憶していることだけを記しておく。

私は当時の日本の台湾研究の活動分布は、関東と関西に二つの中心がある「楕円構造」になっていて、来るべき日本台湾学会の運営もこれを反映することになるだろうと思っていた。関西での研究活動の中心人物だった石田浩さん(当時関西大学経済学部教授)を学会設立の件で研究室に訪ねたのはそのためであった。石田さんが賛同してくれたことは言うまでもない。

前記藤井教授も準備委員会に入ってくれた。藤井さんは人文学関係の学会の有職故実に詳しくて、彼が紹介してくれた他学界の先例などが学会の規則作りにだいぶ役立ったと覚えている。学会の設立趣意書の内容は前記川島さんの小文に内容が紹介されているが、趣意書そのものが当時の発起人三四人の名前とともに学会ホームページに掲載されている。姓の五〇音順に記されたこれらの名前の中にはすでに数人の物故者がある。時の流れのなせるわざとはいえ寂しい。

地域研究にふさわしい「濃厚な個性」

趣意書は、台湾の地理的・民族的・歴史的成り立ちを簡略に説明した上で、それが「台湾という地域が、学際的な（interdisciplinary）地域研究（area studies）の対象の一つにふさわしい濃厚な個性を有していることを物語っている」と主張し、日本の台湾研究の現状について「一九七〇年代までの、イデオロギー的・政治的忌避や無関心状態を脱した現在、研究関心も広まり、一定の成果もあがっている」が「依然、理論的にも実際的にも組織化不足の状態に」あるが故に、「日本における学際的な（interdisciplinary）地域研究（area studies）としての台湾研究（Taiwan studies）を志向する研究者の潜在的なネットワークを顕在化させ、相互交流の密度を上げ、研究資源の有効利用をはかることを通じて、日本における台湾研究の充実・発展につとめる」ため、また「他地域における台湾研究との交流の窓口の一つとしての役割を果たすことを目的として、日本台湾学会（The Japan Association for Taiwan Studies, 略称ＪＡＴＳ）の設立を呼びかけ」るとしている[*1]。

趣意書は私が起草した。もちろん発起人の方々にも事前配布して意見を求めたが特に異論はなかった。私はどんな文章でも苦吟なしに書けない人間だが、この文章は思いの外すんなりと書き上げることができた。私自身においても学界的にも機は熟していたのだろう。ちなみに、学会の英語呼称は、東北大学から準備委員会に参加していた沼崎一郎さん（文化人類学）が、欧米の学会名や日本のさまざまな学会の英語名を参考に考えてくれた。

その頃のことで、私個人として忘れられないことがひとつある。準備活動も煮詰まってきたある日、私は台北で知り合った小澤昇さんを産経新聞社のオフィスに訪ねた。小澤さんと学会設立とはまったく関係なかったが、こういうことをしていると何かしら彼に報告しておきたい気分だった。私の話を聞いて、小澤さんは「若林さん、六〇パーセントでいいんですよ」と言った。小澤さんとは台北では「台独聯盟」(台北独身者聯盟)と称して、林森北路で飲み歩いている時間のほうが多かったのだが、見るところは見ていてくれたのである。この一言は、緊張し続けていた私の心にいささかの余裕を生み出してくれたと思う。

窓 論説委員室から

台湾学会

台湾と日本で、「台湾を知ろう」「台湾を研究しよう」という動きが、期せずして高まっている。

台湾では昨年九月から、「認識台湾」が中学校の正課となった。台湾の社会、地理、歴史の三冊の教科書を使って、週一時間、全生徒が学習する。

これまで台湾では、「台湾」がほとんど教えられてこなかった。大陸からきた国民党の政権が全中国を統治すると自認してきたからだ。中学一年では中国の通史が教えられてきた。

だが民主化のうねりの中で、台湾の人々が自ら住む土地のことを知るのは当然という声が高まり、「認識台湾」の時間が一年生の授業に組み込まれた。

一方、日本では、「日本台湾学会」が五月末に東京で旗揚げする。

従来の台湾研究は、広い意味での中国研究に含まれるか、あるいは植民地支配の関係から、オランダ史、日本近代史の一部と位置づけられてきた。

しかし台湾は、地理的、民族的、歴史的に見て「学術的地域研究の対象にふさわしい独自な個性を有している」（台湾学会設立趣意書から）と、台湾を研究している学者たちの多くは考えている。

学会の発起人の一人である若林正丈・東大教授は「われわれはあくまで学術団体として、一定の独立性を持った研究者のネットワークづくりを目指したい」という。

しかし台湾の独立傾向を懸念する中国側の関係団体は、「認識台湾」の教科書に対し「歴史をわい曲し、祖国を分裂させる教材」と激しい非難を浴びせた。この教科書が「台湾を中国から切り離し、親日本化をはかっている」というのである。

学術研究が政治対立に巻き込まれるのは不幸なことだ。台湾学会に、中台の対立が持ち込まれないよう願いたい。〈黄〉

「朝日新聞」1998年5月11日夕刊、2面

これですぐにも設立大会当日の話に移りたいところだが、その前にもう一幕あった。設立大会予定日まで一カ月を切った五月上旬のある日、帰宅すると「朝日新聞」の知り合いのベテラン記者から電話が入った。「台湾学会というのを作るんだって」という切り出しから、問われるままいくつかの質問に答えた。そしてしばらくして同紙の夕刊に「台湾学会」と題するコラムが出た。

当時の切り抜きはいつの間にか散逸してしまっていたが、最近知り合いの検索の名人がそのコラムを探し出してくれた(写真参照)。記者はどこかで学会設立趣意書を入手してコラム執筆を思い立ったらしい。電話での私の言葉も引用しながら、末尾では「学術研究が政治対立に巻き込まれるのは不幸なことだ。台湾学会に、中台の対立が持ち込まれないよう願いたい」と結んでいる。

大会直前の対応に忙しかった準備委員会でもこの記事は話題になった。私は、著者は、コラム子が知り合いでもあり「善意の忠告」の範囲と受け取っていたが、委員の中には、一定の立場からする「政治的警告」と受け取る人もいた。確かに、良識の権化のようなレトリックで固めた結びの文言には「雉も鳴かずば撃たれまい」的な警告が含まれているように読めないこともない。

前記のように大会当日の出席者は二〇〇人を上回っていた。川島さんの記録によれば、趣意書に応えて事前に入会申し込みをした人は一四五人だった。上記コラムがひょっとしたらたくまずして広報係を務めてくれたのかもしれなかった。そして、大会当日確かに若干のハプニングがあった。だが、学会はそれを乗り切ることができた。雉は鳴かなかったのではない、雉はしっかり鳴ききることができたのだと思う。

2 日本台湾学会設立大会

「名簿をくれ」

一九九八年五月三〇日、いよいよ日本台湾学会設立大会の日がやってきた。当日いろいろあるはずの出番に備えて書類の整理をしてから、泊まり込んでいた東大のゲストハウスから会場に向かった。会場の法文二号館の教室に顔を出すなり、会場設営と当日の受付を取り仕切っていた藤井省三さんが、一枚の中国人名の名刺を私に見せた。肩書きには「中国新聞社記者」とあった。

同社は中華人民共和国国営の華僑向け通信社であった。

藤井さんが指さすところを見ると、埋まり始めていた階段教室の前の方に一人の男性の姿があった。何やら手持ち無沙汰の様子であった。藤井さんによれば、この男性は受付に来るなり学会員の名簿をくれ、と言ったそうである。藤井さんは、これから設立大会を開いて学会規約が決まるので、それに基づいて入会申し込みをして規定の学会費を払えば、会員として名簿を受け取ることができる、と返答したという。実にうまく対応していただいたと思ったが、同時に今日はいろいろな人が来るのだろうなとも感じた。そしてそれは、午後のシンポジウムの際のハプニングとして現実となった。

「学会三点セットをしっかりやる」

学会設立の手続は午前中に行われた。当日の出席者を母体として、準備委員会提案の学会規約と暫定理事会メンバーが承認されて、学会が成立した。そこでいったん休憩して暫定理事会を開き、暫定理事長選挙が行われ、私が選ばれた。記憶ではここで基本的活動方針も審議され、私が当面の学会の実力からして学術大会と学会誌発行は隔年とするとしたのに対して、石田浩さんが、それは消極的に過ぎる、毎年一回大会、学会誌一冊発行とすべきだと主張し認められた。その後の展開を見れば石田さんの判断が正しかったのである。

私は暫定理事会や再開した設立大会のあいさつで、「学会活動三点セット」(学術大会の開催、学会誌の発行、ニュースレターなどによる会員間ネットワークの維持・形成)をしっかりやる、ということを強調した。要するに、我々がやろうとしているのは、学者・研究者として特別のことをしようとしているのではなく、台湾を対象とする地域研究者の集まりとしてごく普通の学会を作ろうとしているのだということである。どの程度口に出して述べたのかは記憶が薄れたが、少なくとも自分の中では、しっかりと「普通の学会」を作る、がスローガンだったのである。

リスペクトなき不規則発言を大声で制止

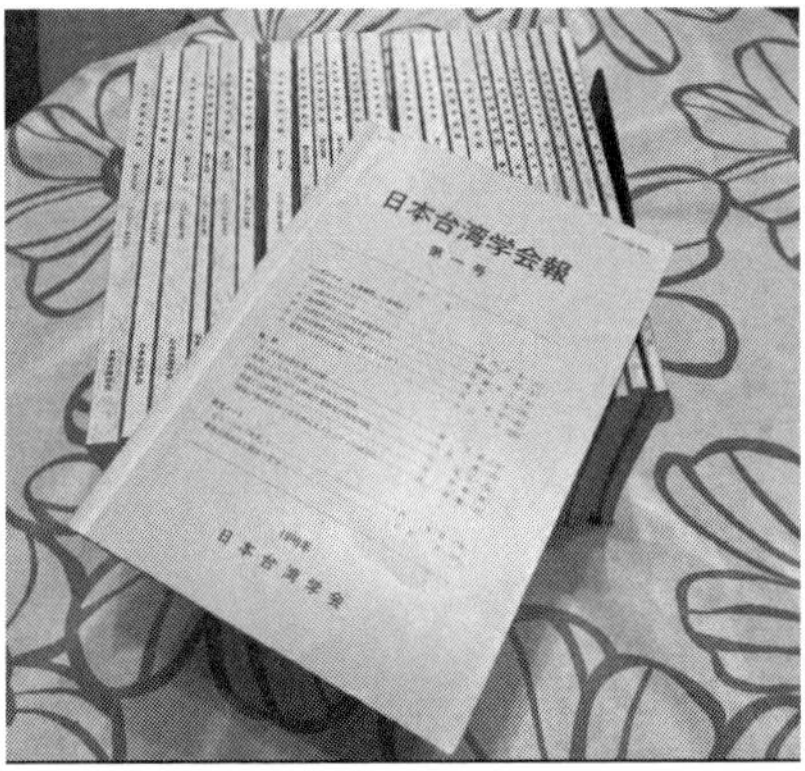

「日本台湾学会報」

午後のシンポジウムは、まず台湾から招請した文化人類学者の陳其南氏に「五十年来台湾研究の回顧」と題して講演していただいてから、社会研究、経済研究、政治研究、歴史研究、文学研究の立場から「台湾研究とは何か」を議論するパネル・ディスカッションを行った。私は両方で司会を務めた。

陳氏を招いたのは、戦後台湾の学術的台湾研究の出発点と目されていた「濁水渓大肚渓総合研究計画」に若き学徒として参加した経験を持つ学者だったからである。学際的な地域研究の学会として、パネル・ディスカッションに主要研究分野ごとの研究者の登壇を求めたのは自然の成り行きだった。歴史研究の登壇者としては畏友呉密察君に一肌脱いでいただいた。これらの講演や議論は

「日本台湾学会報」創刊号に収録し、今では前記日本台湾学会のホームページからダウンロードできる（https://jats.gr.jp/journal/journal_001.html）。

ハプニングがあったのは陳氏の講演の質疑応答の時だった。フロアの発言を求めると中年の男性からすぐ手が上がった。面識のある在京台湾人で「台湾語」を研究しているという人だったので発言を促した。ところが、その内容は、陳氏が台湾漢人住民の多数派を「閩南人」と呼んだことに反発して自説をとうとうと開陳するもので、陳氏の見解とは関わりのないものであった。そしてさらに、この人の発言中に一人の青年が立ち上がって大声で何やらその人の発言を批判し、登壇しようと前の方へ足早に出てきた。

陳氏の発言内容に何のリスペクトも払わず最初の質問者が自説を長々と述べたことに、すでに内心いらだっていた私は、堪えきれずに声を張り上げてしまった。後にも先にも公開の場で大声を上げたのはこの時だけだった。確か「これは学生集会ではない、不規則発言は認めません」とか言ったのである。「学生集会うんぬん」はいわゆる「全共闘世代」の一人としてのお里が知れる言葉だったかもしれない。

すると、陳氏の通訳として私の傍らにいた松田康博さん（前学会理事長）が、スルスルと件の青年に近寄り、何事か笑顔で言いながら、本人の身体には一指も触れず会場の外に連れ出してしまった。見事な「体術」だった。

お陰さまで、会議はごく普通の学術シンポジウムの雰囲気に戻り、講演もパネル・ディスカッションも無事終了した。ふと見ると、受付で「名簿をくれ」と言った中国新聞社の記者の姿はもう見当たらなかった。

学術大会の運営では、討論の後の懇親会の参加人数の見積もりでも担当者が頭を悩ます。そのときはまったくの失敗だった。東大の隣の学士会館分館に用意した会場は狭すぎて会場の外に人があふれそうになった。司会者が開始を告げるや関係者のあいさつなどに耳を傾ける人はほとんどなく、みんなそれぞれの会話に夢中になっていた。長年名前と論文でしか会えなかった人々と直に言葉を交わせるのである。知り合いの出版社の社長が学会の応援にと懇親会に花を添える意味で胡弓の演奏を手配してくれていたが、演奏が始まっても誰も聴いていなかった。社長が立腹したのは言うまでもなく、後で会社まで出向いて陳謝したが、以後お付き合いは謝絶ということになった。

3　その後の日本台湾学会

その後の学会運営

こうして日本台湾学会は何とか無難なスタートを切ることができた。私はさらに第一期と第二期の二期四年の理事長を務めた。学会が目標とした「普通の学会」になるのにはしばし時間がかかった。学会の基本「三点セット」の堅持は問題なかったが、学術大会の開催について、当初は常任理事会が実行委員会を兼ねざるをえず、第三回大会（二〇〇一年）まで引き続き東大本郷キャンパスでの開催となった。

第四回になって、黄英哲理事（愛知大学教授）の尽力で名古屋国際会議場での開催にこぎ着け、ようやく設立大会の地を出ることができたのであった。この後、理事長が石田浩さんに交代して、彼の勤務校である関西大学で第五回大会を挙行し、他の全国組織の学会並みに当番校を決めて順繰りに開催するかたちを何とか整えることができた。大会企画の編成や学会誌編集などの業務が常任理事会に集中しがちだった点も、次第に改善されていったと記憶している。

当たり前のことかもしれないが、理事長がしかるべく交代していくことは、日本台湾学会が「普通の学会」に成長していくことには不可欠だったと思う。私自身、設立時の「この指止まれ」は頑張ったが、やはり行政は苦手だった。当初、一〇年はあなたが理事長で頑張らねば駄目だろうと外野で言う人がいたが、私自身その半分がやっとであった。

石田さんが理事長第二期目に台北で突然亡くなられたのはショックだった。しかし、当時副理事長だった下村作次郎さん（天理大学、台湾先住民族文学研究の草分け）がすぐ理事長職を引き受けてくれたので、危機を乗り切ることができた。天理大学で第七回大会を開いた夜の懇親会で、ほろ酔い加減でビール瓶を片手に、手伝ってくれた学生たちをそばに呼んで感謝の言葉を述べていた下村さんの姿が実に格好良かったのを今も覚えている。

「政治研究」を扱うことに自信

その後、私は急速に学会運営の実務から離れた。若い学会なので頼りなる人材には事欠かなかった。以後の学会のことは彼らに書き残していただくほうがよいと思うが、最後にひとつだけ個人的な思い出を記しておこう。

設立直前の「朝日新聞」コラムの忠告／警告を待つまでもなく、学会でどのように「政治研究」を扱うかは神経を使うところだった。第六回大会では「台湾の対外関係と安全保障」という分科会が設けられ、私の東大大学院の先輩にあたる高木誠一郎・青山学院大学教授（米中関係論、当時）が、頼まれ座長を務めてくれた。高木さんはセッション終了後会場の外で私の姿を認めると近寄ってきて、「どんなことになるかと思っていたが、実に水準の高い議論だったよ」と声を掛けてくれた。今の時点から当日の報告者とコメンテーターの顔触れを見ればそれは当然という感じがするかもしれないが、その時は実にうれしかったし、ホッとした。政治関係のテーマの分科会は第二回大会から存在していたのだが、これで台湾政治関係のテーマを学会の分科会で引き続き取り上げていけるだろうとの展望が開けたとも感じた。

とはいえ、台湾研究を巡る「政治」に関して、戦々恐々の気分は今も抜けない。日本台湾学会が「普通の学会」のひとつとして台湾に学術的関心を持つ人々のインフラストラクチャーであり続けるには、これからもそれなりのケアが欠かせないだろう。そして何よりも優れた作品を生み出し続ける必要がある。日本の台湾研究は、大学・研究機関の制度にその存続を依存できる状況にはいまだなっていない。研究成果自身が持つ学術的権威と力とで自転を続けなければならない。自転しないコマは倒れてしまうからだ。

日本の台湾理解、日台相互理解の知的インフラの一つ

日本台湾学会は、四半世紀の時を経た今もしっかり存続し運営されている。学術大会は二〇二二年で第二四回、設立大会を入れれば二五回を数える。四半世紀の閲歴を経ているのだ。当初一〇〇名程度だった会員も四〇〇名を超えた。学会誌「日本台湾学会報」も発刊第二四号を数える。二〇二〇年以降の新型コロナ禍下でもオンラインやハイフレックス（対面＋オンライン）の方法で開催を堅持し、台湾の学者をオンライン上に招請して国際シンポジウムも展開した。

わたしが思うに、日本台湾学会の設立と存続の意義は、次の三点にまとめられると思う。自身が設立と初期の運営に関わったので、手前味噌の評価とみられるかもしれないが、やはり述べておきたい。

一つは、日本の知的世界における台湾研究の存在の認知とそれが生み出す学知への評価を促したことである。これは上記のように学会活動が順調に運営され、学会誌その他に会員の研究成果が着実に蓄積されてきたことそのものに、まずは示されている。もちろん学会誌掲載論文には、それぞれ丁寧な査読と修正を経ているとはいえ、優劣はある。ただ、著者の見るところ、歴史の中の台湾を、また同時代の台湾を理解する上で鍵となるテーマが、これらの論文の中に確実に頭出しされ討論されているのである。

これに加えて、会員が研鑽を重ねた上で上梓した著書が、大平正芳記念賞、アジア・太平洋賞大賞・同特別賞、および樫山純三賞などの権威有るアジア研究の学術賞を次々と受賞してきたこ

とにも、日本の知的世界における評価が如実に示されているだろう。

二つ目に、年一回の学術大会開催、一冊の学会誌発行という、ごく普通の学会活動それ自体が、日台学術交流の場になっていることである。学術大会には台湾から様々な研究分野の研究者を招請して基調講演をお願いしたり、シンポジウムを組んだりするのが恒例となっている。またこの他、いくつかのテーマに分かれて討論する分科会には毎年台湾の会員による企画、また台湾の会員を発表者やコメンテーターに含む企画が必ずいくつかある。大会にやってきた旧知の台湾人研究者と日本の研究者とが会議の合間や会後の懇親会で歓談する姿は、日本台湾学会においては見慣れた光景である。

第三に、同学会の活動には、台湾を語る一種の国際空間としての意義があると言えるかもしれない。台湾が外交的孤立を長く余儀なくされている状況を念頭に置けば、日本台湾学会は、台湾の外で、何らの前提を設けることなく、学術的に台湾のことを存分に語ることができる世界で数少ない常設のフォーラムの一つである（他に北米台湾研究学会［NATSA］、欧州台湾研究協会［EATS］がある）。

総じて、日本台湾学会は、日本の大学・研究機関に台湾研究の制度的支えが誕生しにくい状況の中で、民間に作られた日台相互理解のための日本社会の側の知的インフラのひとつとして重要な役割を果たすようになっていると考えるのである。

4　希薄な関心から旺盛な関心と共感へ——日本社会の台湾認識の変化

台湾ブックフェアで素敵なブックガイドと出会う

わたしは二〇二二年八月初め、東京は新宿の紀伊國屋書店で開催された台湾ブックフェア（台北駐日経済文化代表処台湾文化センターと紀伊國屋書店の共同開催）の開幕式に出席し、その際に一冊のパンフレットを手渡された。『臺灣書旅《たいわんしよりよ》——台湾を知るためのブックガイド』*2 である。

この『臺灣書旅』（本で旅する台湾）では、現在の日本で入手可能な約四〇〇冊の書籍を「文、人、政、食、旅、学、日」という独特の七分野に分け、それらを一九名の「案内人」と八名の「コラム」著者がアクセントをつけながら紹介している。紹介されるすべての書籍の表紙がカラー写真で示され、レイアウトも洒脱な趣向が溢れており、小冊子というよりは、一冊の素晴らしい書物である。

内容を総覧すると、紹介されている約四〇〇冊の書物は、この半世紀の日本での、またそれを通じて台湾での、台湾研究の学問的充実を反映するとともに、近年、特に二〇一一年東日本大震災以後に急速に高まった日本社会一般の台湾への関心と好感とを背景にした「台湾本」ブームをも反映していると言えるだろう。この間の長い間、東京都内の大きな書店では、台湾をテーマにした書籍は長い間数冊しか目にしなかった経験を想起すると、この約四〇〇冊の多彩さに改めて遠くまで来たものだとの感慨を覚える。

また、この『臺灣書旅』は、発行母体の台北駐日経済文化代表処の台湾文化センター、企画制作担当の紀伊國屋書店、そしてコンテンツの編著を担った「SNET台湾」のコラボレーションにより実現している。SNET台湾とは日本台湾学会の中堅会員が立ち上げたNPO法人で、主として近年急増した高校生の台湾修学旅行に際して事前学習（講師の派遣、動画によるコンテンツの制作）や見学先アレンジのサポートを行っている団体である。[*3] その活動は、日本台湾学会が近年重視し始めた研究成果の「ソーシャル・アウトリーチ」（社会還元）活動の重要な一環をなしている。このような組み合わせで日本社会における台湾理解の促進活動が柔軟にかつ細やかに推進されることは、一昔前には考えられなかった。

「案内人」たちのキーワード

『臺灣書旅』の「案内人」やコラムニストたちは、すでに学術研究や著述において実績を持つ中堅クラスの人たちであるが、かれらの重要なキーワードは「多様性」あるいは「多元性」であるように思う。台湾には、異なる出自の、異なる文化をもったこんな人たちがいる、あんな人たちもいる、かれらは台湾という舞台の上で交流し、また世界と交流している、そして、こんな映画、あんな小説が、こんな歌が、あんな料理が創られている。いったんこのように現代の台湾に関心を抱くと興味は尽きない。著者たち

『臺灣書旅』表紙

は、日台それぞれにおいて相手への眼差しの間に生じている非対称性やズレ、ギャップの存在にも周到に注意を促しつつも、こうした多様性と多元性を生き生きと「案内」している。

この『臺灣書旅』の誕生やその内容は、日台「非政府実務関係」の半世紀が、当初の希薄な関心と軽視の状況から出発して、旺盛な関心と共感の存在する状況に至っていることを示すと同時に、それらを支えている日台の文化・学術交流の一定の成熟をも伝えているものということができる。

民主化は社会を開放する

このような日本の台湾認識の変化を決定的に後押ししたのは、複雑な背景要因を単純化して敢えて一言で言えば台湾の民主化であると思う。その民主化過程の現場の有様は、これまでの章で様々に描いてきた。総じて言えば、台湾では一九八〇年代中頃以降、政治的自由化を契機として、台湾社会の多様なアクターが、選挙でまた街頭でメディアで自己主張を開始し、一九九〇年代からの「憲政改革」で作られた民主的政治制度のもとで、さまざまに主張をぶつけ合い、交渉し、必要とあれば、デモをやったり集会をしたり、さらには問題を議会に持ち込んで法制化をはかるといったダイナミックな動きが展開した。

そして、台湾海峡に新たな状況が展開するようになったことと相まって、こうした台湾の姿には以前に倍する国際的関心が寄せられることとなった。また日本では、これに並行して、中国の天安門事件の衝撃とも相まって、それまでの台湾認識の知的世界におけるイデオロギー的障礙が弱くなっていったのであった。こうした点から見ると、間接的にではあるが、日本台湾学会の設立も台湾政治の民主化の海外における副産物であるといえるかもしれない。

民主化は、また社会の政治的開放であって、台湾と外部世界との人の往来の幅を広げることとなった。従来経済方面に偏っていた日台間の人の往来も、その幅が大きく拡大して、知識界、文化界でも民主化前であれば台湾には赴かなかったと思われるような人々がたくさん訪台するようになった。対日本には限らないが、人の面で見れば、一九九〇年代から二〇〇〇年代にかけて外部社会の人々を台湾に引きつける最大の「磁力」を発揮したのが李登輝元総統であったと言えよう。

「台湾はおもしろい」から共感と学びへ

再度『臺灣書旅』に戻れば、「案内人」たちが、民主化が開放・解放した台湾社会の多様性とその主体間の交渉が創り出すダイナミックスに共感しつつ案内文を綴っていることがわかる。かれらは確かに台湾を「おもしろがっている」。しかし、その「おもしろい」は、もはや単に面白おかしい（funny）、楽しい（amusing）ではなく、興味深い（interesting）、もっといえば、引き込まれてしまう（intriguing）の意味である。

そこに示されているのは、民主体制の下で出自の異なる多様な主体が自己主張し、また台湾の中でのかれら相互の関係を交渉し、共存をはかり創造していく台湾社会のダイナミックな姿に共感しかつ学ぼうとする姿勢である。今や台湾を知ることは、日本人にとっても、人と社会、文化のあり方についての想像力・創造力を鍛える重要なてがかりのひとつになりつつあると言えるのではないだろうか。わたしの世代までの日本人は台湾に対する無意識の「先進国意識」を完全には払拭しきれないところがある。しかし、これらの若い世代の「案内人」たちは、台湾社会のダイナミックな姿を前に、とうにそんな時代ではなくなっていることを問わず語りに伝えている。

親しき仲にも礼儀あり

本書では、日本社会の台湾認識についても、第一章でわたしが台湾研究を始めた一九七〇年代の状況、第六章にはそれから約四半世紀後の日本台湾学会の設立とその後の状況、そしてここでは二〇二二年夏の状況と語ってきている。これらは確かに「点」と「点」を繋いだ観察に過ぎず、この半世紀の変化について、これらと異なる「点」を選べば、異なる日台関係の姿が浮かびあがるかもしれない。良かった、良かったでは済まされない側面もあるはずである。ただ、この半世紀の初めの頃の日本側の台湾に関する希薄な関心の状況を経験した者として、著者には、ここに例示したコンテキストの存在が貴重なものであると思えるのである。

こうした相互関係を生み出している日台関係は、国際政治に一つの皮肉な変則事例（anomaly）を創出していると言えるであろう。正式の外交関係のある日中間では国民間の相互理解を隔てる壁が大きくなる一方であるように見えるが、正式の外交関係のない日台間では相互交流と相互理解が進んでいる。そこには「変則事例」であるが故の拘束・制限も存在していることは周知の通りであるが、振り返れば、日台間では多様なアクターの努力と工夫によって、そこから生じる様々な障礙への対処が進められた積み重ねの上に今日があるのである。

二〇一〇年代以降東アジアは新たな地政学的緊張の時代に入っており、台湾海峡にも波高い状況が続いている。だからこそ、台湾海峡の相対的平穏の中で、台湾の民主化に支えられて日台「非政府実務関係」の良性循環の中で蓄積されてきた成果を、日台ともに、いっそう大事にする必要がある。また、だからこそ、日台交流には今後とも友人と付き合うときのごく当たり前の教訓「親しき仲にも礼儀あり」を踏まえることが大事だ。

＊1　日本台湾学会ホームページ（https://jats.gr.jp/）でその活動の概要を知ることができる。また「日本台湾学会報」掲載論文のダウンロードもできる。
＊2　紀伊國屋書店のホームページ（https://www.kinokuniya.co.jp/f/dsd-107000401036002015023-　二〇二二年一一月一四日閲覧）から、PDF版をダウンロードできる。
＊3　SNET台湾の活動情報や動画などのコンテンツは、そのホームページ（https://www.snet-taiwan.jp/）から見ることができる。

第Ⅱ部

台湾化の脈動を見出す——アイデンティティの政治の背景に眼をやる

第七章

船出する新興民主体制――総統選挙が刻む政治のリズム

一九九六年五月二〇日、史上初の総統直接選挙で当選した李登輝が新たな四年の任期に就いた。新興民主主義台湾の船出である。以後の台湾政治は、総統選挙が刻む四年毎のリズムにそって展開してきた。わたしは、この間の七回の総統選挙には現場に出かけてそのリズムを感得すべくつとめてきた。その過程でとりわけ強い感触を得たのは、確かに台湾の民主体制は「定着」（後述）したと言えるものの、それには産みの苦しみが伴ったこと、そして米中両大国の狭間におかれた台湾の国際政治的位置を反映した圧力と波動を経験していることであった。

1　台湾民主体制の船出

台湾の政治体制では何が行われると民主化たりえたのか

台湾民主体制の船出の様態を確認する前に、第Ⅰ部でわたし自身の研究活動を回想しつつたどってきた台湾の民主化過程について簡単な整理をしておこう。

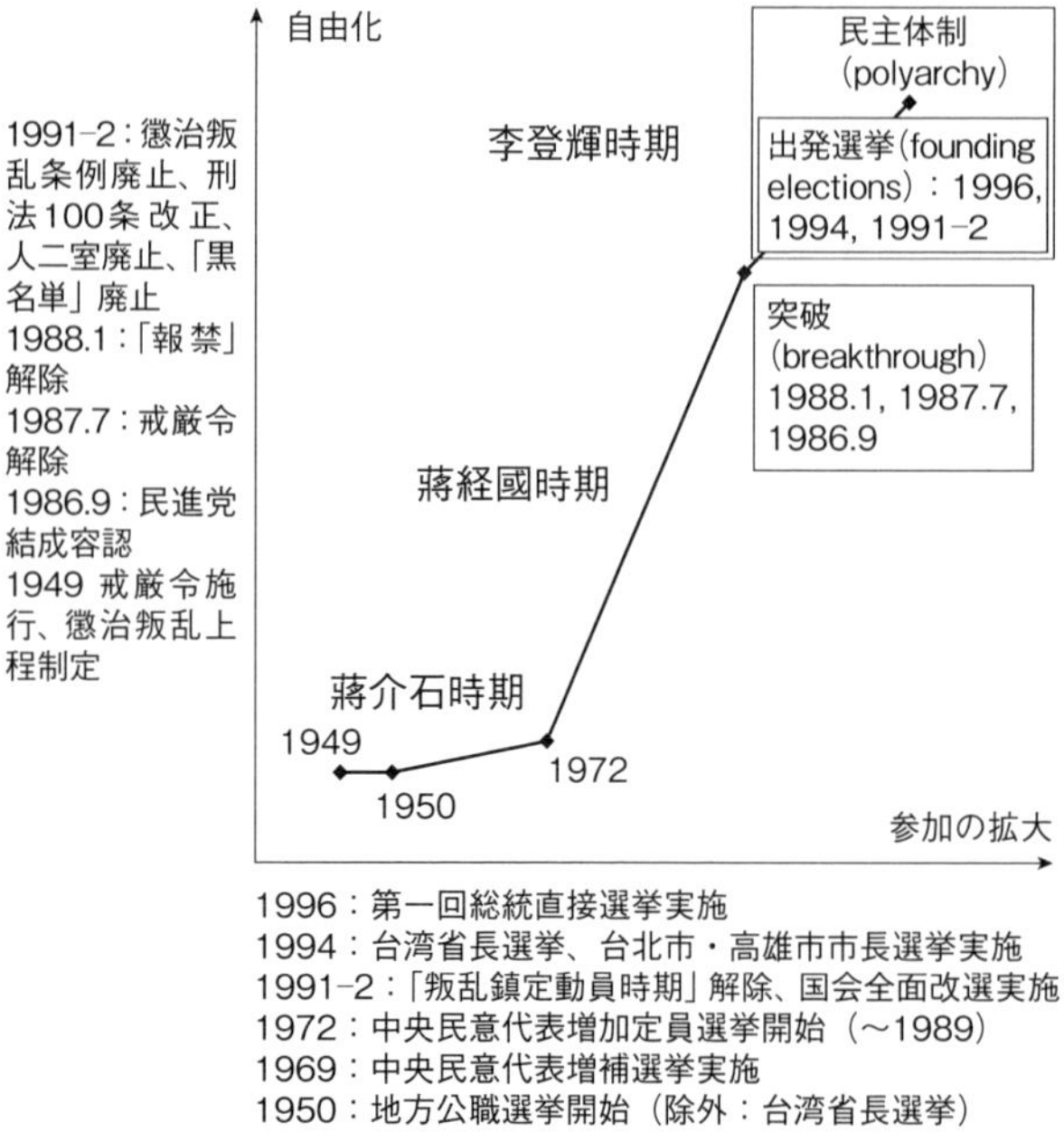

概念図：台湾権威主義政治体制の民主化：R. ダールのモデルに依る

上の概念図は、わたしが講義や講演でしばしば説明に使ってきた、台湾の国民党一党支配の政治体制の民主化が如何なる経路をたどったか、言い換えればどのような改革が行われれば最低限民主体制と呼べるものにたどりつくことになるかを図示したものである。

図のフォーマットは、米政治学者R・ダールの「ポリアーキー」の概念図式に依拠している。[*1]縦軸は、公的異議申し立ての許容度、つまり体制・政府批判を行っても人身拘束を受けない保証の強さを示し、横軸は、政治制度への包括の度合い、つまり政治過程への意味ある参加の程度、実際面で言えば、政権の行方を左右できる国政選挙が挙行されているかどうか、を示している。図では縦軸を「自由化」、横軸を「参加の拡大」と表記している。二つの軸が直交する二次元空間が政治体制移行の進行する論理空間である。その中で両者の程度がともに高い政治体制をダールは「ポリアーキー」と呼んでいるが、これは民主体制と言い換えて差し支えない。

自由化の程度や参加の程度が低い政治体制から民主体制への移行の経路は、移行を開始したが別のタイプの権威主義体制に落ち着いてしまうといったものも含めていろいろ想定できるが、図には、戦後台湾の国民党一党体制がたどった移行の経路を折れ線で示すとともに、関連する時期の政治指導者名も記している。自由化の軸の左側には、政治的自由を制限する制度や後の自由化に関連する措置とその実施の年月を、上に行くほど自由度が上がる形で示した。横軸の下側には、政治参加に関わる措置とその実施年月を示した。これも上に行くほど参加の包括度が上がる措置を示している。

戦前の台湾を植民地統治した日本は台湾住民への参政権付与に極めて吝嗇だったが、戦後の中華民国は実に気前が良かった。一九四七年施行の中華民国憲法で、先住民も含めて男女二〇歳普通選挙権が付与された。だからといって、その後の台湾に民主的政治体制がただちに現出したわけではないことは、ここまでに紹介した政治犯の存在からも知れる。

政治的自由は中国内戦を理由とする長期戒厳令や懲治叛乱条例などの特別刑法、周密な政治警察、「党禁」（新規政党結成禁止）、「報禁」（新規新聞発行禁止）などの措置で著しく抑えられた。一九五〇年からは地方公職選挙が実施され、一九七二年からは国会の「増加定員選挙」が挙行されるようになったものの、選挙を通じた政治参加は「党禁」「報禁」などにより抑圧されるとともに、「中国の正統政権」の建前堅持のため維持される「万年国会」という制度によっても、また「買票」「作票」といった選挙不正の横行によっても歪められた。

それでも、一九七二年からの「増加定員選挙」の挙行は、それが政権交代に結びつかないことが制度的に保証された権威主義選挙ではあったものの、国政レベルに選挙という政治参加の窓が開いたことには意義があった。選挙は戒厳令体制下での貴重な「自由の隙間」が生じる「民主假期（民主のための休日）」だったからである。

わたしを同時代台湾政治の研究に引きつけたのは、この「自由の隙間」が下からの力によって押し広げられていく「熱度」であった。そして、成り行きも手伝って、わたしは「オポジションから入る」というやり方で、台湾の過渡期の政治過程の観察に従事したのであった。

突破、出発選挙、民主体制の設置

図の移行空間に記される折れ線の蔣経國時代末期にあたるところには、「突破（breakthrough）」の枠を示した。「突破」とは、ひとつの政治体制が別の政治体制への移行に向かって後戻りできない措置をとったことを示す。蔣経國が晩年にとった長期戒厳令の解除、野党結成の容認、「報禁」の解除などがそれである。

図ではまた「ポリアーキー（民主体制）」を示す枠内に「出発選挙（founding elections）」の枠を示した。比較政治学の民主体制移行論では、「突破」の後、新たに実質的に合法的地位を得たオポジションが参加して、既存の制度外の会議（理論文献では「円卓会議」と称されることがある）において、新たな政府設置のためのルールが合意される。ついでその合意に基づき何らかの法的措置がとられ、新たな政府設置のための出発選挙が行われる。台湾の場合、この制度外の「円卓会議」が、李登輝が「無血革命だった」と胸を張った「国是会議」（一九九〇年六―七月）であり、「法的措置」とは李登輝が主導した「憲政改革」であった。

また、台湾の場合出発選挙は、三段階に分けて行われ、一九九一―九二年にかけて、国会（国民代表大会と立法院）の全面改選が行われ「万年国会」状態が解消され、一九九四年に台湾省長選挙が実現、さらに九六年に初めての総統直接選挙が挙行された。これらの選挙を経て、新たな民主的正統性を得た民主政府が設置（installment）されたことになる。ただし、台湾の場合、円卓会議後の制度改革（「憲政改革」）を政権政党である国民党のリーダー李登輝がリードし、かつ出発選挙の仕上げとしての総統選挙に立候補し勝利したため、移行後新体制のトップ・リーダーもその所属政党も移行前と同じという民主体制の船出としては特異なものとなった。ただ、この新体制が確かに民主体制であることはその後の総統選挙での政権交代の繰り返しが如実に物語ることとなった。

総統選挙が刻む政治の新たなリズム

総統直接選挙の実現によって、台湾には下は里長（都市）や村長（農村）から上は国会議員と総統までを民主選挙によって選出する政治体制とそれによって結びつけられる有権者の共同体が出現したことになる。

これら各レベルの行政首長や各級議会レベルの選挙のなかで、もっとも大きな意義を持つのは

表　台湾総統選挙の有権者動員規模

回数	年度	当選者	有権者総数	投票総数	投票率%	総人口
1	1996	李登輝（国民党）	14,313,288	10,883,279	76.0	21,525,433
2	2000	陳水扁（民進党）	15,462,625	12,786,671	82.7	22,276,672
3	2004	陳水扁（民進党）	16,507,179	13,251,719	80.3	22,689,122
4	2008	馬英九（国民党）	17,321,622	13,221,609	76.3	23,037,031
5	2012	馬英九（国民党）	18,090,295	13,452,016	74.4	23,373,517
6	2016	蔡英文（民進党）	18,782,991	12,284,970	66.3	23,539,816
7	2020	蔡英文（民進党）	19,311,105	14,464,571	74.9	*23,598,776

（データ）中央選挙委員会の各年発表資料
（出所）若林正丈作成

何と言っても総統選挙である。「憲政改革」によって中華民国憲法に付加された「増修条文」には、総統の任期四年で再選可能（つまり三選禁止）と規定されている。

一九九六年から二〇二〇年まで七回の総統選挙が挙行された。表「台湾総統選挙の有権者動員規模」に、この七回の選挙の当選者（所属政党）や総投票者数、投票率などを示した。

この総統選挙の表からすぐに気づくのは投票率の高さである。最も低い二〇一六年選挙でも有権者の三分の二、一二〇〇万を超える有権者が投票所に足を運んでいる。三つ巴の接戦となった二〇〇〇年選挙（後述）の八二・七パーセントという数字に至っては実質的には投票可能な有権者のほとんどが投票所に足を運んだのだと見て良い。三度の政権交代が実現している選挙結果から見ても、選挙毎の有権者の参加規模の大きさから見ても、総統選挙は台湾の有権者の政治生活に四年毎の明確なリズムを刻んでいるのである。*2

2 「台湾の子」陳水扁の栄光と挫折――新興民主体制の試練

平坦ではなかった総統選挙の挙行

比較政治学の民主化論では、出発選挙―民主体制の設置の後には民主体制の定着（consolidation）の段階が来るとの議論がある。いったん「円卓会議」で合意したルールに基づいた選挙であっても実際に挙行されて結果が期待したものでなかった場合、敗北した側がその受け入れを拒否してテーブルをひっくり返すといった事態が生じることがあるのは、ミャンマーの事例（一九八八年と二〇二一年の国軍のクーデター）からもうかがわれるところである。またその地域に一定の傾向をもった政権が誕生することを好まない外部勢力が存在する場合もある。出発選挙―民主体制の設置が必ず安定した民主体制の樹立に結びつくというわけではない。

では、民主体制の定着とは何か。これも議論紛々だが、政治権力の追求に際して自由・公正な政治競争と選挙以外のやり方がその国家では想像もできない状況（the only game in town）になることだという。そして、二度の政権交代を経ること（two-turnover test）がその検証となる、とよく言われる。

台湾の場合、表から一目瞭然なように、この間三度にわたる政権交代が実現している。台湾内部の諸状況からのみ見るならば、台湾の民主体制はすでに定着しているといってよいだろう。外部勢力（今のところ中国しか想定できない）の著しい妨害工作が奏功しない限り、政府の担い手は交代しても民主体制は揺るがない可能性が高い。二〇二四年一月に第八回の総統選挙が各種の妨害の類いはあるにせよ、総じて平和的に挙行されることは、内外の政治アクターにおいて当然のように予期されている。

とはいえ、台湾の総統選挙のこれまでの挙行の過程は必ずしも平坦ではなく、内部からの、そして外部からの波動に揺さぶられてきている。台湾の総統選挙そのものもまたそのような波動の一因ともなってきた。それは、直接には、台湾の「統一」を掲げる中国に対するスタンスの異なる政党間の政権交代が総統選挙を通じて行われるからであるが、より長い視点で見ると、民主化は台湾の有権者をひとつの政治的共同体にまとめあげ、「中華民国」の殻の中に事実上の台湾国民国家としての実質を育む意義を有するからでもあろう。総統直接選挙は、それを四年ごとに促す機制、いわば「台湾サイズ」の政治的主体性を四年ごとに示威する政治的イヴェントとなっているのである。

一方、これに対し中国は、民主化以来台湾政治に生じているこのような台湾国民形成のベクトルの成長を阻止しようとしているし、また台湾内部には、前体制への依附・依存が強かったため、こうしたベクトルの伸張に相対的剥奪感を感じて政治を見ている一群の人々も消えることなく存在しているのである。

新生の事物は生まれ出るそのこと自身がひとつの重大な試練である。ここでは、新生台湾民主体制の内部的波動について述べ、外部環境との連関は次章に述べることにしよう。総統選挙の衝撃が台湾内部で強く現出したのは、「台湾の子」を自称した陳水扁の当選と再選の二回の選挙であった。

「李登輝やめろ」デモ――二〇〇〇年の政権交代選挙

二〇〇〇年の総統選挙は、終盤の激しい三つ巴からわずかに抜け出した民進党の陳水扁が当選し、台湾政治史上初めての政権交代が行われた。この選挙では、一九九八年の台北市長選挙で国民党の馬英九に再選を阻まれた陳水扁が民進党から立候補し、国民党からは李登輝の推す連戦（当時副総統）が公認され、李登輝と対立した宋楚瑜《そうそゆ》前台湾省主席が有権者の署名により無所属候補の資格を得た。この三名が有力候補であった。

宋楚瑜は、李登輝の国民党内実権掌握の過程で、国民党中央秘書長などとして李を補佐してきた人物だが、一九九四年に李登輝の支持を得て台湾省長に出馬して当選し、以後省長の権限を巧みに使う利益誘導政治でかなりの地方派閥を掌握し党内に支持基盤を強化していた。しかし、民選総統としての李登輝が第四次改憲（一九九七年）で台湾省の「凍結」（省の非自治団体化、つまり民選省長、省議会の廃止）に踏み切ると李と対立し、ついで総統選に意欲を示すも国民党公認から外れると省長時代の地盤を頼みに無所属で総統選に挑戦したのであった。

台湾の総統選挙の選挙戦は、実質的には投票日のほぼ一年前から始まるが、開始当初はなんと言っても李登輝の支持で国民党の公認を得た連戦が有望とみられていた。台北市長を経験し実績をあげた陳水扁は民進党党内では最有力候補であり、民進党が「台湾独立」の綱領を棚上げする「台湾前途決議文」（台湾は主権独立国家であり、現行の憲法では中華民国と称する、との趣旨）の党大会での採択（一九九九年五月）など総統選挙に向けた同党の政治路線の修正を主導していたのだが、連戦の地盤の強さ、宋楚瑜の勢いに比して、「陪選《ばいせん》」（おつきあいで立候補している）にとどまらざるを得ないとの見方が有力であった。わたしはこうした観察を、一九九九年四月初め、世論調査の分析で当時から著名だった東呉大学の游盈隆教授から聞いた。その頃基隆で陳水扁の政治演説会があるというので様子を見に出かけたが、聴衆は少なく盛り上がりもなく、游教授の「陪選」の言を裏書きするかのように見えた。

その後、選挙戦は宋楚瑜が優勢となり、一二月初めまでその状況が続いた。李登輝は、九月に発生した中部大地震に際して、連戦を政府の対応の総指揮者に任じて巻き返しの舞台を与えたのであるが、連戦はその機会を生かせずにいた。しかし、一二月に入り連戦陣営が、宋楚瑜が党中央秘書長時代に公金を私的に不正使用したとの疑惑を暴露したことで、宋楚瑜の勢いはやや衰え、陳水扁の勢いがあがり、選挙戦は文字通りの三つ巴となった。

この三つ巴状況が前記のような高投票率の一因であろう。今でも記憶しているが、三つ巴状況になってからの台湾の日刊紙には、難しい選択を強いられる有権者の「選挙憂鬱症」にどう対処したらよいかについての精神科医師のアドバイスが掲載されたりしていた。

台湾の総統選挙は正副総統候補がペアで出馬する形をとる。当選の決定については相対多数当選制をとり、フランスの現行制度のような第一ラウンドで過半数を採る候補がいない場合に行う第二ラウンドの投票がない。絶対多数当選制なら、有権者は第一ラウンドでは第一選好の候補に投票すればよく、その候補が第二ラウンドに残らなくても、自分にとってのセカンドベストに投票すればよいのである。二〇〇〇年選挙の有権者の憂鬱症の原因の大半は、三つ巴戦の場合フランス有権者が二度に分けて行うことを一度でやらなければならない相対多数当選制という制度にあったといえるだろう。

陳水扁の当選は、李登輝の民選総統当選とは比べものにならない衝撃を台湾の政治様態もたらす可能性があった。本省人であり従属エリートではあっても、李登輝は国民党一党体制の「至高の領袖」＝蔣経國が抜擢した人物であった。一方、陳水扁は、本省人で台南の貧農の家の出身、台湾の最高学府に合格し、猛勉強で弁護士資格を得て、都市中産層の仲間入りをしていた。まさに「台湾の子」を自称するにふさわしい、戦後台湾の経済成長がもたらした社会流動性を体現する閲歴をもっていた。しかし、国民党の体制側の人物たちからみれば、強烈な台湾なまりの「国語」を話す、まったくのアウトサイダー・エリートだったのである。

多くの人が「台湾の子」の当選に希望を見出し、同時に多くの人が、アウトサイダー・エリートがいきなり三軍統帥をも務める政治リーダーの職に就くことに困惑を感じたと言えよう。

それゆえに、陳の当選により生じるかもしれない衝撃波が危惧され、それを軽減するためたくさんのことがなされた。投票日、投票時間がおわり開票が始まった頃、国軍参謀総長が、国軍は中華民国憲法の規定に従って当選した総統に忠誠を尽くす、との趣旨の表明を行い。陳水扁は当選確定後の記者会見では「自分は中華民国第一〇代総統の任に就く」として「中華民国」の総統であることを真っ先に強調した。当選の翌日からは、国民党の長老、特に党内権力闘争で李登輝と対立した郝柏村元首相、晩年の蔣経國に左遷させられた王昇将軍にまで挨拶してまわった。

陳水扁のこのような対応の影響があったのかどうかは判断が難しいが、アウトサイダー当選の違和感と困惑を体現した大衆の反発という衝撃波は、なんと陳水扁でなくて李登輝に向かった。陳水扁当選確定のその夜から、長く選挙戦をリードしながら次点に甘んじた宋楚瑜の支持者が、李登輝の国民党主席辞任を要求して総統官邸を包囲し、家族は一時閉じ込められる形となった。宋の敗戦は、李登輝が連戦支持といいながら密かに陳水扁を支持したからだ、陳陣営が選挙戦末期に提示した顧問団の中に李登輝に近い人物がいたのがその証左だ、というのがその行動の理由であった。

この際にも、当時民進党主席の座にあった林義雄が、台北街頭への反対動員を固く禁ずる指示を地方党支部に出した。抗議行動は官邸周囲のみ孤立した現象となり、李登輝は宋楚瑜が新たに「親民党」の結成を表明するのを待って党主席を辞任し、緊張は去って行った。

銃撃事件と選挙結果否認——二〇〇四年陳水扁の極僅差再選

ところが、陳水扁が再選を目指して当選した二〇〇四年には、敗れた国民党の連戦候補が選挙結果を受け入れず、支持者とともにデモ行進するという「反定着」行動の典型のような対応を見せた。

二〇〇〇年選挙で成立した陳水扁政権は、二重の意味で少数政権であった。総統選挙得票率でも（過半数に一〇パーセント強不足）、立法院議席においても与党民進党は過半数に遠く満たなかった。国民党が立法院での多数を恃んでこれに対抗したのは当然であろう。その過程で、総統選挙では対立した連戦と宋楚瑜が、民進党との対抗上しだいに連携を強め、これに一九九三年に李登輝路線に反発して結成されていた新党（党名）が合流していった。三党の勢力は、国民党の党旗「青天白日旗」の色にちなんで「汎藍（パン・ブルー）」陣営と呼ばれるようになった。

一方、国民党主席の座を追われた李登輝の元にも少数の国民党議員などが集結して二〇〇一年八月李登輝を「精神的リーダー」とする台湾団結聯盟（台聯）が結成され、民進党の友党と位置づけられた。民進党と台聯の勢力は民進党の党旗の色にちなんで「汎緑（パン・グリーン）」陣営と称された。二〇〇四年総統選に「反定着」行動が起こったのは、台湾政界にこのような二大勢力対抗図式が出現したことが背景にある。二〇〇〇年選挙で陳水扁に漁夫の利をさらわれた「汎藍」側としては、陣営の統一候補を出すしか勝ち目はなかった。

そこで、二〇〇三年二月には前回選挙得票三位の連戦を総統候補、二位の宋楚瑜を副総統候補とし、この正副候補ペアを新党が支持するという提携関係が正式にできあがった（第八章「台湾総統選挙と米中の対応」表参照）。提携の障礙になりそうな李登輝はすでに国民党の外にいた。前回の両者の得票と陳水扁の得票の比率は、約六〇パーセント対三九パーセントで、約二〇ポイントの差があった。李登輝の台聯結成の影響はそれほど大きくないことはすでに判明していた。連・宋ペア成立発表後の世論調査の支持率では、陳水扁に十数パーセントの差をつけていた。当時のメディアの言い方では、連・宋ペアは「寝ていても勝てる」はずであった。

これに対して陳水扁は、二〇〇三年五月中国起源のＳＡＲＳ（重症急性呼吸器症候群）の流行が台湾にも及んだ最中でも、台湾のＷＨＯ（世界保健機関）へのアクセスが中国に妨害されていることに世論の反感が高まった情勢に潮目を見出して、以後総統選挙投票時のWHO加盟を求める公民投票実施、公民投票による新憲法の制定（「公投制憲」）など、台湾アイデンティティをかき立てるアジェンダを提起して、攻勢に出た。これらをラッピングする合言葉が「台湾を愛する〔愛台湾〕」であった。

陳水扁のこうしたパフォーマンスは、北京のみならずワシントンの警戒を呼び、同年一二月九日ホワイトハウスで温家宝《おんかほう》中国首相と会談した際のブッシュ米大統領の「台湾の指導者が一方的に現状を変えるような言動には反対する」との発言を引き出してしまった。米大統領が中国の要人の前で陳水扁をほとんど名指しで批判するという深刻なものであった。陳水扁はかくして北京のみならずワシントンの「好ましからざる人物」になってしまった。このことはその後ながく民進党にたたることになる。

とはいえ、当時の台湾内部の選挙キャンペーンとしては効果があり、再選を優先させる陳水扁は躊躇せず、翌年一月には総統選と同時の「防衛性公民投票」の実施を決定した。以後選挙戦終盤は、両陣営の激しい支持者動員合戦となり、「汎緑」陣営が二月二八日つまり二・二八事件勃発の日に中国の対台湾ミサイル配備に抗議する全島の「人間の鎖」デモに二〇〇万人近くを動員すると、「汎藍」陣営も三月一三日に政権交代を訴える全島的なデモを行い、これも二〇〇万人近くを動員した。

こうしたキャンペーンで陳水扁が連・宋ペアに肉薄する状況の中で、投票日前日を迎えた。この日台南市内を選挙カーで沿道の声援に応えつつ移動していた陳水扁は、同乗した副総統候補の呂秀蓮とともに何者かの銃撃を受けた。両者とも軽傷で、台南市内の病院で治療を受けると夜半には台北に戻り、翌日の投票は予定通り実施されることが決定されたものの、事件は大きな衝撃をもって受け止められ、両陣営は通常は最も盛りあげたい投票日前夜の活動を停止した。様々な憶測が飛び交い、「汎藍」側のＴＶコメンテーターからは銃撃は陳水扁の「自作自演」だとの発言が飛び出し、広く拡散された。

翌日の投票日、集計の結果は、両者の得票差は二万九五一八票（得票率の差で〇・二二九パーセント）で陳水扁の勝利となった。連戦陣営は極僅差のこの結果を受け入れられなかった。夜半選挙本部に集まった支持者に対し、連戦は「この選挙は不公平だ」として、支持者とともに抗議のデモ行進を行い、一部の支持者はそのまま総統府前の十字路の広場を占拠して抗議活動を続けた。

しかし、抗議活動と不穏な空気は結局のところそれ以上には広がらなかった。わたしは投票日翌日から香港に飛び、それから上海、北京と中国の台湾ウォッチャーとの意見交換の旅に出た。宿泊地毎にホテルで見るニュース報道には総統府前の抗議活動が大きく報道されていて、台湾はかなり不穏な情勢下にあるかのごとく感じた記憶があるが、ただ考えてみれば、報道される場面は台北のそのまた一部の情景のみであったのである。民進党の幹部は支持者が総統府前抗議活動に対して対抗的行動をとらないよう強く呼びかけた。付近にある台湾大学病院からは入院患者の安寧に影響するとの抗議もあがっていた。また、無効票の増加に関して開票不正・不備があったのではとの声に対して、選挙実務に当たった小中学校教員などからは、反発の声もあがっていた。街頭抗議活動は四月初旬には終息した。

抗議活動への民意の支持が広がらない状況を前に、結局「汎藍」陣営としては、問題を司法過程に流し込むしかなかった。陳水扁側も票の再集計に同意し、「汎藍」側の当選無効と選挙無効の提訴を受けて、裁判所の監督下に再集計が行われたが、無効とされる票が若干増えたものの、結果は覆らなかったのであった。

以上のように、二大陣営対抗の図式での激しい競争と動員が選挙キャンペーンの緊張を高めたところで、直前の総統候補銃撃事件が発生し、一方の予期に反する結果が極僅差で出現したところに「反定着」的抗議行動は起きたのであったが、裁判所の監督下の再集計により決着が図られたところに、台湾の選挙制度とそのパフォーマンスの良さが現れたのではないだろうか。第Ⅰ部でその見聞を述べたように、まだ戒厳令下にある一九八〇年代初頭より選挙法制が整備され管理のパフォーマンスが改善されていたことが、台湾社会における公職選挙という制度の信頼性、ひいては正統性を高めていたのである。

中枢の腐敗と政権危機

こうして「反定着」行動の挑戦をしのぐことができた陳水扁ではあったが、その第二任期の政治は挫折に満ちたものであり、その帰結はある意味で悲惨であり、二〇〇八年選挙で国民党の政権返り咲きを許すことになった。台湾政治研究家の小笠原欣幸《おがさわらよしゆき》は「陳水扁と民進党・緑陣営の情勢判断の誤り、教条主義、慢心、ご都合主義、権謀術数が、後の暗転を招いた」と述べている。[*3]

その挫折と悲惨の中で最大のものは、権力中枢とその周辺の腐敗であった。二〇〇四年選挙の終盤でも、当時背任容疑で海外逃亡中の実業家と陳水扁夫人呉淑珍《ごしゆくちん》の政治献金がらみの関係が取り沙汰されていたが、二〇〇五年にはかつて総統府副秘書長をつとめたことのある陳水扁側近が、高雄市地下鉄工事をめぐる収賄事件で起訴された。翌年に入ると陳水扁の娘婿が土地取引をめぐる不正に関わった疑いで逮捕、さらに夫人呉淑珍が総統府機密費流用の疑いで起訴された。「汎緑」支持の知識人グループからも陳水扁辞任要求が出され、二〇〇六年九月には総統府周辺は「赤シャツ隊」と称された辞任要求デモが繰り返された。

民進党は、二〇〇八年選挙の候補を決める予備選挙では激しい内部闘争の末、高雄市長、行政院長を歴任していた謝長廷を総統候補に立てた。しかし、本選挙では国民党の馬英九に大差で敗北した。当時陳水扁政権の中枢の腐敗は、馬英九・国民党にとってそれさえ叩いていれば支持が引き出せる便利な「現金引きだし機」と呼ばれたが、この選挙での政権交代は、陳水扁政権の自壊の帰結でもあり、また腐敗した政権を交代させる民主選挙のアカウンタビリティー（政治的応責性）の当然の機能の発揮でもあったと見ることもできるだろう。

陳水扁は、退任後台北駅前のビルに事務所をかまえていて、わたしは日本の学者グループの一員として訪問したことがある。その時陳水扁が大いに語ったのは、総統選挙での謝長廷候補のキャンペーン戦略批判であった。中間票に手を延ばすというやり方は効果が薄い、自分が再選キャンペーンで成功したように、コアな支持者の熱情をかき立ててそこから「勢いを造る［造勢］」やり方をすべきなのだと強調していた。その数日後に本人が機密費横領の疑いで逮捕されたのであった。

陳水扁政権の八年は、台湾の新興民主体制の産みの苦しみの時期であり、長期戒厳令下のオポジションから立ちあがって初めて政権を担った民進党にとっては、極めて苦い教訓を与えられた八年でもあった。

3　その後の李登輝について

初代民選総統の誤算

李登輝は一二年にわたって総統の職にあった。蔣経國の残任期間二年、憲法改正前の旧制度による六年、民選総統としての四年である。最後の四年は憲法の修正条文（「増修条文」）による新ルールであるから、再選を追求するということも可能ではあったが、李登輝はその道を選択しなかった。民選総統期はいわばその総統在任の第二期にあたる。李登輝後の総統は陳水扁、馬英九、蔡英文とも再選を果たしたが、「増修条文」により三選は禁じられており、米国の大統領と同様二期目には指導力発揮が困難になるいわゆる「レームダック」問題が生じる。

民選総統李登輝には三選禁止ルールが適用されるわけではないが、再選出馬を否定したことで、類似の権力状況が生じた。国民党の次世代エリートがポスト李登輝をめぐって鍔迫《つばぜ》り合《あ》いを始め、李登輝はこれを抑えきれなかった。李登輝の台湾省「凍結」に反発した宋楚瑜が党を割って出た二〇〇〇年総統選挙を経て最終的に親民党を結成したことは先に見た。この他、一九九八年台北市長選挙で、評判のよかった現職陳水扁市長に対する対抗馬を李登輝が見つけられない隙をついて、馬英九が公認候補に担ぎあげられ、李登輝もこれを支持せざるを得なかったのも、国民党党内政治的には、このコンテキストで見ることが可能だろう。

そして台北市長選は馬英九が陳水扁を破った。こうして李登輝は台湾政界の二頭の「虎」を野に放つことになった。宋楚瑜と陳水扁である。連戦は普通の「人」である。もう一頭の「虎」＝李登輝が後見していたとしても直接の対決で「人」が「虎」に勝つのは困難であった。当時わたしは三候補と李登輝の関係をこのように観察したものだった。

「再選」を求めなかったものの李登輝には、自身のポスト李登輝の政界再編の青写真があるのだと当時の政界関係者から耳にしたことがある。二〇〇〇年選挙で連戦政権を実現し、自身の威信を用いて国民党の台湾化を進めて、民進党と国民党合わせて広義の「台湾派［本土派］」国会の六割以上の勢力を形成し、その間での政権交代を可能にするというものである。

残念ながら時間が特定できないが、李登輝の民選総統就任後の時期に、李登輝のある幕僚にいろいろ話を聞いている際、おそらく私がポスト李登輝の政治を話題にしたからであろう、その幕僚氏は、李がもっと若ければ独自政党の結成を進言するのだけれども、との趣旨の話をした。これも間接的に何らかの李登輝退任後の政界再編青写真が取り沙汰されていたことを傍証するものかもしれない。

前節に見たように、宋楚瑜の離反、三つ巴の選挙戦、陳水扁の勝利という展開で「台湾派六割」勢力形成の筋書きが崩れた。二〇〇一年の台聯結成もこの構想の延長上にあったと言えるが、国民党から切り取った勢力はあまりに小さく、李登輝が望む政界再編としては不発だった。そして政界は前記のように藍・緑両陣営対抗の構図となり、それぞれが異なった対中スタンスを持つことから、米中関係の波動の影響を受けやすい、また中国の政治工作、後述する「中国要因」が作動しやすい構造となってしまったのである。この点は次章に見る。

李登輝への憎悪と陳水扁への嫌悪

李登輝が「憲政改革」と称された中道路線の民主改革を推進するにあたって、党内の外省人を主とする重鎮との激しい権力闘争を勝ち抜く必要があり、その一端をわたしも観察したことは第I部に触れた。李登輝はこの段階では実にスマートな権力運用を見せたのであり、その成果でもある「憲政改革」の達成を経て、一九九五年夏の訪米前後から欧米のメディアで一時「ミスター・デモクラシー（民主先生）」と称されるようになったのである。

しかし、「民主先生」の称賛を得るに至る過程は、国民党支持者の一部に李登輝に対する根深い憎悪が育っていく過程でもあった。「国民党支持者の一部」とは、李登輝と対立面に入った党内外省人保守派重鎮を支持する人達であり、それまでの人生で国民党一党体制への依存が高く、眼前に進行していく民主化と台湾化により相対的剥奪感を抱かざるを得なかった人々である。本省人・外省人の別で言えば都市在住の外省人が多く、職業的には軍人、公務員、教員などとその家族が多いと言えよう。李登輝は、かれらにとっては、蔣経國が途中から取りたててやった従属エリートに過ぎず、李登輝の権力闘争とその後の民主化・台湾化の推進は、彼を取りたててやった党に対する「裏切り」であった。二〇〇〇年政権交代以後よく耳にした台北の知人達の言い方では、かれらは李登輝を「憎悪」しているのだという。これに対して、体制のアウトサイダーからのし上がった陳水扁については、「嫌悪感」はあるが、李登輝に対する憎しみとは質が違うのだという。

その晩年に訪台して李登輝と対談した[*4]作家司馬遼太郎は、その後の李登輝の有様を見て「台湾問題は熾っている炭火ですから素手でつかむのは大変です。いまはただわが指の焦げるにおいのみを嗅いでいます」と「産経新聞」のコラム子に書いてきたという。これは、彼との対談が李登輝の「台湾人として生まれた悲哀」というその後人口《じんこう》に膾炙《かいしゃ》することばを引き出し、台湾内のみならず一九九五—九六年の中台間に緊張が高まったことを指している。わたしは当時この言を記した「産経」のコラムを目にして自分の「台湾日記」に「司馬さんの「指が焦げる」のなら、李登輝は、日本式の「剣道の気合」で屠《ほふ》った政敵たちの見えない血に満身を染め、一二億の人口を有する共産党の武装したリーダーの敵意を一身でその眉間に受けている」と記したのだった。[*5]

「台湾人として生まれた幸せ」——前向きな台湾人気質

さはさりながら、わたしはこれはすごいなと感じたのは、彼が大きな困難や思惑はずれに直面しても一貫してその晩年まで前向きな姿勢を示し続けたことである。かれが総統退任を前にして中文と日文で出版した『台湾の主張』では、司馬遼太郎との対談を総括するかのごとく、「台湾人は長い間、自分たちの国を自分たちで治めることができなかった」悲哀があるが、「台湾人として生まれた者の幸福も見出すことができる」として、次のように記している。[*6]

……（台湾の）複雑な歴史は、確かに台湾と台湾人に悲哀をもたらしたが、それとともに台湾独自の豊かな条件と、逆境にあっても挫けない柔軟性を得たことを無視するわけにはいかない。

半世紀にわたって台湾を観察してきた個人的な感触によれば、こうした意味での前向きな姿勢は、台湾人気質の表れでもあるのではないかと思う。

＊1　R・ダール（高畠通敏・前田脩訳）『ポリアーキー』岩波書店、二〇一四年、一三頁。
＊2　小笠原欣幸『台湾総統選挙』（晃洋書房、二〇一九年）は、初回から六回までの選挙についてほとんどの場合密接な現地観察を実施し、かつ六回とも一貫した手法で、台湾総統選挙の具体的様態を描きだしている。一種の「密接観察の政治学」の著であると言えよう。以下、総統選挙プロセスの記述は、この小笠原著および拙著『台湾の政治　中華民国台湾化の戦後史』（東京大学出版会、二〇〇八年）による。
＊3　小笠原前掲書、一七八頁。
＊4　「対談　場所の悲哀――李登輝／司馬遼太郎」、「週刊朝日」一九九四年五月六―一三日号、司馬遼太郎『台湾紀行』朝日新聞社、一九九四年に所収。
＊5　若林正丈『台湾の台湾語人・中国語人・日本語人――台湾人の夢と現実』朝日新聞社、一九九七年、二九八―二九九頁。
＊6　李登輝『台湾の主張』ＰＨＰ研究所、一九九九年、一六―一七頁。

第八章
大国の狭間で――「中国要因」の政治の登場と米中の対立

1　北京とワシントンの「好ましからざる人物」

台湾問題の国際政治空間――「七二年体制」

台湾政治がおかれている国際政治の環境は、米中両大国が台湾問題をめぐって一方で妥協し、一方でせめぎ合う関係にある。中国は、中国は一つであり、台湾は中国の不可分の領土であり、国際社会では中華人民共和国のみが中国を代表するとする。これが「一つの中国」原則である。アメリカは、国際社会での中国の代表権を認め台湾との関係を「非政府間関係」に限定する形にするが、台湾の主権についての中国の主張には一〇〇パーセントは同調せず（「中国の立場を認識する」のみ）、現に存在する台湾海峡両岸の政治的対峙は平和的に解決されるべきであるとする。これがアメリカの台湾問題に関する「一つの中国」政策である。アメリカにとっては「平和解決」が原則であり、「一つの中国」は政策であり、政策であるからには、柔軟な対応があってかまわない。

中国は、アメリカの「平和解決」原則に対して、台湾問題は内政問題であるからその解決の選択肢から武力による解決を排除しないとのスタンスを取りつつ、対米国交樹立に際して毛沢東時代の対台湾武力行使を含意する「台湾解放」のスローガンをおろして「祖国の平和統一」を掲げたのであった。

このアメリカの「一つの中国」政策と「平和解決」原則の組み合わせと中国の「一つの中国」原則と「祖国の平和統一」政策の組み合わせとの、相互妥協とせめぎ合いとが、台湾問題の展開する国際的空間の枠組を形作ってきた。わたしはこの組み合わせを作り出している米中両国の共同声明などに表明されているアレンジメントを「七二年体制」と呼んできた。一九七二年のニクソン米大統領の訪中がその起点の象徴的イヴェントであるからである。

台湾の民主化過程も民主化後の総統選挙にそのリズムが刻まれる政治過程も、したがってこれまで七回の台湾総統選挙も、この七二年体制によって枠付けられる国際政治空間で展開してきたのである。一九七二年から始めたわたしの台湾研究も、その後の台湾政治観察・研究も、言ってみればこの国際環境の下で進められていたことになる。二〇一〇年代からは米中関係の緊張が次第にたかまり、七二年体制には強い負荷がかかるようになり、名目だけ（「名存実亡」[*1]）の状態に近づきつつある。ただ、米中両国ともに相互妥協の最後の一線を踏み破るところまでは来ていないようである。この「体制」はすでにわたしの台湾研究人生と同じく半世紀続いている。

北京とワシントンの「好ましからざる人物」

二七〇、二七一頁に示す表に、一九九六年から二〇二〇年までの台湾総統選挙の候補の得票率などの事項と、選挙キャンペーン時から当選時にかけての米中両国の候補者に対する態度と対応を整理してみた。各候補に関して判断がつく限り、北京の「好ましからざる人物」には★印を、ワシントンのそれには■印を附した。中国政府は軍の演習や政府要人の発言などで、候補者に対する選好を明確に示す傾向がある。

アメリカ政府は、台湾の有権者の民主的選択を尊重するとして、一般的にどの候補者が良いといった選好を公式に表明することはないが、政府レベルでは台湾関係法に基づく台湾への武器売却許可の発表、重要シンクタンク研究者（前政府ないし次政府の政策担当者である場合が多い）の発言や立候補予定者の訪米時の諸種の待遇で推測できる。言うまでもなく中国側には「民主的に選ばれた指導者を尊重する」という政治文化はない。

この欄のデータから米中両国の台湾総統選挙候補に対する態度のあり方を見てみると、まず確認できるのは、民進党の候補は常に確定的に北京の「好ましからざる人物」である。一方、国民党の候補は初回の李登輝を例外として、そうではない。ついで、全七回の選挙のうち、李登輝を含め北京の「好ましからざる人物」が五回当選している（執政期間計二〇年）が、国民党の候補の当選は李登輝を除けば、民進党候補が北京とワシントンの両方の「好ましからざる人物」となっていた期間だけ（馬英九政権の八年）である。また、陳水扁の再選選挙のみが、候補が北京とワシントン双方の「好ましからざる人物」であるのに、当選を果たした事例である。ワシントンはこの時直接に総統選挙に関して態度を表明したわけではないが、前述のように、陳水扁が再選戦略としての「公民投票」「公投制憲」を掲げたことを台湾海峡の緊張を増すものとして嫌ったことは明白である。前記のように、この時のワシントンの民進党不信は次の謝長廷、さらに二〇一二年の蔡英文になっても解けなかったのである。

その一方、中国の胡錦濤《こきんとう》政権は二〇〇四年選挙も含めて、陳政権の動きを「現状変更」しかねないものと見るワシントン経由で圧力がかかるように対応し、また国民党を通じて台湾内部に手を延ばすこと（「両岸三党政治」、後述）によって、総統選挙への直接の威嚇（前任の江沢民政権は

対応	
米国の対応	中国の直接的威嚇の有無：対応方式
95年李登輝訪米を受け入れ。選挙時台湾海峡に2組の空母打撃群を接近させる	有：台湾海峡ミサイル演習
陳の「新中間路線」、平和的政権交代実現を歓迎	有：選挙終盤局面での朱鎔基首相による威嚇発言
陳水扁の再選戦略「公民投票」「公投制憲」を強く警戒、民進党に不信感	無：ワシントンを通じて圧力
退任する陳水扁の選挙への影響力を警戒、民進党への不信感	無：ワシントンを通じて圧力
陳水扁期の民進党への不信感、強く残存	無：経済交流等ソフトな手段で馬英九を後押し
蔡英文の「現状維持」路線を評価	有：2015年3月習近平「92年コンセンサス」が揺らげば「地が動き山が揺れる」との発言で民進党を威嚇、11月急遽習近平がシンガポールで馬英九と会談
対中関係悪化を背景にF16V売却決定など	有：中国軍戦闘機、艦船の台湾近海などへの出没増加、12月26日空母「山東」台湾海峡を通過

表　台湾総統選挙と米中の対応

選挙各指標				米中の		
回数	年度	候補者（党派）／太字は当選者／*印は外省人	各候補得票率％	候補に対する北京とワシントンの選好：★印は北京の、■印はワシントンの「好ましからざる人物」	米大統領	中国共産党総書記
1	1996	**李登輝・連戦（国民党）**	54.00	★	ビル・クリントン	江沢民
		彭明敏・謝長廷（民進党）	21.13	★		
		林洋港・*郝柏村（新党推薦）	14.90			
		*陳履安・王清峰（無所属）	9.98			
2	2000	連戦・蕭萬長（国民党）	23.10		ビル・クリントン	江沢民
		陳水扁・呂秀蓮（民進党）	39.30	★		
		*宋楚瑜・張昭雄（無所属）	37.47			
		*李敖・*馮滬祥（新党）	0.13			
		許信良・*朱恵良（無所属）	0.63			
3	2004	連戦・*宋楚瑜（国民党・親民党）	49.89		ジョージ・W・ブッシュ	胡錦濤
		陳水扁・呂秀蓮（民進党／台聯支持）	50.11	★■		
4	2008	***馬英九・蕭萬長（国民党）**	58.45		ジョージ・W・ブッシュ	胡錦濤
		謝長廷・蘇貞昌（民進党）	41.55	★■		
5	2012	***馬英九・呉敦義（国民党）**	51.63		バラク・オバマ	胡錦濤
		蔡英文・蘇嘉全（民進党）	45.63	★■		
		*宋楚瑜・林瑞雄（親民党）	2.77			
6	2016	朱立倫［当初は洪秀柱］・王如玄（国民党）	31.04		バラク・オバマ	習近平
		蔡英文・陳建仁（民進党）	56.12	★		
		宋楚瑜・徐欣瑩（親民党・民国党）	12.84			
7	2020	韓國瑜・張善政（国民党）	38.61		ドナルド・トランプ	習近平
		蔡英文・頼清徳（民進党）	57.13	★		
		宋楚瑜・余湘（親民党）	4.26			

（出所）若林正丈作成　（データ）各年の中央選挙管理委員会発表による。

これをやった）を避けて、馬英九政権の誕生と再選という果実を得ることができたのであった。

変わるワシントンの風向きと米中関係の悪化

ところが、二〇一六年選挙では様相が変わっている。民進党の蔡英文候補が北京の「好ましからざる人物」であることに変わりはないが、蔡英文はワシントンの「好ましからざる人物」ではなくなっている。実際、二〇一五年本格的選挙キャンペーン開始に先立って訪米した蔡英文は、主要シンクタンクから二〇一二年選挙の場合とは打って変わって厚遇を受けた。蔡英文が打ち出した台湾海峡の「現状維持」の路線がワシントンに受け入れられたことは明白だった。二〇二〇年選挙に際しては、ワシントンは国民党の韓國瑜《かんこくゆ》候補に対してさしたる関心を示さなかったが、再選を目指す蔡英文政権に対しては戦闘機売却の許可を出すなどの支持のシグナルを出したのであった。

この背景には、アメリカの対中政策の明確な転換がある。オバマ政権第二期のいわゆる「アジア回帰」政策は、胡錦濤政権を継いだ習近平政権の拡張主義的な対外姿勢への警戒の表れであり、その警戒は続くトランプ共和党政権ではいっそう明確となり、台湾問題に限らない貿易や経済安保など広範囲の分野に及ぶ中国との競争・対抗姿勢は、超党派的合意のある国家戦略のレベルへと発展していった。

こうした展開に対して、中国の習近平政権は、馬英九政権時に関係改善・強化の合言葉になっていた「九二年コンセンサス[*2]」を受け入れない蔡英文政権の「現状維持」を「台湾独立」を企むものと見なして、事ある毎に軍事力による威嚇の度合いを強めたのであった。

2 「七二年体制」の新たなコンテキスト──「中国要因」の作用と反作用

ところで、民主化後の台湾政治には、前節に見た米中関係のコンテキストの他に、二一世紀に入って新たなコンテキストが中台関係において生じていた。それは、二〇〇五年の連戦国民党主席の訪中を機に一気に進められた国民党と共産党の協力関係であり、やや先回りして言えば、「中国要因」（中国の影響力メカニズム）の作用と反作用をめぐる政治の登場である。[*3]

新たなコンテキスト──国民党と共産党の協力関係

二〇〇四年の総統選挙に際しては、連戦・宋楚瑜ペアが実現したことで、中国としても彼らによる陳水扁再選阻止に期待を抱いたものと思われる。しかし、ワシントンへの働きかけを通じて陳水扁を米側から見ても「トラブル・メーカー」の立場に追い込んだものの、それでもなお陳の再選を阻めなかった。再び敗れて大打撃を受けた連戦や国民党にとってはもちろんのこと、共産党にとっても、一九二〇年代から戦ってきた中国内戦の歴史的恩讐は脇においても歩み寄るべき十分な理由があったと言えよう。全人代で「反国家分裂法」（二〇〇五年）を制定して外から圧力をかけたが、それだけでは足りなかった。

連戦訪中以後、連戦本人や江丙坤《こうへいこん》党副主席などの国民党要人が多数の台湾ビジネスマンを率いて訪中して共産党や中国地方政府幹部、企業家と交流する「国共プラットフォーム」なるものが、各種の会議・会合の形で設定された。これらは国民党側への共産党側からの利益供与のチャネルとなったのであり、それらチャネルの作動を通じて、当時は野党であった国民党の中央や地方勢力などの各層の政客を取り込み、多くの関係者を台湾内部政治舞台で動くことのできる代理人に仕立てていった。もちろん、これら代理人にもそれぞれ固有の利害があり、その活動が共産党の期待通りに作用するとは限らなかったが、共産党は、一九九〇年代以降急速に拡大した台湾企業の対中輸出と投資を中心とする対中経済依存関係を政治的影響力に転化して、台湾政治の内部に手を入れていく足がかりを獲得したのであった。これこそ台湾における「中国要因（China factor）」＝「中国の影響力メカニズム」の本格作動の号砲であり、これはまた、政治学者の松本充豊のように、台湾の民意の支持を代理人経由で共産党も争う「両岸三党政治」の出現と捉えることもできる。[*4]

台湾知識人の悲観と中国知識人の楽観

ところで、二〇〇八年総統選挙の民進党の敗北・国民党の勝利について、わたしは同年夏の台南と翌年夏の北京で、それぞれの地の知識人から対照的なコメントを耳にした。

台南で会ったのは、いわゆる「台湾派」の知識人の一人で、国民党の勝利というよりは陳水扁の敗北について、「陳は台湾人がやっとのことで蓄えてきた歴史のエネルギーをこの数年で無駄使いしてしまった」とため息をついた。一方、北京で会った中央研究機関の学者は、わたしが台湾研究者であることを知ると、「こちらの知識界では、台湾問題は基本的に終わったと見ています」と述べた。

前者からは、いわば陳水扁政権のパフォーマンスが民進党のオウンゴールとも言うべき失敗をもたらしたことへの失望のみならず、歴史のなかでやっとのことで国民党一党支配の壁を破って民主化・台湾化を進めてきた、その社会の推進力がもはや費消されてしまったのではないかという強い焦慮がうかがわれた。「歴史のエネルギーの無駄使い」の語がそれを示している。

後者については、中国共産党がその「祖国平和統一」のための「統一戦線」における「敵」と見なしてきた民進党が大敗して、「九二年コンセンサス」を合言葉にすでに協力関係に入っていた国民党が政権に復帰したことで、「平和統一」の基本的障礙が取り除かれたものと見なした上での、一種の「安堵感」を語ったものだろうと感じた。

その後の十数年の事柄の推移からの後知恵から見れば、この時の二人の言葉は半ば当たっており、半ば外れていた。半ば当たっていたというのは、この頃から用いられるようになった前記「中国要因」、すなわち経済関係を通じて間接的なルートのみならず直接にも伝わるようになった「中国の影響力メカニズム」の激しい衝撃が台湾社会を襲い、二〇〇〇年代に入り貿易と投資の面で進んだ台湾の対中国経済依存が政治依存にも着実に転化していくかのように見えたからである。

連戦訪中で「国共プラットフォーム」が設けられて以後、共産党は、国民党が野党である間は、対台湾企業などへの優遇措置をわざわざ国民党との会合の場で発表するなどの対応で陳水扁政権に圧力をかけたが、馬英九当選で国民党が政権に復帰すると、海峡交流基金会（台湾側）と海峡両岸関係協会（中国側）の窓口機関のチャネルを皮切りとして、行政院大陸委員会（台湾側）と国務院台湾事務弁公室（中国側）の政府レベルの公式チャネルの間の接触・交渉によって、中台の経済関係の制度化を急速に進めた。その最大の収穫が、二〇一〇年の中台間の自由貿易協定ともいうべき両岸経済協力枠組協定（Economic Cooperation Framework Agreement, ECFA）の締結であった。

ＥＣＦＡと言えば、その締結の報が流れた直後、東京のあるレストランで偶然出会った旧知の台湾出身の大学教授がわたしの顔を見るなり「台湾はこれで終わりだ」と肩を落としていたことを思い出す。この教授の慨嘆もまた半ば当たり半ば外れだった。

二〇〇八年の馬英九当選は、国共協力の圧力が強く効いたというよりも、陳水扁・民進党のオウンゴールの側面が強かったが、二〇一二年の馬英九再選は、国共協力の政治的成果を共産党が刈り取ったものと言える。学者・テクノクラート出身で、戒厳令時代の選挙から立ちあがった民進党の歴史から見ると「非典型的」な人物である蔡英文を迎えて態勢を立て直しつつあった民進党の挑戦を、「九二年コンセンサス」に基づく対中関係の改善を成果として掲げて退けることに成功したからである。キャンペーンの最中、中国大陸進出に成功している企業の経営者らが「九二年コンセンサス」支持声明を新聞広告に出したことなどは、台湾政治に中国の影響力メカニズムが入り込んでいることをまざまざと見せつけるものであった。

一方、米中関係の流れで言えば、アメリカもこの時点までは、馬英九政権下での中台関係の改善を特段に問題とはしていなかったのであった。ただ、前節に見たように、流れはまもなく大きく変化した。

ヒマワリ運動から三度目の政権交代へ――中国要因の政治的波動1

しかし、この中国の影響力メカニズムの浸透も無人の野を疾走するように作動したわけではなかった。当然ながらその浸透に対しては不安と不満が伏流していてそして表面化した。「中国要因」論を国際的にもリードしている台湾の社会学者呉介民氏の言う「中国要因の作用と反作用」である。反作用が引き起こした政治的波動は、これまで二度、馬英九政権の二期目と蔡英文政権の第一期目に、それぞれ政治的方向を異にして一度ずつ、いずれも顕著な社会運動や地方公職選挙におけるポピュリズム現象を伴って出現した。

馬英九政権第一期においても、中国の海峡両岸関係協会会長の訪台（二〇〇八年一一月）時に警察の強硬な取締（例えば会長通過の沿道に掲げられた「中華民国国旗」を降ろさせる）に対する反発に端を発した通称「野イチゴ学生運動」を皮切りに、政権の施策に反発する社会運動が続発したが、政権二期目に入ると、こうした不満と不安の表出は、海峡両岸サービス貿易協定反対運動として噴出した。この協定は、それまで多数締結された両岸経済関係強化策の頂点に当たる包括的なもので、影響は貿易関係を超えて、直接台湾内部の中小企業や労働市場にも及ぶ広汎な影響が懸念されたものであった。

二〇一三年中に調印されていた同協定は、翌年三月立法院の批准手続に入ったが、民進党などの反対や馬英九と関係のよくない立法院院長（国会議長）王金平《おうきんぺい》の慎重な対応のため審議が行き詰まると、国民党は多数を恃んで強行採決に持ち込もうとした。これに抗議して、一群の学生が立法院本会議場の占拠を敢行した。この行動には、予想外の支持が集まり、一大市民運動に発展して「ヒマワリ運動」の呼称を得て国際的にも注目を浴びた。そして馬英九と王金平の国民党党内対立も作用して、結局は協定の批准阻止に成功して、学生達は占拠した議場の清掃を入念に行ってから平和的に立法院を退去した。議場の破損した部分の修繕には市民から寄付の申し出が相継いだ。

こうした展開は、中国の影響力メカニズムの浸透に対して無力感の広がっていた社会のムードを変えた。この変化は選挙政治にも結びつき、国民党は同年秋の統一地方選挙で大敗を喫した。この時の台北市長選挙で国民党は党名誉主席となっていた連戦の息子の連勝文を党の公認候補とした。これに対して、それまで歯に衣を着せぬ皮肉な言動でメディアの寵児となっていた台湾大学病院の医師柯文哲《かぶんてつ》が対抗馬として無所属で立候補し、ヒマワリ運動のムードが尾を引く中で若者を中心とした支持を集めて一種のブームを作りだした。民進党は首都首長の座から国民党を引きずり下ろすことを優先して独自候補を立てず、結果は柯文哲が勝利した。

台湾の選挙政治では、一人の人物が大方の予期に反して急速に支持を集めることをその人や党派の名を冠して「〇×現象」と呼ぶことがあった。これらの「現象」はその人物が組織基盤をもたないか新興の団体の組織基盤がいまだ整わないところで生じるので、一種のポピュリズム現象であるといってよい。一九九四年の台北市長選挙で反李登輝を掲げてブームを起こした「新党現象」(新党は一九九三年国民党から分裂した小政党)、二〇〇〇年総統選挙で李登輝と対立して無所属で立候補しながら有権者の支持を三分した「宋楚瑜現象」などが過去にあった。柯文哲という、それまで何の政治的経歴もない、特異な人物がさしたる組織も持たずに起こしたブームもひとつのポピュリズム現象であったといえるだろう。

一方、「中国要因」の政治のコンテキストで言えば、台北市は外省人の割合が多く有権者分布が本来国民党に有利であり、一九九八年には陳水扁の再選を阻んだ馬英九を実力者に押し上げた選挙区であった。そうした選挙区での連戦の息子の敗北は、国民党の、また「両岸三党政治」における国共協力の最初の大きな挫折であった。

これに動揺した国民党は、党勢立て直しができず、二〇一六年総統選挙においても、最初に立てた公認候補洪秀柱を途中で朱立倫党主席に取り替えるなどの混乱を見せて、再び蔡英文を立てた民進党に敗れた。同時に行われた立法院選挙でも民進党が初めて過半数を超える議席を得た。二〇〇〇年の陳水扁の勝利が議会多数を持たない、いわば二分の一の政権交代だったとすれば、二〇一六年の蔡英文と民進党はようやく一〇〇パーセントの政権交代を実現したといえる。当時台湾のメディアでは「全面執政」が実現したと称された。

この間、総統選挙直前に馬英九総統と習近平共産党総書記・中国国家主席が、第三地のシンガポールで互いに肩書き抜きの「先生」と呼び合う「歴史的な会見」を行い、国際メディアの注目を集めはしたものの、総統選挙・立法院選挙の趨勢には影響がなかった。

「韓國瑜現象」と蔡英文の再選――中国要因の政治的波動2

こうして政権に復帰した民進党であったが、蔡英文政権は早くもその一期目から強い逆流に直面した。

中国の習近平政権は、「九二年コンセンサス」の受け入れを拒否している蔡英文政権に厳しい対応を行った。胡錦濤政権時には、その解釈にも国民党側の台湾内説明（「一つの中国」とは国民党にとっては「中華民国」）を肯定も否定もしない玉虫色の解釈を容認していたが、習近平期になると、これが「一つの中国」原則についての中台の合意であるとの解釈を隠さなくなった。「九二年コンセンサス」拒否すなわち「一つの中国」原則拒否すなわち「祖国の分裂の策動」ということになる。外交面では、多額の援助と引き換えの「中華民国」外交承認国の引き剥がし、馬英九政権時には容認していたＷＨＡ（世界保健機関年次総会）へのオブザーバー参加の拒否などで蔡政権に圧力が加えられた。

経済面では、中国大陸からの団体観光旅行の制限が行われ、一時は「陸客」と呼ばれる中国客で溢れかえった台湾の観光スポットから一気にその姿が消えた。いわゆる「恵台三一箇条」と称する台湾社会の基層と青年層に対する経済的誘因策も、一見「アメとムチ」の「アメ」に相当する政策のようではあるが、蔡英文政権からみれば、その支持層を引き剝がそうとする「ムチ」の政策であった。

こうした中国からの「ムチ」は、一種の政治的挑発でもあったが、蔡英文は「現状維持」のスタンスを堅持して、良好に転じた対米関係に隙を見せることがなかった。かつて陳水扁はこれができなかった、あるいはその挑発を再選戦略に利用して、ワシントンの深い不興不信を買ってしまったのである。馬英九政権の八年は民進党にこの失敗の教訓を染みこませた。

蔡英文は一九五六年生まれで、英国留学から帰国後一九九〇年代から経済法務に学者として李登輝政権に登用された人物で、本書第I部で見たような長期戒厳令時代の「党外」の活動に加わった経験が無く、陳水扁世代の民進党リーダーとはまったく異なるタイプの人物である。例えば、陳水扁が再選キャンペーンでやってみせたような、党のコアな支持者をうならせるような「台湾の子」的なはでな政治的パフォーマンスができるような人物ではなかった。それが民進党の「非典型」のリーダーと言われた所以で、だからこそ陳水扁第二期の失敗を経た民進党の再出発には適した人物ではあった。また、その政策決定は実に慎重であり、かつ性格的には頑固なところがあると言われていた。こうした経歴や性格は、陳水扁政権の失敗の教訓を執行するに適していたと言えるだろう。

しかし、蔡英文と民進党の試練は内政面からやってきた。蔡英文が勤勉な総統であったからか、民進党が「完全執政」を過信したのか、一期目からこれまでの政権が課題としながら先送りしてきた難しい政策課題に次々に取り組んだ。民間のそれに比して極めて不均等に優遇されていた公務員の年金制度改革、労働時間制度の改革、さらには下からの要求が高まっていた同性婚の合法化などである。これらの改革には立法院で関連法案を通すに十分な支持があったのだが、当然ながらそれぞれに一定程度の反対もあって、これらの急速な集積が次第に政権支持へのボディブローとなっていったのであった。

そして、そんな状況の中で、二〇一八年の統一地方選挙で、今度は馬英九政権第二期とは逆の政治的方向のポピュリズム現象が意外なところに発生した。高雄市は民主化以後台南市とともに民進党が強い地盤を築いており、下馬評にあがった有力者が皆尻込みする中で、国民党はやむなく韓國瑜を高雄市長候補に公認した。韓國瑜は民主化期に立法院議員に当選したことがあったが、その後はまったく忘れ去られていた国民党内でも周縁的な人物であった。しかし候補者となるや、その独特な為人と言動で、民進党にとってはもちろん国民党エスタブリッシュメントのエリートにとっても意想外の政治旋風を巻き起こして当選を果たした。その旋風の影響が他の地域にも波及して、この統一地方選で民進党は大敗して、二〇二〇年一月に予定されていた総統選挙での蔡英文再選も危ぶまれる事態となった。これが「韓國瑜現象」である。

「韓國瑜現象」とは、韓國瑜という国民党の周縁的政客とその熱狂的支持者となった有権者(「韓粉」と呼ばれた。「粉」はその中文の読みからファンの意味)が造りだしたポピュリズムのうねりである。小笠原欣幸の観察によれば、「韓粉」の中核は五〇歳以上の軍人・公務員・教員とその退役・退職後の年金生活者で、韓國瑜の選挙集会に常に五~一〇万の支持者の結集を造り出し、またネット上でも極めて活発な書き込みを行うなど、実際の支持よりは過大ではないかと疑われるような大きな凝集が作りだされた。ネットへの書き込みについては中国発のものと思われるトロール・ファーム(いわゆる「五毛党」か)からの少なからぬ加勢があったものと見られている。小笠原は、この現象の背後にある心理として「広義の台湾アイデンティティが広がった台湾社会の現状に対する疎外観、焦燥感、危機感」があるとしている。[*5] わたし自身の用語法で言うなら、「韓國瑜現象」は「中華民国台湾化」(次章参照)の敗者の政治的総反攻であったと言えるだろう。それが二〇一六年選挙の大勝を過信して政治的戦線を拡大しすぎた蔡英文政権の隙を突いたのである。

その後韓國瑜はもちろん高雄市長に就任したが、総統選出馬に意欲を見せ、国民党は最終的に彼を公認候補として、二〇二〇年総統選挙は、民進党蔡英文との対決の選挙となった。

国民党のエリートたちとしては、「韓國瑜現象」の勢いにやむなく乗ったといったところだったが、逆風も吹いていた。二〇一九年一月、習近平のいわゆる「一国家二制度の台湾方式」の強調に対して蔡英文がすばやい明確な拒否を打ち出したことをきっかけに政権支持は早くも上向きに転じ、政権は立法院多数を利して立法の面で中国の浸透工作に対処する法制の整備を行うことができた。[*6] また、香港での犯罪容疑者中国移送を可能にする法令反対運動(「反送中運動」)が高まるにつれて、台湾ではこの運動への同情と習近平政権の強硬な姿勢を背景とした激しい弾圧への反発が高まった。加えて、選挙戦が進むと、韓國瑜が総統となるにはあまりに資質を欠いた人物であることも明白となっていった。これらが、蔡英文を救うこととなった。最終的には韓國瑜を大差で破って蔡英文は総統再選を果たし、民進党は議席を減らしたものの立法院の過半数も維持したのであった。

以上のように、蔡英文の当選と再選のドラマは、米中両大国の対立が戦略的レベルに拡大して七二年体制の安定性が動揺する中で、また「中国要因」の作用と反作用の起伏する中で、政治的ベクトルの異なる二度のポピュリズムのうねりにも見舞われながら展開したのであった。

＊1　中国による台湾の現政府が有効に統治している領土への武力攻撃および米国の「一つの中国」政策の放棄（非政府間関係という抑制の放棄など）がこれに当たるであろう。ただ、ここには曖昧なグレー・ゾーンがあり、中国軍の多種多様な武力威嚇、アメリカの政治家の台湾訪問や武器援助などで鍔迫り合いが発生する。

＊2　「九二年コンセンサス」とは、国民党の論客で国際政治学者の蘇起（後に馬英九政権の国家安全会議秘書長に就任）が記号化した国民党と共産党が接近を図るためのキーワードである。一九九二年香港で行われた台湾側の海峡交流基金会と中国側の海峡両岸関係協会の会談で口頭で達成されたとされる「一つの中国」に関する「コンセンサス」について、台湾側が「一つの中国をそれぞれが別に表現する」（「一個中国、各自表述」）という言い回しをするのに対して、中国側は「両岸がともに一つの中国を堅持する」とするが、互いにその「コンセンサス」についての解釈が異なることについては強く異議を唱えないこととして、二〇〇五年国共和解とそれ以降の両党の政治的接近を可能にしたものである（松田康博「馬英九政権下の中台関係――経済的依存から政治的依存へ?」、松田康博・清水麗編著『現代台湾の政治経済と中台関係』晃洋書房、二〇一八年、一六六―一六七頁）。

＊3　本節および次章第1節と第2節は、若林「補論　「中華民国在台湾」から「中華民国台湾」へ――中国の影響力メカニズムと中華民国台湾化の現在」『台湾の政治　中華民国台湾化の戦後史　増補新装版』東京大学出版会、二〇二一年）に依っている。

＊4　松本充豊「台湾の民意をめぐる「両岸三党」政治」、「東亜」第五七一号、二〇一五年。

＊5　小笠原欣幸「総統選挙と立法委員選挙」、佐藤幸人・小笠原欣幸・松田康博・川上桃子『蔡英文再選――2020年台湾総統選挙と第2期蔡政権の課題』アジア経済研究所、二〇二〇年、三八頁。

＊6　二〇一九年五―七月にかけてはいわゆる「国安五法」（刑法、国家安全法、両岸人民関係条例、国家機密保護法の改正で五回に分けて審議した）の修正、同年一二月には「反浸透法」の成立に持ち込んだ（松田康博「米中台関係の展開と蔡英文再選」前掲『蔡英文再選』六〇―六一頁）。

第九章

中華民国台湾化論を提起する——台湾政治研究の曲がり角で

1　中華民国台湾化論の提起——戦後台湾政治史を考える道具立て

民主体制の成立は台湾政治研究の曲がり角

一九九六年の総統直接選挙が最後の「出発選挙」となって最終的に台湾に民主主義的政治体制が成立した。その後には、四年毎の総統選挙によりリズムが刻まれる新興民主体制としての政治が展開していったのであった。

わたしは、それまで国民党一党支配の権威主義体制が如何に構造変動して民主体制に転換していくかに着目して台湾の政治の観察と研究を行ってきた。そうしたわたしにとっても、民主体制が船出したことは、ひとつの大きな転機であり曲がり角であった。比較政治学の政治体制論や体制移行論から泥縄式にいいとこ取りしてきた概念はもうお役御免であるし、それまで訪台する度に会っていた人達も変わった。特に二〇〇〇年政権交代以後は、かつての「党外」時代の知り合いの多くが政権入りした。ある日総統府入りしている知り合いに会いに行くと、廊下で別の知り合いに出くわした。その人は何で俺のところに来ないのだという調子で、自分のオフィスに寄って行けという。そしてその日の午後にはまた別の面会で同じ入口から総統府に入った。こんな事もあったのである。惰性でこんなことをしていて何になる、とその夜宿舎で強い焦りを感じたことを今もよく覚えている。

数年間あがいたことはあがいたのである。統計を用いて選挙分析を行う、政党と政党政治を分析する、異なる政策分野の法律の立法過程を研究する、などなど、手をつけてみようかと思いついたテーマはいくつかあった。これらのテーマは、民主体制が長く続いている欧米先進諸国の政治を当然のフィールドとして知見が積み上げられてきた伝統政治学のお得意分野である。それぞれ少しはかじってみたのであるが、政治学科で訓練されたわけではなく概念のつまみ食いをしてきただけの地域研究者としては、それぞれの膨大な蓄積からどのような知見を引き出せばよいのか一向に見当がつかなかった。

ただ、こうしたディシプリン（学科的訓練）上の理由ばかりではなく、見つめ続けていた民主化期からその後にかけての台湾社会のあり方そのものも、伝統政治学的テーマにポスト民主化期のわたしが向かわなかった大きな理由であったかもしれない。

繰り返しになるが、民主化は民主化に止まらない。民主化は様々な社会的、文化的な変化を伴い、対外関係の変化をも出現させていく。それらの様相は、それぞれの地域の歴史と社会のあり方やその国際的位置などに対応して個性的である。結局地域研究者としてのわたしはやはりこちらの方に引きつけられていった。

アイデンティティ政治の光景

そんな中でも最も気になっていたのは、民主化とともに顕在化していったアイデンティティの政治であった。ここでのアイデンティティは、近現代史に淵源するナショナルなものである（中国人か台湾人か、中国と統一か台湾として独立か）とも、様々なレベルと意義とにおいてエスニックなもの（先住民族と一七世紀からの移住漢人、戦後の本省人と外省人、本省人内の客家人と福佬人など）とも言えたし、またそこには、台湾の歴史時代すべての期間に関わる先住民族の脱植民地化運動（「台湾原住民族運動」）から立ちあがる汎先住民族アイデンティティに関わるものも立ち現れていた。

一対の事例を示そう。まず、一九九八年の国民党から馬英九が出て陳水扁の再選を阻んだ（結果として陳を総統候補に押し上げた）台北市長選挙の終盤戦では次のような場面があった。時は一二月一日、場所は台北市士林区の高校の校庭、問うのは李登輝総統（当時）、返答するのは台北市長選与党国民党公認候補馬英九（元法務部長）、李登輝は本省人、馬英九は外省人である。両者のやり取りは公用語の「国語《クオユー》」（中国普通語、台湾で俗に北京語）ではなくて、「台語《タイグー》」（あるいは「台湾話《タイワンオエ》」。住民の多数を占める中国・福建系住民の母語＝「福佬話《ホーローオエ》」ともいう）で行われた。福佬話は李登輝にとっては母語、外省人家庭に育った馬英九には得手ではない。

李：「君は何人かね？」
馬：「申し上げます。私は台湾の米を食べ、台湾の水を飲んで育った新台湾人です」
李：「よーし。（台湾に）先に来ようが後に来ようが、皆新台湾人だ。だが、どの道を行くかが重要だ。君はどの道を行くのか？」
馬：「はい。李総統の民主改革の大道を歩みます」
（「聯合報」一九九八・一二・二。日本語訳と傍点は著者）

李登輝は、この時中華民国総統にして中国国民党主席であった。だが、このリーダーは、かつて同じ地位を占めた蔣介石・蔣経國父子のように、「（中国）大陸反攻」の見果てぬ夢を胸に「われわれは皆中国人」と呼号するのではなく、外省人第二世代のエリートに「新台湾人」という新しい身分を「台語《タイグー》」で名乗らせたのである。第一世代が蔣父子とともに台湾島にやってきた時には夢想だにしなかった光景であろう。

これと対照的なのが、四半世紀ほど先立つ一九七五年三月、当時行政院長（首相に相当）だった蔣経國と当時の「党外」のリーダーである康寧祥立法委員の間の立法院での「歴史問答」の場面である。台湾の社会学者蕭阿勤《しょうあきん》の論文[*1]がこれを見いだしている。蔣経國に対する質問にたった康寧祥は、鄭成功が台湾を「反清復明」の基地としたことから始めて一九世紀末の日本の台湾占領時の武装抵抗までの歴史を、当時の国民党版の公定の中国ナショナリズムに沿ったレトリックで回顧した後に、第一次世界大戦後ウィルソン米大統領の民族自決論、中国の五四運動などの影響を受けて、台湾では「台湾文化協会」「台湾議会設置請願運動」「台湾民衆党」「台湾地方自治聯盟」などの抗日運動が行われたことを強調し、台湾同胞が日本の植民地支配下で払った犠牲と苦痛は「大陸同胞の八年の抗戦の苦しみに勝るとも劣らない」と論じて、台湾人民の抗日史もまた「中華民国歴史文化の貴重な財産」であるから歴史教科書に書き入れるべし、と要求した。発言は彼のいかにも台湾人的なまりの「国語」で行われたはずである。蔣経國は「台湾・澎湖同胞が愛国事蹟を教科書に編入し」それにより青年学生がよりいっそう「反共復国の神聖な任務」を担えるようにすることには「非常に賛成だ」と応じた。

こちらでは、本省人のオポジションのリーダーが、当時の国民党の歴史正統性のドグマに沿ったレトリックを使って、本省人の歴史への外省人独裁者の承認を求め、その約四半世紀後には、その真逆に、本省人のリーダーが外省人の年下のエリートに「新」の形容詞付きではあるが「台湾人」の名乗りを要求する光景が登場した。

前述したように、国民党内政治の文脈で言えば、この時の李登輝のパフォーマンスは、台北市長候補擁立で馬英九に出し抜かれたことに対してメンツを保つためのものであったかもしれないが、そのことはこの事柄にアイデンティティ政治上の意義を読み取ることを妨げるものではない。

戦後台湾政治史への「同心円」的視野拡大――中華民国台湾化概念の再構成

では、時を隔てたこの二つのアイデンティティ政治の光景の間には何があったのだろうか。わたしは、この二つの光景に象徴されるようなアイデンティティ政治とその変動の理解という課題に対して、その背後にある政治構造の変動についての理解を構築することで応えようとした。

わたしの最初の台湾政治研究の専著『台湾　分裂国家と民主化』（一九九二年）では、戦後の国民党一党支配の権威主義体制の分析からその移行の開始へと、政治体制のレベルに主たる焦点を当てていたが、政治体制移行の政治的激震は、上向してその上の政治共同体のレベル（国家のあり方、住民のナショナル・アイデンティティのあり方）に、下向してそれに沿った諸エスニック・グループの関係の再調整、対外関係の変動などにも及んでいた。

まさに、民主化は民主化に止まらなかった。小笠原欣幸は台湾の総統選挙の核心的争点は「台湾のあり方」であると指摘している。[*2]「台湾のあり方」とは、ここで言う政治共同体レベルの問題といってよい。四年毎に台湾政治のリズムを刻む総統選挙は、有権者にも「台湾のあり方」＝政治共同体レベルのイシューへの応答を常に求める。わたしは、次の専著では、このレベルをも含んだ政治構造変動の論述に狙いを定めるべしとしだいに考えを固めていった。

そこで、わたしは前著に頭出しをした「中華民国の台湾化」という概念を拡張して、政治共同体レベルのイシューを含んだ政治構造変動を統合的に把握する概念とすることにして、二〇〇八年刊の『台湾の政治　中華民国台湾化の戦後史』（東京大学出版会）でこれを詳細に論じた。

一九九二年の著書は、二重の視角からの現代政治論と自称した。二重とは権威主義体制の民主化の政治社会学と台湾をめぐる国家と社会の歴史社会学の視角である。二〇〇八年著も二重の視角を自称した。そこでの二重とは、「中華民国台湾化」という政治共同体レベルの政治構造変動を、およびそれと連動する社会的文化的変容と国際政治の軋みのプロセスを、論じるとともに、さらにそれを、台湾をその周縁に位置づけてきた諸帝国の盛衰を遠望する歴史的視座でもって補完する、というものである。いずれも一つ目が主たる視座で二つ目の視座は補助的なものであるが、いずれも、結果的に二つめの視座が次の段階の主たる視座を用意しつつあったのである。

つまりは研究視座の同心円的拡大という傾向がわたしの研究視座を支配しているようなのである。台湾民主体制の成立という事実を受けて、わたしの台湾政治研究も転換を求められたが、伝統政治学的研究に進むことはできずに、結局のところ地域研究的政治研究として、前著から視座をいわば「同心円」的に拡大することで対応したのであった。

2　中華民国台湾化論の概略

戦後台湾国家の三重の性格

では、中華民国台湾化論とはどういうものか、ここでその骨格を紹介しておきたい。

まず、中華民国台湾化という時の「中華民国」とは、一九四九年以降、国民党が中国大陸での中国共産党との内戦に敗れて、南京にあった中央政府を台北に移転して後、朝鮮戦争勃発後台湾海峡に介入したアメリカの庇護の下に、台湾・澎湖・金門・馬祖を実効統治領域として確立した戦後台湾国家を指す。ここで国家という時は、ニュース報道などで当然の前提としている国際関係論的な主権国家というよりは、一種社会学的な定義の国家で、国際的承認の有無にかかわらず、一定の領域を排他的に管轄する統治機構を広く指すものとする。この用法なら、戦前半世紀台湾を統治した台湾総督府も、日本本国政府の監督下に台湾を排他的に統治する機構であったという意味で国家、この場合は植民地国家、と言うことができる。一九七一年以前国連の安保理常任理事国だったときの中華民国も国連を追われた後の「中華民国」も、その国際主権上の地位は大きく変わったが、この意味で国家であることに変わりはない。

わたしの中華民国台湾化論では、この戦後台湾国家は、一九五〇年代、六〇年代を通じて、三つの側面から三重の性格を持つことになった。

第一に、戦後東アジアの東西冷戦において、韓国、米占領下の沖縄と並んで共産勢力封じ込め（台湾の場合は「共産中国」）の前哨基地を管理する国家と位置づけられた。工業力の復活を米国から容認された日本はその後方基地ということになった。米国からは大量の軍事援助と経済援助が注ぎ込まれ、中国大陸での内戦に敗れてガタガタであった蔣介石の軍隊は息を吹き返し、ハイパー・インフレで崩壊寸前だった経済は持ち直し六〇年代から高度成長の軌道に入った。存亡の危機を免れた蔣介石は五〇年代初頭の「党の改造」を通じて国民党一党支配の体制の構築に成功した。

第二に、近現代中国のナショナリズム政治あるいは近代統一国家建設の歴史の文脈における性格である。蔣介石・国民党にとって、東西冷戦における敵手は中国内戦における敵手でもあった。中国共産党が大陸で樹立した中華人民共和国に対して、台湾に逃げ込んだ後も、蔣介石・国民党は自らが管轄する中華民国が依然として中国の正統な代表であることを主張し続け、中華民国憲法とそれに基づいた国家制度と国民統合政策、さらには「大陸反攻」を目指す「反共復国」の基本政策を堅持した。

米国は戦後台湾国家のこの性格を歓迎はしなかった。中国内戦のしがらみから切り離して台湾を反共前哨基地とできればそれがベストであった。しかし、蔣介石・国民党以外にこの反共前哨基地の政治管理をまかせられそうな勢力を見つけることができなかった。

もう一つの側面は、一九四五年までの半世紀間日本の植民地統治下にあった台湾社会との関係における性格である。一九四五年前後共産党軍との内戦に敗れた一〇〇万余の政治難民が台湾に渡航した。これらの外省人中のエリートが、強力かつ周密な政治警察網を構築し、これを基盤として、人口の圧倒的多数を占める本省人（約八五パーセント）を支配することになった。こうした国家の様態を米政治学者の概念を借りて遷占者国家《せんせんしゃこっか》と呼んだ。これを母国なき植民地支配だとする本省人知識人の見解もある。

米国の意向を考慮して五〇年代から地方選挙を導入したので、地方行政に携わる（そして蔣介石・蔣経國の抜擢による以外はそのレベルに限定される）政治は本省人、中央の国政レベルは外省人という、政治エリートのエスニックな二重構造が現出した。これが遷占者国家の最も著しい特徴となった。

第二の側面である「もう一つの正統中国国家」という建前を堅持するため、中国大陸で選出され蔣介石とともに台湾にやってきた「中央民意代表」（国民大会代表、立法委員、監察委員）は改選しないことにしたため、いわゆる「万年国会」が出現することになり、遷占者国家がもたらす台湾政治のゆがみを実体として象徴するものとなった。中華民国台湾化という政治構造変動の対象となった戦後台湾国家とは、端的に言うなら「もう一つの正統中国国家」の形を持った遷占者国家であった。

中華民国台湾化とは?

かくして、中華民国台湾化とは、戦後台湾国家が、その抱え込んだ矛盾を軸に、その国家が実際には台湾のみを統治しているという、一九四九年以後の現実に沿ったものに変化していく政治構造変動である、と定義できる。さらに言えば、戦後台湾国家としての「中華民国」の「もう一つの「正統中国国家」」という虚構が一枚一枚剝がされていくことにこそ中華民国台湾化という政治構造変動の中核があった。

中華民国台湾化の政治変動は、米国が対ソ関係の考慮から中国封じ込め政策を転換して、一九七〇年代初に中国接近をはかり(七九年に中国と国交樹立、台湾の中華民国と断交)、中華民国が国連とその関連機構から追われ、その対外的威信を大きく失墜したことが契機となって始動した。政権の政治正統性が内部からの支え=内部正統性および外部からの支え=外部正統性に分けられるとすると、米中接近と国連メンバーシップ喪失は国民党政権への外部正統性への大きな打撃であり、それは台湾内部にも跳ね返って七〇年代から八〇年代前半にかけてのオポジションの選挙や雑誌の言論活動を通じた台頭を刺激するものとなったのである。

そして、この政治変動は、一九八〇年代後半の政治的自由化の開始を経て、一九八八年一月の蔣経國の死以後に本格的な展開過程に入った。国民党内の従属エリートであった李登輝と「党外」の後進である民進党が中心舞台に登場して、その本格的展開過程が進行した。中華民国憲法に修正条文（「増修条文」）を付け加える形で政治制度を民主化する「憲政改革」、民進党を迎え入れその一方で反李登輝勢力が国民党から分裂する形で展開したナショナリズム政党制の形成、台湾原住民族運動や二・二八事件や「白色テロ」の見直し（「移行期正義」）運動などの刺激による国民統合政策における多文化主義の浮上、および李登輝や陳水扁の対外・対内政策が生み出す「七二年体制」と中華民国台湾化という政治構造変動のベクトルとの間の軋み、などが観察されたのであった。

中華民国台湾化は何をもたらしたのか——その二〇〇八年の帰結

では、このように定義できまた展開した中華民国台湾化という政治構造変動は台湾政治に何をもたらしたのだろうか。『台湾の政治』刊行時点＝二〇〇八年までにわたしの視野に入った事柄を整理すれば、次の四点に整理できる。

第一に、戦後台湾国家の政治権力の正統性の根拠が転換＝台湾化された。前述のように、蔣介石・国民党は台湾で「もう一つの正統中国国家」の建前を堅持した。つまりは、政権の正統性は「辛亥革命」や「八年抗戦」（一九三七—四五年の対日戦争の勝利）など、国民党が近代中国統一国家建設プロジェクトの担い手であったのだ、との自己正統化の言説によっていた。内戦中の一九四七年に施行した中華民国憲法は民主的政治制度を規定していたが、蔣介石は翌年の総統選出の国民代表大会で、まず「叛乱鎮定時期臨時条項」という、非常時を理由とした憲法棚上げ法規を制定し、総統の権限を強化してから、自らを総統に選出させた。蔣介石が持ち込んだのはこの「臨時条項」付きの憲法であり、政権は中華民国憲法に基づいて形成された政府であるとの形はとったものの、民主的正統性に乏しかった。

しかし、「憲政改革」ではこの「臨時条項」は廃棄され、台湾の有権者により選出された国民大会代表により制定された「増修条文」により民主制度が実施されることとなった。台湾の政治権力の正統性は、近現代中国史における歴史的正統性から、民主選挙によって附与された台湾有権者の意志に淵源する民主的正統性へ移行した。政治権力の正統性の民主化であり同時に台湾化である。

このプロセスでは、当然のことながら中華民国憲法が無効である中国大陸住民の意思が問われることはなかった。したがって、台湾の側から見るならば、中台の対立の構造が、従来の互いにそれぞれが中国としての正統性を争うという中国内戦に由来する関係から、主として台湾の主権を争う関係の方に、台湾側から大きく変更されたということを意味した。もちろん、だからといって中国共産党が内戦の勝者という正統性の利益を放棄しようとするわけではない。

第二は政治エリートの台湾化である。「万年国会」の全面改選や総統選挙の民選化によって、独裁者の抜擢によるしか国政レベルでの登用がなかった本省人エリートの中央エリートへの上昇の構造的障礙は、取り除かれた。また、民進党という土着政党の成長も、政治エリート台湾化を助長した。別の角度から見れば、近現代中国の歴史に親和的な歴史経験を持つ外省人エリートから近代の台湾の歴史に親和的な経験を持つ土着エリートへの民主選挙を通じた移行が可能となり、またそれが実際の事態ともなったのである。

第三に、国民統合イデオロギーの台湾化も進展した。国民党一党支配時期の小学校「国語」教科書の最初に掲げられたのは「われわれは皆中国人」という文言であった。これに代表されるような来台国民党エリートの抱く民族観・文化観・歴史観が国民統合政策を支配していた。中華民国台湾化の過程では、これに対して、台湾に現に存在する国家の主権性を一定の幅を持ったニュアンスで主張する台湾ナショナリズムが台頭した。また、その影響の下でそれまでの国民党の一元主義的同化主義的な国民統合政策も批判され、台湾土着の言語や文化をより重視した文化・教育政策も実施されるようにもなった。支配的であった中国国民党版の公定中国ナショナリズムは、政治的意見市場や選挙市場における支持を、各種ヴァージョンの台湾ナショナリズムと争う、一つの政治イデオロギーの地位に転落し、民主化以降に形成された政党政治システムは、台湾ナショナリズムを基本理念とする民進党を政治システムに迎え入れたことにより、そのイデオロギー的対抗軸を二つのナショナリズムの対抗が構成するところの「ナショナリズム政党制」となった。

最後に、上記のような変動とともに、蔣介石が「反共復国」国策の成功時には中国大陸に復活せんとしていた「中華民国」の形は、崩壊とはいかないまでも大きく崩れてしまった。前記のように、「憲政改革」初期において、中国共産党を「叛乱団体」、中華民国自らを「正統中国」と位置づける「叛乱鎮定時期臨時条項」が廃止され、続く政治制度や国家機構の編成替えの中で、「もう一つの正統中国国家」を体現する国家機構のいくつかが変形するか廃止された（国民大会の廃止、台湾省の実質的廃止など)。その他の「中華民国」を表象する貨幣の図案や記念日の構成の一部が変更されたが、小幅に止まった。「中華民国」的空間を表象する街路名の変更もごく少数に止まっている。もちろん依然中華民国を自称する以上、国名、国旗、国徽なども変更されていない。そして何よりも中華民国憲法は台湾制定の「増修条文」が付加されて維持され、大幅に型崩れはしたもの中華民国の体裁は台湾に存続している。ただし、台湾の外部で台湾と外交関係を持ち「中華民国」を公式に受け入れる国家は少数のままに止まった。

＊1　蕭阿勤「世代認同與歴史叙事——台湾一九七〇年代「回帰現實」世代的形成」、「台湾社会学」九、二〇〇五年。
＊2　小笠原前掲書、四三—四四頁。

第十章
中華民国台湾化の不均衡な展開——新興民主体制下の国家再編と国民再編

1 『台湾の政治』の未解答問題

また再びの「台湾知識の真空」

わたしは二〇一〇年早稲田大学に移籍した。政治経済学部で「国際関係史」という枠で現代台湾政治論を、「地域研究」という枠で台湾の歴史を講じた。前者は拙著『台湾の政治』を元に中華民国台湾化論をゆったりと説明していけばよかったが、後者は難渋し、始めてから一、二年で自分でも内容に満足できなくなった。原因ははっきりしていた。わたしの近代以前の台湾史、つまり清朝統治期、さらに遡って鄭氏王朝期、オランダ東インド会社統治期の知識のアップデートが不足していたのである。

このあたりの事は、畏友呉密察君から「君は台湾歴史研究の三〇年の逃亡兵だから」とからかわれた。わたしが同時代の台湾政治研究に熱中している間に学界の、特に台湾の学界の研究、なかでも前近代台湾史の研究は著しく進展しており、歴史資料の利用環境もデジタル化が進んでいた。遅ればせながらそれらの成果に触れるのはたいへん新鮮だった。

わたしはここでまたもや「台湾知識の真空」に引きつけられたわけであったが、まもなく自分がまた同じ事、つまり視座の同心円的拡大にはまり込んでいることに気がついた。「台湾の政治」で設定した二つ目の補助的視座「台湾をその周縁に位置づけてきた諸帝国の盛衰を遠望する歴史的視座」、これを今度は中心に据えて「台湾という来歴」のあり方を探り、そこから「台湾とは何か」という地域研究としての台湾研究に常在する基本的問いに応答する視座を構築しようとしていたのである。こうした研究というよりは勉強の成果は、講義にも部分的に生かし、二、三の小論文[*1]にも反映してきたが、いまだ著作として世に問うまでには至っていない。

中華民国台湾化は何時終わるのか?

ただ、こうした間も同時代の台湾政治観察はほそぼそながら続けてきた。アジア経済研究所主任研究員佐藤幸人氏主宰の「台湾総合研究Ⅱ——民主化後の政治」(二〇〇六—〇七年)および事実上その後継プロジェクトである松田康博東大教授主宰の二期にわたる科研費研究活動に参加させていただき、台湾で時の総統をはじめとする政府要人や政党幹部の訪問の末席に連なった。また北京や上海を訪問し中国のいわゆる「渉台学者《しょうたいがくしゃ》」(台湾研究、政策提言に関わる研究者)との意見交換に加わったこともある。

松田教授の科研費による活動では「両岸関係研究小組」の名目を用いたが、この間教授が設定した二つの科研研究の課題タイトル、「和解なき安定――民主成熟期台湾の国際政治経済学」（二〇一三―一六年）および「対中依存構造化と中台のナショナリズム――ポスト馬英九期台湾の国際政治経済学」（二〇一六―一九年）は、馬英九政権期から蔡英文政権第一期目の「両岸関係」の変化の核心を見事につかんでいる。「和解なき安定」とは、国共両党が中国内戦の和解について論議を回避して、「一つの中国」についての曖昧な合意である「九二年コンセンサス」を合言葉に接近をはかったことを言っている。「対中依存構造化と中台のナショナリズム」とは、蔡英文政権期の台湾政治と両岸関係の展開においては、前記「中国要因」の政治と中台両地のナショナリズムとの連関がポイントになることを想定したものである。

こうした研究活動を行う中で気づいたのは、『台湾の政治』で論じた中華民国台湾化論にはきちんと論じていない問題があることであった。すなわち、中華民国台湾化の完了問題とそれに必然的に中華民国台湾化の国際環境を規定した七二年体制の変質／終了問題である。後者については、第八章で、「名存実亡」の状態に近づきつつあると指摘した。ここでは、前者について述べる。

2 進まぬ国家再編

「二国論」改憲と「公投制憲」の挫折

中華民国台湾化の完了問題について、こうした研究活動に参加しつつ、わたしが自問自答して出した答えは、中華民国台湾化は不均衡な展開を見せている、というものであった。中華民国台湾化を国家再編と国民再編の二つの側面に分けてみると、前者は進んでいないが後者は一定の進展を見せている、と見た。

戦後の台湾における中華民国は、「叛乱鎮定動員時期臨時条項」や長期戒厳令体制でその実体が歪められていたとはいえ、形の上では明文憲法を持つ立憲国家であった。本書の第Ⅱ部に見たように、中華民国台湾化という政治構造変動の中核もまた「憲政改革」という憲法修正の政治過程であった。そこで、中華民国台湾化の国家再編としての側面はその憲法体制の再編過程に代表させることができるだろう。

いうまでもなく、一九四〇年代の中国内戦時に制定された中華民国憲法は、全中国を適用範囲としたもの、つまりは「中国憲法」であった。しかし、「憲政改革」は、民主選挙を経て選出された国民大会代表により行われ、また「増修条文」の適用範囲はもとより台湾地域（この場合は台湾・澎湖・金門・馬祖）のみであったから、「憲政改革」は「中国憲法」として誕生して台湾に持ち込まれた中華民国憲法に「台湾憲法」としての実質を付け加えるものとなった。言い換えれば、これによって中華民国憲法（テキストとしては中華民国憲法本文、増修条文、司法院大法官会議憲法解釈により構成される）は、「中国憲法」と「台湾憲法」の二重性を帯びることとなった。さらに「増修条文」に「国家統一前の必要により」これらの増修条文が制定される、との前文が付されていることもこの二重性を示すものと言えるだろう。この前文ゆえに現行中華民国憲法には文言の上では「中国憲法」の法理、つまりは「一つの中国」の法理が含まれていることになる。もちろん、ここでいう「中国憲法」の法理が消えていないとはいっても、中華民国そのものがその制定地である中国大陸ではまったく無効なのであるから、結局、現行中華民国憲法の「一つの中国」の法理も形式的なものにすぎない。

こう考えると、中華民国台湾化の完了とは、国家再編の面で見ると、新たな憲法の制定によって台湾の政治体が中華民国の国号を廃すればもちろんのこと、現行の修正手続に沿った形でも増修条文に手を加えることによって、文言の形式上でも憲法の法理において中国大陸を含む国家ではないことを宣明する、言い換えれば中華民国憲法が「台湾憲法」であることを文言の上でも明示することとなれば、たとえ中華民国憲法を保持して中華民国の国号は維持していても、中華民国台湾化は完了することになろう。

かつて、このような中華民国台湾化完了の試みは二〇〇八年までに二度存在した。初代民選総統李登輝の「二国論」改憲と初の政権交代を実現した陳水扁総統の「公投制憲」の提唱である。だが、ともに挫折した。

一九九九年七月、民選総統任期の最後の一年に入り、以前から民進党が要求していた公民投票制度問題に対応するための第五次改憲に対処していた李登輝は、ドイツのラジオ局のインタビューへの応答のなかで、「一九九一年の憲法修正以来、両岸関係の位置づけは国家と国家、少なくとも特殊な国と国の関係となっており、決して合法政府と叛乱団体、中央政府と地方政府といった「一つの中国」における内部的な関係ではなくなっている」と述べて物議を醸した。この発言が当時の台湾のメディアにより「二国論」と呼ばれたのであった。

李登輝が総統退任後に明らかにしたところによれば、この発言の背後では、憲法修正を含む、政府として中華人民共和国と中華民国とは別個の国家であることを明示していく一連の措置が検討されていた。憲法については、憲法本文の領土に関する規定を凍結し「増修条文」に「中華民国の領土は本憲法が有効に実施されている地区とする」との規定を増訂するという案が出されていたという。[*3] しかし、この発言は折からの改憲過程にも混乱をもたらし、台湾対岸で威嚇の軍事演習を始めた中国をなだめるべく米国も介入して李登輝に圧力をかけ、李登輝は「二国論」は両岸関係の現状を述べたにすぎないと発言をトーンダウンさせざるを得なかった。「二国論」改憲は挫折したのであった。

再選戦略の一環として陳水扁が「公投制憲」(現行憲法の手続によらない公民投票で批准するかたちで新憲法を制定する)を打ち出して、それがワシントンの不興を買う一因だったことはすでに紹介した。結局、陳水扁は極僅差で再選を果たしたものの、就任演説では「制憲」はひっこめ現行手続きによる「憲法改造」を訴えるのみであった。「公投制憲」も挫折したのであった。

先には進みそうもない憲法修正

加えて、陳水扁政権第二期に行われた「憲法改造」＝第七次改憲では、①憲法修正提案は立法院が行い、立法委員の四分の一で提案できるが、その可決には四分の三の委員が出席しその四分の三の賛成が必要、②立法院で可決された修正提案は公民投票に依って批准され成立するが、そのためには総有権者数の過半数が投票し総有権者数（投票者数の、ではない）の過半数の同意が必要、という憲法修正手続が定められた。公民投票による批准という民進党の年来の主張が盛り込まれたとはいえ、これは政治的に見れば、いわば「改憲禁止的」改憲手続条項であると言える。二〇〇八年から立法委員選挙では小選挙区政党比例代表制が導入されているとはいえ、一つの政党ないしは政党連合が立法院の四分の三の議席を占めかつ意見の食い違いが大きい国家性問題での修憲合意に到達するのは極めて困難である。

その後、二〇〇八年登場の国民党馬英九政権は言うに及ばず、二〇一六年再度の政権交代を実現し立法院でも初めて過半数を獲得した民進党蔡英文政権も、まったく再度の憲法修正には手を着けようとはしなかった。

二〇二〇年五月の第二期総統就任演説で蔡英文は憲法修正を施政の課題のひとつにあげ、それを受けて立法院には同年一〇月憲法修正委員会が設けられた。以後、いくつもの修憲案が提出されているが、二〇二〇年一二月に至って一四年の「ヒマワリ運動」から派生した民進党に比してより急進的な台湾ナショナリズムの小政党「時代力量」（当時の議席三名）は、次の五項目の修憲案を発表した。①増修条文前文の「国家統一前の必要に応じて」の文言の削除、②参政権年齢を一八歳に下げる、③考試院と監察院を廃止して関連機能を前者は行政に、後者は立法院に移管して、三権分立の政府とする、④憲法修正の敷居を下げて、立法院可決を三分の二出席、三分の三賛成、公民投票を二分の一投票、二分の一賛成とする、⑤立法院選挙制度の比例区議席配分最低得票率を五パーセントから三パーセントに下げるなど多様な意見が議会に反映できるよう改革する、である。これは「台湾共和国」の樹立といった明白な「国体」変更を求めず、かつ中華民国憲法の存在を前提とした範囲での最大限の改憲案であろう。④が実現すれば次に①も実現しやすくなるであろう。時代力量はこれを「国家正常化」のアジェンダに位置づけているが、上述の議論に照らせばこれは「中華民国台湾化完了」の提案であると言える。

しかし、結局野党国民党も同意して立法院が議決したのは、選挙権付与年齢を一八歳に引き下げる憲法修正案であった。修憲案は二〇二二年一一月の統一地方選挙の際に公民投票にかけられたが、規定の有権者総数過半数の賛成票を得られず、初の公民投票による憲法修正は、与野党合意にもかかわらず挫折した。

「中華民国台湾化完了」の取り組みは、台湾海峡の現状維持の堅持を旨とする蔡英文政権の下では、急進的小政党以外は顧みられることはなかった。「進まぬ国家再編」と見立てるゆえんである。

3　漸進的に進む国民再編──「中国要因」の波動の中で

国民意識の再編を語る二つのデータ

進まぬ国家再編に対する国民再編の進展は、各種アンケート調査などに示される有権者のナショナル・アイデンティティの動向に見ることができる。ここでは、一九九二年から一貫した質問方法でデータを残している、台湾の政治大学選挙研究センター実施「台湾民衆重要政治態度」の「アイデンティティの自己認識」と「政治的前途選択」の歴年調査に基づいて観察してみたい。「アイデンティティの自己認識」調査とは、「我々の社会には、自分は台湾人である、中国人である、および台湾人でもあり中国人でもあるとの見解がある」として回答者に三者択一を求めるものである。「政治的前途選択」調査とは、「(我々の社会には)台湾と(中国)大陸の関係について六つの見方がある」として、「できるだけ早く(中国と)統一」、「できるだけ早く(台湾として)独立」、「(当面)現状維持し後に統一」、「現状維持し後に独立」、「現状維持し様子を見てから独立か統一かを決める」および「永遠に現状維持」の六者択一を求めるものである。これは、台湾の将来の国家帰属の選好を問うものである。

社会学者の佐藤茂基は、「ネーション」(国民)については「特定の領域について主権的なものと想像された共同体」というベネディクト・アンダーソンの有名な概念に依りつつ、「ナショナル・アイデンティティとは、ネーションあるいはそれと等価なカテゴリーを用いてなされる自己理解の方法である」としている。ここで「それと等価なカテゴリー」とは、国名や民族名、あるいはそれらを表象する概念のことであり、何らかの集合的アイデンティティの言説としてそれを争う「公共言論界」に出現するのだという。[*4] 政治大学選挙研究センターの「台湾民衆重要政治態度」は、その他多数実施されている類似の調査とともに、政治的自由化の進展以後の台湾におけるナショナル・アイデンティティの「公共言論界」の様態を要約的に表象するものである。これらのアンケート調査の背後には、新聞・雑誌での討論、台湾メディアの一種の名物といってよいテレビ・トークショー、SNSでのやりとりなど、無数のナショナル・アイデンティティをめぐる争論が存在したし、今も存在しており、選挙研究センターの調査はこれらの争論の中でも重要データとして登場している。

ただ、注目したいのは、両者はともにナショナル・アイデンティティ（「アイデンティティの自己認識」調査は直接に、「政治的前途選択」調査は将来の国家帰属、つまりは将来のナショナル・アイデンティティの形で）を問うものであるといえるが、この二つは時系列の傾向が必ずしも一致しない。

漸進的に伸張する台湾ナショナル・アイデンティティ

次頁のグラフは、「アイデンティティの自己認識」調査を図示したものである。三択の問いは、まったく無前提に「台湾人」と「中国人」というカテゴリーを設定しているので、それぞれがナショナル・アイデンティティとしての「自己理解」かどうかは一見はっきりしていない。しかし、一九九〇年代以降中華民国台湾化が進み、これに対して中国が外交的軍事的圧力を強め、また二

グラフ　台湾民衆の台湾人／中国人のアイデンティティの趨勢と分布(1992–2022)

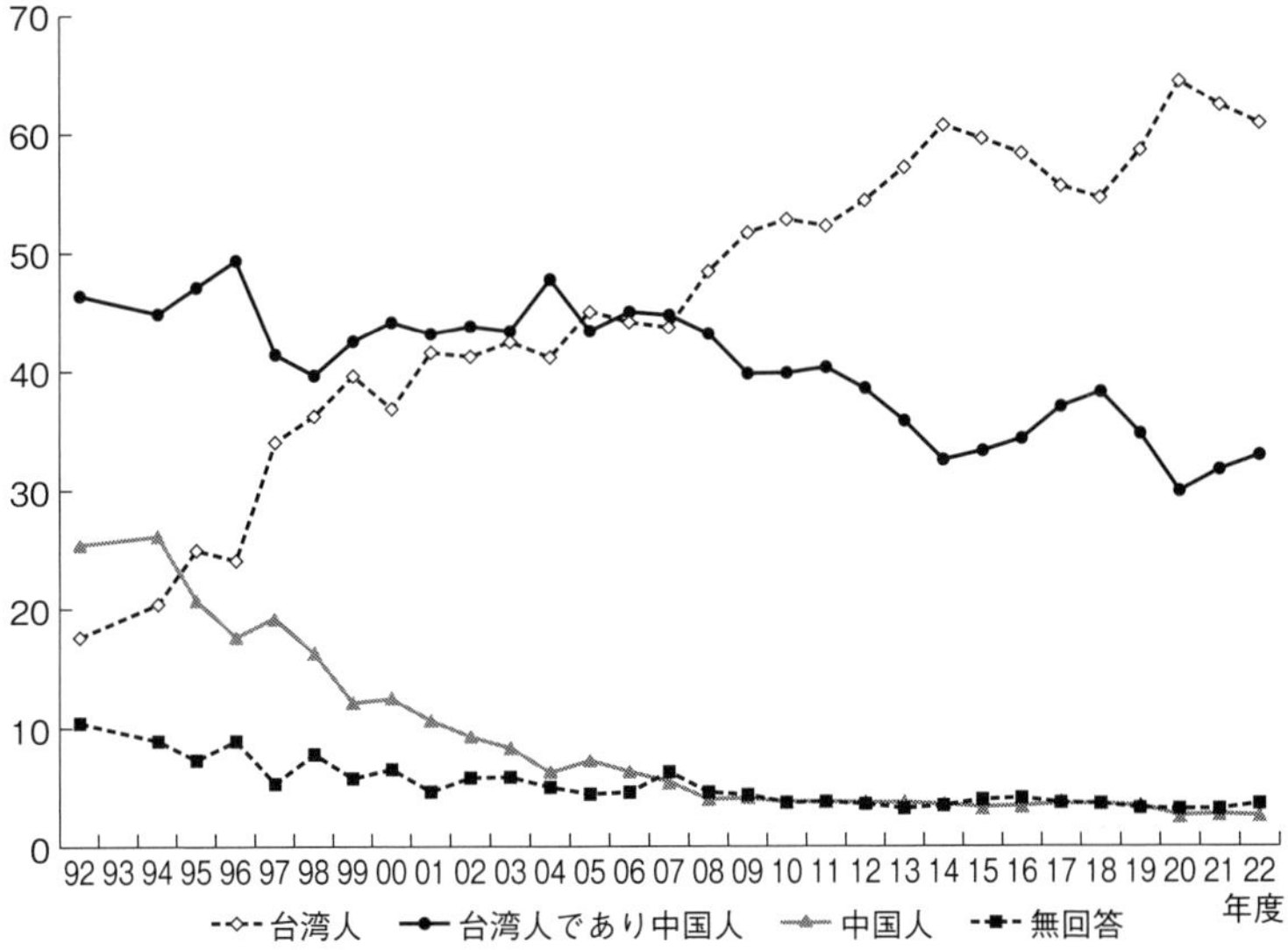

（出所）政治大学選挙研究センターホームページ

○○○年代以降は優越した経済力を通じて「中国要因」が作動している状況下では、「台湾人」と「中国人」とはそれぞれのナショナル・アイデンティティとしての自己理解の近似値とみなしてよいと考えられる。以下「台湾人」選択肢は「台湾ナショナル・アイデンティティ」、「中国人」選択肢は「中国ナショナル・アイデンティティ」、「台湾人でもあり中国人でもある」を「二重アイデンティティ」と記すことにする。

一方、「台湾人でもあり中国人でもある」は、政治的アイデンティティとしては台湾人だが文化的には中国人、政治的アイデンティティとしては中国人だが台湾に長く住んでいるから地域的アイデンティティとしては台湾人とも言える、という少なくとも二種類のナショナル・アイデンティティの理解が含まれているものと想定される。

グラフを見ると、一九九二年以降若干の起伏はあるものの、台湾ナショナル・アイデンティティの着実な増加と中国ナショナル・アイデンティティと二重アイデンティティの漸減傾向を示している。これは二〇〇五年以後の「中国要因」の急速な浸透にもかかわらず、それが台湾ナショナル・アイデンティティの漸増傾向を抑制するものではなかったということを意味しているだろう。それは長期的構造的動向であり、わたしの議論に引きつければ中華民国台湾化という構造変動にそった変化である、と見ることもできる。また、見方を変えれば、台湾ナショナル・アイデンティティがこのような基本的な上昇傾向にあるからこそ、第八章に見たような二度にわたる「中国要因」の作用と反作用の起伏が生じたのだと見ることができるだろう。

「現状維持」に構造化している民意

次頁のグラフは、「政治的前途選択」の歴年調査の結果を示している。当然の想定として、「台湾独立」の選択には、「台湾独立は戦争を意味する」との威嚇による抑制が働いているとみなければならない。ワシントンも台湾ナショナリズムの突出に北京が強く反応することを嫌う。北京はワシントンのこうした動向を想定して時にワシントンを台湾の政権抑制に利用する。これは米中妥協の上に成立している七二年体制の制約であり、台湾の有権者もこのことは理解しているものと想定できる。この調査では、選択肢に「現状維持」を入れているので、ナショナル・アイデ

グラフ　台湾民衆の統一か独立かの立場の趨勢と分布（1994–2022）

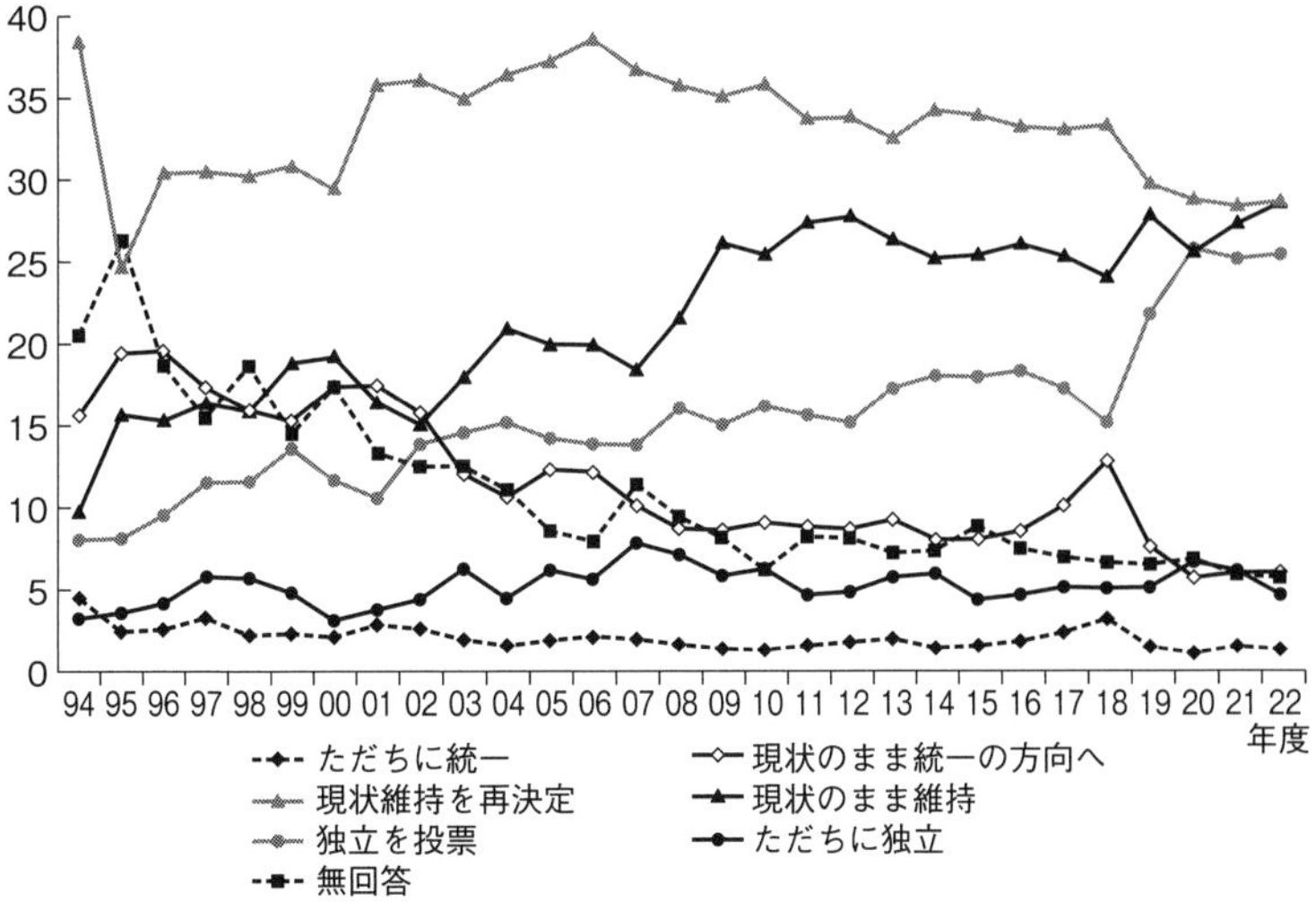

（出所）政治大学選挙研究センターホームページ

ンティティ選択における「躊躇」の状況と七二年体制の台湾民意に対する制約を観察することができるのである。

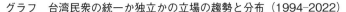

そこで直ちに気づくのは、「アイデンティティ自己意識」調査結果に対比すると、「独立選択肢」（「できるだけ早く台湾として独立」＋「現状維持し後に独立」）の上昇が極めて緩やかであり、前者が示す台湾ナショナル・アイデンティティの上昇に相応してはいないことである。例外は、二〇一八年から二〇年の急上昇であるが、これは、中国習近平政権の香港の民主化運動弾圧で反発が高まったことを背景としたものと見ることができる。以後は高止まりであるが停滞している。

また、「現状維持」選択肢に着目すると、台湾の有権者の将来の国家選択においては「現状維持」の意思が明白に構造化されていることもうかがうことができる。この点を見るために、グラフのデータを（a）「独立傾向」、（b）「統一傾向」、その逆の（c）「統一拒否」と（d）「独立拒否」、および（e）「現状維持」の合計、の五つの傾向に整理して、次頁の表を作成した。

まず気づくことは、（e）最広義の「現状維持」の態度を取る有権者が圧倒的多数であることである。その割合は、陳水扁政権第一期に八割を超え、以後対中接近に努めた馬英九政権期においても、中国習近平政権からいっそうの圧力を受けるようになった蔡英文政権期に入っても、高水準のまま漸増している。

次に指摘できるのは、整理したデータが示す政治的含意である。台湾の総統選挙は、有力四候補が出そろった一九九六年の第一回と典型的な三つ巴となった二〇〇〇年の第二回を除いて、国民党と民進党の二大勢力対抗の図式となっている。これを前提に両陣営のイデオロギー面での選挙戦略を考えると、民進党はイデオロギーに親和的な（a）「独立傾向」の有権者から得票するだけでは当選できず、同様に国民党も（b）「統一傾向」の有権者からの得票のみでは当選できない。

次に角度を変えて、（c）「統一拒否」と（d）「独立拒否」の回答の割合を見てみると、前者は二〇一八年までは半数を超えることはなく、後者は「韓國瑜現象」が起こった二〇一八年の約四割が最高で、以後は漸減傾向にある。

二大政党の候補の選挙戦略に関してこの数字の意味を見てみると、民進党の総統候補者は、二〇一九年以前は「統一拒否」の有権者の支持を固めただけでは、イデオロギー的には勝利は困難

表　台湾住民の国家選択に関する態度の変遷：六択方式（1994−2022）（%）

時期	(a)「独立」傾向の合計（①+②）	(b)「統一」傾向の合計（⑤+⑥）	(c)「統一拒否」の合計（①+②+③）	(d)「独立拒否」の合計（③+⑤+⑥）	(e)「現状維持」の合計（②+③+④+⑤）
1994	3.1	20.0	20.9	29.8	71.9
1996	13.6	22.0	28.9	37.3	74.8
1998	17.2	18.0	33.1	33.9	73.6
2000	14.7	17.3	33.9	38.5	77.6
2002	18.1	18.2	33.6	33.2	80.7
2004	19.6	12.1	40.5	33.0	83.2
2006	19.4	12.1	39.3	34.0	84.5
2008	23.0	10.2	44.6	31.7	82.0
2010	22.4	10.2	47.8	35.6	86.5
2012	19.9	10.4	47.9	38.1	85.4
2014	23.9	9.2	49.1	34.7	85.4
2015	22.2	9.6	47.6	35.0	85.4
2016	22.9	10.2	49.0	36.3	86.2
2017	22.3	15.9	47.6	37.7	85.7
2018	20.1	15.9	44.1	39.9	85.3
2019	25.7	10.4	52.6	37.3	86.1
2020	31.5	7.6	57.3	33.4	86.7
2021	30.9	7.4	58.2	34.7	86.8
2022	31.0	7.2	59.5	35.7	88.2

（出所）グラフのデータから若林正丈作成。2014年までは隔年のデータ
（選択肢）①できるだけ早く独立②当面は現状を維持し、その後に独立③永遠に現状維持④当面は現状を維持し、その後に決める⑤当面は現状を維持し、その後に統一⑥できるだけ早く統一。なお、この他に「無回答」のカテゴリーがある

であったと言える。二つの例外がある。二〇〇四年の陳水扁の再選戦略が内政的にも外政的にも極めて無理をしたものであったことはすでに述べた。二〇一六年の蔡英文の勝利には、前述のように、二〇一四年のヒマワリ運動とそれに続く統一地方選の大敗で動揺した国民党の混乱によるオウンゴール的な側面もあった。

これに対して、二〇二〇年選挙については、習近平こそ蔡英文の「最大の助選員（応援者）」との評があったように、中国が香港に対する強攻策をとったことが、

蔡英文陣営が「統一拒否」票を最大限に集約することを可能にしたとの観測も可能である。

一方、国民党の候補者は端的に言って「独立拒否」の有権者の支持を固めただけでは勝利できない事情が一貫している。陳水扁第二期以後民進党はイデオロギー的には国民党より構造的に有利だが、「独立傾向」の有権者の支持だけでは当選できないことに変わりはない。両陣営ともにそれぞれのイデオロギー的陣地の外にウィングを伸ばし、最大数の「現状維持」世論に寄り添う必要があることになる。

もちろん、総統選挙の帰趨はナショナル・アイデンティティに関する立場のみでは決まらないが、小笠原欣幸が指摘するように「台湾のあり方」（中国との関係を含む大きな路線、イデオロギー問題）が一九九六年以来の台湾総統選挙の持続的な最大争点であるとするなら、このような「現状維持」民意への対応は総統候補にとって戦略的重要性を持つ。台湾政治最大の政治イヴェントである総統選挙にかかるこうした制約は、台湾のナショナル・アイデンティティにかかる国際政治の拘束、つまりは七二年体制の制約が台湾の有権者の意見分布を「現状維持」民意として構造化している現象と見ることができるだろう。

国家再編と国民再編の不均衡な展開

これまで「台湾独立」なり「中国と統一」なりを総統選挙の公約に掲げた総統候補はいないし、政権についてからこのどちらかを政策目標と掲げた総統はいない。「中華民国」の外形を変えない改憲による中華民国台湾化の完了を目指す試みは李登輝政権の改憲の計画（「二国論」改憲）と陳水扁の再選キャンペーンの中にはあったが、挫折している。その後の政権はこれに取り組もうともしていない。

しかし、総統選挙が刻む政治のリズムはすでに四半世紀の間続いており、前述したように、有権者の広範で強い動員が見られる総統選挙こそ、現代台湾最大の国民形成イヴェントである。台湾ナショナル・アイデンティティが漸次的に強化されていく政治構造は、「中国要因」の作用が認められるにもかかわらず変わっていない。国家再編には明らかにブレーキがかかるが国民再編にはブレーキがかかりにくい。国家再編と国民再編が不均等に進むとするゆえんであり、同時に国民再編は進行しつつも「現状維持」が世論の中に構造化されてきたゆえんである。

＊1　「諸帝国の周縁を生き抜く――台湾史における辺境ダイナミズムと地域主体性」川喜田敦子・西芳実編著『歴史としてのレジリエンス』京都大学学術出版会、二〇一六年、「「台湾という来歴」を求めて――方法的「帝国」主義試論」若林正丈・家永真幸編『台湾研究入門』東京大学出版会、二〇二〇年、「可視化政策と秩序再編再び「台湾という来歴」を求めて」早稲田台湾研究所ワーキングペーパーシリーズ01　二〇二一年、https://waseda-taiwan.com/activity/
＊2　時代力量「時代力量公布五大憲改主張　盼具體落實世代正義」https://www.newpowerparty.tw/news/時代力量公布五大憲改主張－盼具體落實世代正義、二〇二〇年（二〇二〇・一二・一〇閲覧）
＊3　佐藤成基「ナショナル・アイデンティティの分析枠組み」『ナショナル・アイデンティティと領土――戦後ドイツの東方国境をめぐる論争』新曜社、二〇〇八年、一四―三六頁。

エピローグ
パフォーマンスする主権――「台湾の定義はまだできていない?」

今台湾とは何か――いくつもの形容句の付く事実上の主権国家

台湾の政治はこの半世紀、米中の接近とともにそれまでの国際的地位を失うという経験とともに、わたしの言う中華民国台湾化という大きな政治構造変動を経験した。その経験を経た今、台湾とは何であるのだろうか。

政治構造変動に着目すれば、中華民国台湾化の不均衡な展開が見られる、そのアイデンティティはなおも変容し躊躇している、ということを前章までに示した。ここでは敢えて、やや唐突ながら、民主化後の台湾を国際社会のほうから眺めて国際関係論的な性格付けを行ってみよう。するると、今の台湾は、いくつもの形容句の付く国家として捉え得るだろう。この場合の国家は、前章までに用いてきた社会学的な広い定義(一定の領域を排他的に統治する組織)とは異なり、国際社会で主権的な存在としての振る舞いを相互承認された統治機構としての国家である。いくつかに分けてその形容句を検討してみる。

(1)その国家は台湾地域を排他的に統治している。台湾の主権保有を主張している中華人民共和国の国家機構はこの国家の統治範囲内にその統治行為を及ぼすことは基本的にできない（ただし、経済関係が存在するため各種の手段／やり口による「中国要因」＝中国の影響力メカニズムの発動は可能であり、実際に行われている）。中華人民共和国以外に、この国家の台湾地域内の排他的統治に挑戦しようとする国家は存在しない。この国家は、次の(2)のような制限の下ではあるが、事実上独立している。

(2)この台湾国家（自称「中華民国」）は、これを主権国家として外交承認する国家は極少数であり、国際政治・経済に影響力の大きい主要国はこの国家に外交承認を与えていないという意味で、ひとつの非承認国家である。この台湾国家は、国際連合や付属組織のメンバーシップを喪失しているが、かつて国連安保理常任理事国であった。その意味で特異な経歴を持つ非承認国家である。そして、この国家はこのようにその国際的主権に重大な制限を受けているばかりではなく、台湾地域についての排他的統治についても中華人民共和国から軍事威嚇・経済制裁や政治的内部浸透などを含む挑戦を受けている。

(3)この台湾国家は政治体制の民主化達成以後、この国家のサイズ＝台湾サイズの領域での国民統合が進んで、かつての「反共復国」の基本国策下において想像を強いられた大中国国民の一部ではない、この国家の一九四九年以後の事実上の統治範囲に照応した「台湾人」としてのネーション想像が定着しつつある（ちなみに、一九四五以前の半世紀は日本植民地支配下で日本臣民の一部としてのネーション想像が強いられたのであった）。

要約すれば、国際的主権に制約を受け、その主権に重大な挑戦を受けつつ、民主的に選出された政府によって運営されている、事実上の台湾サイズの国民国家にしてかつて国連安保理常任理事国でもあった特異な非承認国家、ということになろう。

「民主・自治の台湾」から「民主・自決の台湾」へ

一九八三年の立法院「増加定員選挙」を見に来たのが、わたしにとって初めての選挙観察／見物だった。この選挙の有様を実地に見たことはわたしの台湾政治理解にとって大きな意義をもった。権威主義体制支配の隙間に生じる「民主の休日」としての熱気、権威主義選挙の制約故に生じるオポジションにとっての様々なディレンマなどを認識していく出発点となった。

さらに、この選挙では「党外」が初めて「台湾の前途の住民自決」の主張を前面に打ち出し「民主、自決、救台湾」のスローガンを掲げた。この主張においては、「台湾住民」は自身の国家帰属を決めるべき主権的主体として想定されていることになるから、わたしはこの時台湾の選挙政治への台湾ナショナリズムの公然たる登場を目撃したことになる。

これも第Ⅰ部に述べたが、この時わたしは「党外」の活動などを思い浮かべつつ、「この人たちはまたもや大正デモクラシーをやっている」という唐突な感想をいだいたのであった。「大正デモクラシーをやっている」とはこの場合、一九二〇年代に展開された植民地台湾知識人による台湾議会設置請願運動などにおいて「民主・自治の台湾」のビジョンが登場したことを想起している。そして、一九八〇年代台北の街頭でわたしは、この「民主・自治の台湾」というビジョンから「民主・自決の台湾」のビジョンへのあるべき台湾のビジョンとしてのつながりを感じたのであった。戦後台湾の民主運動への思想的影響としては、「自由中国」誌に依った雷震ら戦後来台の中国人自由主義者の影響が指摘されることが多い。その影響も戦後台湾政治への横からの入力として重視すべきだが、こうした「民主・自治の台湾」から「民主・自決の台湾」へという思想の継承の縦の入力として無視できないのではないか。

「住民自決」主張から四半世紀──「台湾の定義はまだできていない」?

その「台湾の前途の住民自決」の主張の公然たる出現から、すでに四半世紀を超える時間が過ぎた。これまでに何が実現され、何が実現されていないのか。

想起されるのは、本書にもすでに登場していただいている台湾の歴史家周婉窈氏が二〇〇九年に書いたエッセイの次のような一行である。

台湾の定義はまだできていない、しかし、台湾にできるのは再び外部の力が新たに台湾を定義してしまうのを待つことだけなのだ、などとは言ってくれるな。[*1]

この言葉に、特にその後半部分に、一九八三年選挙時当時の「党外」リーダーの一人康寧祥の「台湾は今や三度目の運命の転換点に直面している」「台湾住民の命運をこの手で握ろう」という主張の二一世紀に響く釶を聞くことができるだろう。そして、周氏は、台湾はまだ自己決定できていない、自身の確固たる定義を有していないと言っている。

当時「党外」の「台湾前途の住民自決」の主張には二つの部分があった。一つは、（A）台湾は命運の危機に際しているが、また再び外部のパワー（当時の言い方は「国際強権」、主に中国と米国を指す）により再度決定されてしまうことを拒否する、ということであった。これには台湾の国家が国際承認されていない状況に対する抗議も含意されていた。もう一つは（B）台湾の命運の選択に関して、当時の国民党一党支配の政治体制は住民の意思を反映できるものではない、故に民主化を要求する、というものであった。

「自決」と「民主」が結合して政治過程に投入されたのである。先にも述べたように「台湾前途の住民自決」の主張が論理的に「台湾住民」を主権的団体として想定していることを踏まえれば、これは台湾の政治体制を「人民主権」を体現できるものに改造したい、それによって（A）の状況に対処すべし、との要求であったと言えるだろう。

周知のように、これらの主張のうち、（B）の政治体制民主化の部分は実現したのである。そして、実現した台湾の民主体制の存在を代表し象徴するのが、四年に一度の総統選挙であった。初回一九九六年の総統選挙の挙行によって、台湾には、行政首長については、下は里・村の長、郷・鎮、県・市長から上は総統まで、議会については、下は郷民代表、鎮民代表から立法院議員まで、すべて自由な選挙によって選出する政治制度ができあがった。このことをわたしは二〇〇八年の『台湾の政治』で次のように評した。

中国大陸の東南、日本の南隣の海上に、民主体制を持った島嶼国家が出現したのである。台湾の有権者は、例外なくこの郷・鎮から国政レベルまでの公職選挙に参加した経験を持つ、いわば「選挙共同体」のメンバーとなったのである。[*2]

そう、「選挙共同体」である。周婉窈氏の「台湾の定義はまだできていない」の「まだできていない」は、内外の困難に打ち勝てるだけの自己定義をまだなし得ていない、そしてそれを支えるだけの「何か」をまだ獲得できていない、ということであろう。そして、その「何か」はまた単に政治的な意味だけではなく多分に人文的な価値の形成をも含意している感じがする。周氏のエッセイが書かれた頃から受け入れられるようになった「中国要因」というコンセプトに則して言えば、「中国要因」によっても振り回されることのない、台湾に対する自信（**confidence in Taiwan**）、その自信の確立に資する「何か」を作り上げるべしとの主張であろう。

わたしが行った「選挙共同体」ができた、という観察も、冒頭で国際関係論風に述べた「今台湾とは何か」の観察も、その台湾の中側から観察するならば、周婉窈氏のように見えるのであろう。

人民主権イベントとしての総統選挙

ただ、政治史的に見れば、二〇〇八年のわたしの目には、政治体制の民主化によって台湾住民は「選挙共同体」として自己定義したものと映ったのである。そして、言うまでもなく四年に一度の総統選挙はこの「選挙共同体」を代表するイベントであった。

今日までの四半世紀の間に台湾では七回の総統選が挙行された。第七章、第八章に記したように、その四半世紀は、内外の諸要因により揺さぶり続けられた起伏に富んだ過程であった。何よりも中国軍の台湾海峡大規模軍事演習による威嚇に曝された初回の選挙からしてまさに中国の「サーベルをかざす脅かし（saber rattling）」と台湾の「民主」の対抗という、今日まで続く図式の原点であったのである。

本書でこれまで述べてきたことから了解されるように、台湾の総統選挙が体現しているものは、単に最高政治指導者の地位をめぐる政治権力の競争に一定期間の決着をつけて政治権力のマンデートを更新する政治制度というだけのものではない。前章に見たように、それは四年毎に訪れる最大の国民形成イベントであり、さらにそれを国際社会の側から見れば、いわば「人民（＝国民）主権イベント」としての意義をも有していると見ることができる。周氏のレトリックを部分的に借りて言い換えれば、民主化により形成された「選挙共同体」が、自身が主権的共同体＝国民（nation）であるとの「自己定義」を内外に顕示・誇示していく主権イベントにもなっているのである。

また、総統職を争う民進党と国民党では、双方とも明確に「独立」ないし「統一」の追求を政策として掲げることはないものの、将来の国家選択に密接に関わる対中政策の基本（「一つの中国」原則を受け入れるか受け入れないか）が異なるから、総統選挙は否応なしに国家アイデンティティに関する一種の国民投票（レファレンダム）の側面を持ってしまう。それ故、政権交代ごとに台湾社会は政治的激震に見舞われ、異なるベクトルの外からの圧力に直面する。それは、台湾の有権者自身の決定、つまりは自己定義の営為の代価であろう。

そのためか、この代価が極限（中国との戦争）に達しないような世論からの自己規制がかかっている。すなわち、前章にみたように、台湾側からみた台湾海峡の「現状維持」が常に多数となる世論のがっしりした構造が形成されてきていて、国民党、民進党のみならず総統選挙に挑もうとする政治家は、この構造を前提に選挙戦略を組み立てなければならない。

パフォーマンスする主権

競争と対立の存在する国際社会では、主要国との相互承認や国連メンバーシップの保有など安定した主権（事実性主権）を享受している国家であっても、首脳外交、友好親善活動や軍艦船の相互訪問といった活動により、主権を適切にパフォーマンスすることは欠かせない。[*3]

まして、非承認国家においては、一定の安全保障が確保されている、つまり「事実上の独立」が維持できる、という条件下においてであるが、よりいっそう意欲的に主権をパフォーマンスすることによって、その「事実上の独立」の主権的内実を常に補完していかねばならない（パフォーマンスする主権）。「人民主権」がノーム（守るべき準則）である現代において、それは政治エリートの課題であるとともに、国民の課題でもある。ここにも、同性婚法の成立を求める社会運動やパンデミックにおける防疫活動に台湾住民のいっそうの熱意が払われる背景があると言える。

事実性主権を欠くため主権をパフォーマンスすることによりいっそう熱心たらざるを得ず、しかもその熱心が事実確認的主権になかなか結びつかないのは非承認国家の悲哀であるが、それらの活動で優秀な成績を上げ国際的認知度を高めることは、ますます「国民的」誇りとなり、四年に一度の総統選挙とともに、台湾住民の欠かせない主権パフォーマンスとなっているのである。

＊1　周婉窈「曾待定義的我的三十一歳、尚待定義的台湾」、周『島嶼的愛和向望』台北：玉山社、二〇一七年、三七頁。
＊2　若林『台湾の政治』二一九頁。
＊3　事実性の主権とパフォーマンスする主権という見方については、鵜飼健史「生きている主権論――台湾政治学と主権の現実性」、日本政治学会「年報政治学」（二〇一九年一月）より示唆を受けた。

あとがき

本書は、ネット時事報道評論誌 **nippon.com**（ニッポンドットコム）に連載した「私の台湾研究人生」（公開日二〇一九年四月一三日～二〇二〇年九月一七日）を再構成し加筆した部分（第Ⅰ部）に、民主化後の台湾政治についての書き下ろしエッセイ（第Ⅱ部）を加えて、一冊としたものである。プロローグに記したように、一九七〇年代初めからの「わたしの台湾研究人生」が、たまたま台湾政治の民主化と台湾化のダイナミズムの展開と重なっていることを念頭に、『台湾の半世紀――民主化と台湾化の現場』と題した。

ニッポンドットコムへの連載は、当時同誌香港・台湾版の編集責任者を務めていた野嶋剛氏（大東文化大学教授、元朝日新聞記者）の勧めによるもので、また本書が政治史中心に「台湾の半世紀」をもたどるものとなったのは、筑摩書房の松本良次氏の構想による。本書の誕生を促していただいたお二人にまず感謝したい。連載中は、中国語繁体字版の編集も含めて、香港・台湾版編集部の高橋郁文氏にもお世話になった。また、文中にも記述してあるが、河原功氏、下荒地修二氏、呉俊瑩氏、洪郁如氏等には、関連データを提供していただいた。また、第Ⅱ部については事実関係の記述のチェックを小笠原欣幸氏にお願いした。記して謝意を表する。

さらに、わたしの「台湾研究人生」半世紀の中で、様々にお世話になった方々は、本文中にお名前を挙げさせていただいた方々も含めて、もう思い出せないくらいの数になる。

実は、早稲田大学定年退職（二〇二〇年三月）後には、少し長い台湾旅行を何回かして、心の中で台湾の友人に御礼を言ってまわるつもりでいた。しかし、それも新型コロナ肺炎のパンデミックでかなわぬこととなってしまった。この場を借りて台湾の友人の皆様には衷心より御礼申し上げる。

半世紀にわたる研究人生と言えば、常にわたしの書いた文章の第一読者だった妻恵子にも謝辞を献じておきたい。

また、本書に登場いただいている政治学者の胡佛氏がニッポンドットコム連載開始に先立って逝去され、李登輝、彭明敏の二氏が連載中に逝去された。生前のご教示に対し謝意を表するとともに、ご冥福を祈りたい。

最後に、わたしの最初の台湾政治研究専著の後書きに記し、同第二著にも再度引用し、本書本文中にも引用した一文を、ここにも掲げておきたい。人として気力体力ともにもっとも充実した時期に台湾現代社会が自由と民主に向かう「最も良い時間」に遭遇した研究者としての幸運を書きとめおき、天に感謝するためである。

「選挙を見に行った台北、台南、高雄、宜蘭、桃園、屏東、板橋などの町の街頭は、著者にとっての政治学の教室であり、民主主義の補習学校でもあった。そこで、顔をあわせ、あるいはすれちがったすべての人々に本書を捧げる」

相模原市の寓居にて　二〇二三年七月

【人名索引】

【事項索引】

若林正丈　わかばやし・まさひろ

一九四九年長野県生まれ。東京大学教養学部卒業、同大学院社会学研究科国際関係論修士課程修了（国際学修士）、同大学院博士課程退学。社会学博士（東京大学、一九八五年）。在香港日本領事館専門調査員、東京大学教養学部助教授、同大学院総合文化研究科助教授、教授を経て、早稲田大学政治経済学術院教授、早稲田大学台湾研究所所長、台湾・政治大学台湾史研究所兼任教授などを歴任。著者に『台湾抗日運動史研究　増補版』（研文出版）。また『台湾——分裂国家と民主化』（東京大学出版会）、『蔣経国と李登輝』（岩波書店）などで一九九七年サントリー学芸賞受賞、二〇〇八年刊『台湾の政治——中華民国台湾化の戦後史』（東京大学出版会）でアジア・太平洋賞および樫山純三賞を受賞。

筑摩選書 0269

台湾《たいわん》の半世紀《はんせいき》
民主化《みんしゅか》と台湾化《たいわんか》の現場《げんば》

二〇二三年一二月一五日　初版第一刷発行

著　者　若林正丈《わかばやしまさひろ》
発行者　喜入冬子
発行所　株式会社筑摩書房
　　　　東京都台東区蔵前二-五-三　郵便番号 一一一-八七五五
　　　　電話番号　〇三-五六八七-二六〇一（代表）
装幀者　神田昇和
印刷 製本　中央精版印刷株式会社

ISBN978-4-480-01784-0 C0331

筑摩選書 0013

甲骨文字小字典

落合淳思

漢字の源流「甲骨文字」のうち、現代日本語の基礎となっている教育漢字中の三百余字を収録。最新の研究でその成り立ちと意味の古層を探る。漢字文化を愛する人の必携書。

筑摩選書 0062

中国の強国構想
日清戦争後から現代まで

劉傑

日清戦争の敗北とともに湧き起こった中国の強国化への意志。鍵となる考え方を読み解きながら、その国家構想の変遷を追い、中国問題の根底にある論理をあぶり出す。

筑摩選書 0089

漢字の成り立ち
『説文解字』から最先端の研究まで

落合淳思

正しい字源を探るための方法とは何か。『説文解字』から白川静までの字源研究を批判的に継承した上で到達した最先端の成果を平易に紹介する。新世代の入門書。

筑摩選書 0128

貨幣の条件
タカラガイの文明史

上田信

あるモノが貨幣たりうる条件とは何なのか。それを考えるのに恰好の対象がある。タカラガイだ。時と場を経巡りながらその文明史的意味を追究した渾身の一冊。

筑摩選書 0207

紅衛兵とモンゴル人大虐殺
草原の文化大革命

楊海英

文化大革命で中国政府は内モンゴルのモンゴル人三四万六〇〇〇人を逮捕し、二万七九〇〇人を殺害した。それを実行した紅衛兵の実態を暴き、虐殺の真相に迫る。

筑摩選書 0214

中国共産党、その百年

石川禎浩

創立百周年を迎える中国共産党。いかにして超巨大政権党となったのか、この組織の中核的属性はどのように形作られたのか、多角的に浮き彫りにした最良の通史！